Docteur Alain LEFORT
Docteur Loïc LEMESLE

La Royale et les Terre-Neuvas

Editions L'ANCRE DE MARINE
4, rue Porcon-de-la-Barbinais
SAINT-MALO – 35400
FRANCE

Cet ouvrage est dédié

A tous nos camarades,

Marins de la Grande Pêche et marins de l'État
Disparus en mer dans les eaux glacées des Bancs
Ou reposant côte à côte dans les modestes cimetières
De ce qui fut le French Shore sur l'Ile de Terre-Neuve
Ou de ce qui est toujours la terre française
de Saint-Pierre-et-Miquelon.

Et aussi

A nos camarades, marins des Forces Navales Françaises Libres
Disparus en mer en 1942, au large de Terre-Neuve
Au cours de la terrible bataille de l'Atlantique
Sur les Corvettes **Alysse** *et* **Mimosa**, *dont les équipages*
Comptaient beaucoup de Saint-Pierrais, « Morts pour la France »

PRÉFACE

La « Grande Pêche » tient une place éminente dans la mémoire collective des Bretons, et constitue toujours un volet important de l'armement à la pêche. Cela est tout particulièrement vrai dans la région de Saint-Malo, où les rapports avec Terre Neuve ont une résonance affective.

C'est sans doute sa qualité de Malouin qui a inspiré au Docteur Alain LEFORT l'ouvrage qu'il consacre à l'action de la Marine Nationale près des pêcheurs Terre-Neuvas, inspiration enrichie par sa propre expérience de médecin et de marin, qui a vécu au lendemain de la guerre l'aventure dont il nous rappelle les servitudes et la grandeur, et à laquelle le Docteur Loïc LEMESLE apporte un concours éclairé par la même expérience vécue sur les Bancs, et la même passion pour la mer et les marins, héritée de ses origines bretonnes.

Cet ouvrage constitue une véritable somme, et, dans l'avenir, on ne pourra traiter de la pêche à Terre-Neuve sans s'y référer.

C'est bien l'ensemble de la vie « sur les Bancs » qui est l'objet de cette étude, et dans tous ses aspects : humains, techniques, économiques, politiques.

Il s'agit d'abord d'une aventure humaine, qui a attiré dans cette dure région d'Amérique du Nord des escadres de pêche de tous les pays d'Europe depuis trois siècles.

Fort opportunément, les auteurs nous rappellent les étapes de cette histoire trop méconnue, et les rivalités nationales qu'elle suscita et suscite encore. A chaque page, la mer, généreuse et redoutable, les pêcheurs avec leur peines et leurs espoirs sont présents. Et les auteurs ne dissimulent pas les contraintes parfois inhumaines du métier, ni les deuils qu'il a entraînés.

C'est alors tout naturellement que la Marine Nationale apparaît tout à la fois au service de la France, dont elle assure la présence et soutient les ressortissants et les intérêts, et dans sa mission humanitaire d'assistance aux marins et aux pêcheurs, sans distinction d'origine.

On comprend le rôle éminent du médecin, non seulement pour les soins du corps, mais aussi pour le réconfort des hommes. Quand on connaît le dévouement et le sens social du Docteur LEFORT, on n'est pas étonné qu'il ait apporté à sa mission sur les Bancs toute l'ardeur de sa jeunesse et qu'il y demeure attaché.

Cet ouvrage, qui captive l'intérêt à la manière d'un roman, est ainsi un précieux témoignage de la fraternité des hommes des durs métiers de la mer.

Yvon BOURGES
Sénateur - Ancien Ministre
Président du Conseil Régional de Bretagne

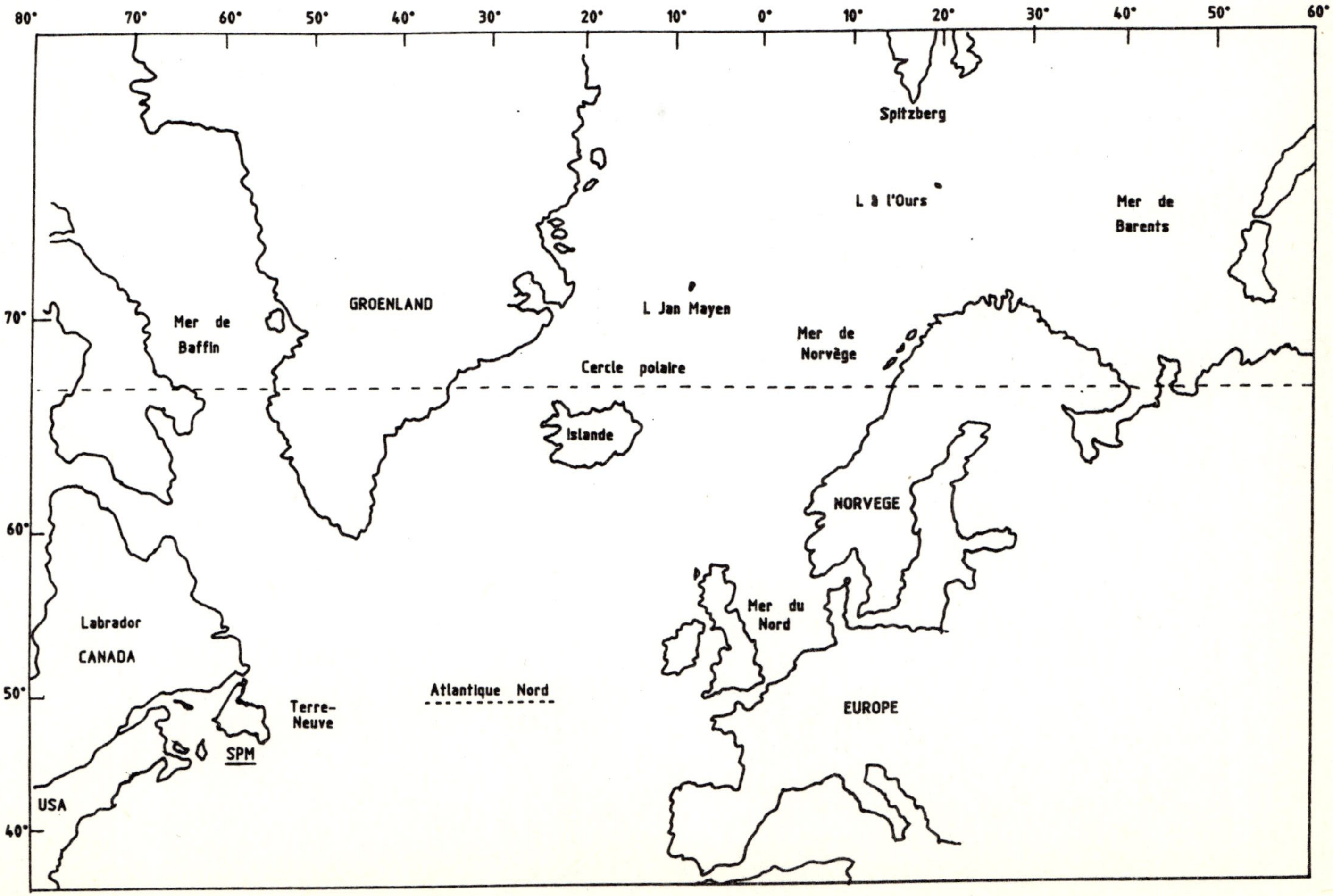
80°
70°
60°
50°
40°
30°
20°
10°
0°
10°
20°
30°
40°
50°
60°
Spitzberg
L à l'Ours
Mer de
Barents
GROENLAND
Mer de
Baffin
L Jan Mayen
Mer de
Norvège
Cercle polaire
Islande
NORVEGE
Labrador
CANADA
Mer du
Nord
Atlantique Nord
Terre-
Neuve
SPM
EUROPE
USA
70°
60°
50°
40°

AVANT - PROPOS

Dans notre bon pays malouin, on parle beaucoup depuis longtemps – et on écrit de même – de la pêche à la morue.

Intérêt historique ? Souci commercial ? Recherche d'un passé qui a marqué, pendant des siècles, une région qui déborde largement les limites du « Clos Poulet » ? [1]

Ou bien nostalgie d'une histoire encore toute récente, alors que l'activité française de la pêche à Terre-Neuve se rétrécit d'année en année, comme peau de flétan séchée au soleil des « grâves » ? [2]

On a beaucoup, sinon tout, dit et écrit sur « le grand métier », « les râcleurs d'océan », les « bagnards de la mer », « les forçats de l'océan », « les misérables de la mer », les « galériens des brumes », les « hercules de la mer », disait même CHARCOT, sur la morue sèche et la morue verte, le bulot et le capelan, les cordes et le chalut.

Curieusement, tous ces auteurs passent pratiquement sous silence une « présence », bien réelle pourtant sur les Bancs, celle de la Marine royale, puis impériale, et enfin nationale, Marine de guerre qui assure depuis des siècles, et

---

1. Le Clos Poulet (de pou:pays et leth: aleth, pays d'Aleth), région du Pays de Saint-Malo – on pourrait dire du très grand Saint-Malo – limitée au Nord et au Nord-Est par la mer, à l'Ouest par la Rance, et ailleurs par une ligne sinueuse marquant un ancien marécage, alors bras de la Rance, reliant la baie de Cancale aux environs de Saint-Suliac.

2. Les « grâves ». Grèves de galets plats, sur lesquels les pêcheurs étalaient, à Terre-Neuve comme à Saint-Pierre, pour les faire sécher au soleil, leurs morues après qu'elles aient été vidées, tranchées et lavées à l'eau de mer. C'était la « morue sèche » par opposition à la « morue verte » directement préparée et stockée à bord des voiliers « banquiers ».

sous toutes ses formes, l'assistance à nos marins de Grande Pêche, cette présence en particulier de ces « humeurs de brume », officiers et marins des croiseurs et autres navires de la Division Navale de Terre-Neuve, que l'on imagine, il y a un siècle et plus, patrouillant sur les Bancs, noyés souvent dans cette brume épaisse, et la « humant », pour retrouver le voilier désemparé ou le doris perdu loin de son trois-mâts.

Ce fut un réel titre de gloire que celui de « humeur de brume », pour certains de ces officiers qui servirent de longues années à Terre-Neuve : Le Lieutenant de Vaisseau LAVAUD, devenu Capitaine de Corvette, puis Capitaine de Vaisseau, « débanque le 7 Octobre 1838 après dix campagnes de Terre-Neuve » nous dit LABARÈRE. [1]

C. de LA MORANDIÈRE, dans son important ouvrage en trois volumes sur « La Grande Pêche de la morue dans l'Amérique septentrionale[2] », n'y consacre guère que quelques pages, de même que R. de LOTURE dans son « Histoire de la Grande Pêche de Terre-Neuve[3] ».

L. LACROIX, dans son livre très minutieux et bien documenté sur « Les derniers voiliers morutiers, terre-neuvas, islandais, groenlandais[4] », oublie totalement d'en parler.

Quant à notre contemporain J. RECHER, dont l'ouvrage « Le Grand métier[5] » fait autorité en la matière, il ne consacre, et presqu'à regret semble-t-il, que quelques lignes,

---

1. C.V. LABARERE. Éphéméride de la Station Navale de Terre-Neuve. Service Historique de la Marine.
2. C. de LA MORANDIERE. La Grande Pêche de la morue dans l'Amérique septentrionale. Ed. Maisonneuve & Larose, Paris 1962.
3. R. de LOTURE. Histoire de la Grande Pêche de Terre-Neuve. Ed. N.R.F. Gallimard, Paris 1949.
4. L. LACROIX. Les derniers voiliers morutiers terre neuvas, islandais, groenlandais. Ed. Maritimes et d'Outre-mer, Paris 1970.
5. J. RECHER. Le Grand Métier. Ed. Plon (Terre Humaine), Paris 1977.
Le Capitaine RECHER, poète à ses heures, avait pourtant, en 1974, probablement inspiré par la solitude du Grand Nord, écrit un aimable « Hommage au TENACE », que nous reproduisons en fin de cet ouvrage.

plutôt critiques d'ailleurs, à cette présence de la Marine de guerre sur les Bancs.

Cependant, depuis que cette présence existe, un certain nombre de publications s'y rapportant ont vu le jour, traitant essentiellement de l'assistance, surtout médicale, aux pêcheurs.

Sans parler des rapports officiels rédigés depuis de nombreuses années par les commandants de tous les navires de guerre qui se sont succédés comme « stationnaires » [1] sur les Bancs de Terre-Neuve et ailleurs, – rapports de mission, rapports de mer, rapports de fin de commandement – ni des rapports techniques des médecins de Marine ayant assuré cette assistance, de nombreuses thèses de doctorat en médecine ont été soutenues sur ce sujet, aussi bien au 19e siècle que plus récemment, celle de notre regretté compatriote le Docteur DESCOTTES[2], en 1919 par exemple.

Plus près de nous encore, les thèses de JARRY[3], PERRETTE[4], EUZEN[5], LE DUN[6], et autres, ont apporté un éclairage historique majeur sur cette assistance, mais ces publications n'ont guère dépassé les murs de leurs Universités respectives, ce qui est grand dommage.

---

1. En fait, le terme de « stationnaire », bâtiment de guerre appartenant à la « Station Navale », et que l'aviso « **Ville D'Ys** » portait encore avant la guerre, ne s'appliquait plus ensuite, le navire de guerre étant « bâtiment chargé de la surveillance et de l'assistance des pêches » ou plus simplement « bâtiment d'assistance », ceci afin de ne pas froisser certaines susceptibilités de pays riverains. Dans cet ouvrage, et par tradition, nous avons cependant conservé le terme de « stationnaire ».

2. E. DESCOTTES. Contribution à l'étude de la médecine sur les Bancs de Terre-Neuve. Faculté de Médecine de Paris, 1919.

3. H. JARRY. L'assistance médicale et le Médecin de la Grande Pêche à Terre-Neuve, en Islande, au Groenland et en Atlantique Nord de 1548 à 1972. Faculté de Médecine, Nantes 1972.

4. P. PERRETTE. Problèmes médicaux et assistance médicale à la Grande Pêche française à la morue, Terre-Neuve et Islande, de 1880 à 1914. Faculté de Médecine, Paris VIII, 1982.

5. EUZEN. L'assistance médicale à la pêche lointaine. Faculté de Médecine, Brest 1984.

6. J.P. LE DUN. Vie, travail, pathologie professionnelle des marins-pêcheurs de la Grande Pêche, 1974-1979. Faculté de Médecine, Bordeaux II, 1979.

Et pourtant, dit A. COUDRAY[1], « *ce que le grand public ignorait et ignore encore dans sa grande majorité, c'est que l'assistance à la Grande Pêche est, depuis plusieurs siècles, assurée par la Marine de guerre, pour des raisons de défense d'abord, puis pour des motifs de solidarité et de protection liés aux conditions de vie et de navigation particulièrement dures à bord de ces navires.* »

Ayant eu la chance, il y a plus de quarante ans, d'être le premier médecin-major de la frégate **L'Aventure** sur les Bancs de Terre-Neuve, il m'a paru nécessaire de rendre justice à ces « marins de l'État », à ces « humeurs de brume » qui, depuis si longtemps, assurent avec conscience et discrétion ce travail dur et souvent ingrat.

J'ai voulu y associer l'un de mes jeunes camarades de Santé Navale, le Docteur Loïc LEMESLE, qui a récemment effectué plusieurs campagnes d'assistance sur les Bancs, comme médecin du stationnaire.

Si l'assistance aux pêcheurs de Terre-Neuve revêt en effet un aspect protéiforme, c'est bien le volet médical qui en a toujours été l'élément essentiel, le médecin du stationnaire en étant, de ce fait, un peu le personnage-clé.

Le Capitaine de Frégate BLANCHARD, dans son excellent livre « **L'Aventure** et ses Terre-Neuvas »[2] décrit ainsi son angoisse d'avoir quitté la France pour la campagne de pêche 1951 avec un médecin souffrant d'une naupathie rédhibitoire, qu'il a fallu remplacer en catastrophe à l'arrivée sur les Bancs par un autre médecin dépêché de métropole par avion à Saint-Pierre-et-Miquelon.

Il y avait eu des précédents illustres : notre grand ancien, Dominique LARREY, chirurgien de Marine, qui allait devenir sous l'empire l'éminent praticien que l'on sait, dut en effet abandonner, à son grand regret, la Marine après sa

1. A. COUDRAY. La Marine nationale et l'assistance à la Grande Pêche. Mémoire présenté à l'École Supérieure de Guerre Navale, 1973.

2. C. F. BLANCHARD. L'AVENTURE et ses Terre-Neuvas, France-Empire 1952.

campagne de Terre-Neuve en 1788 sur la corvette **La Vigilante**, à bord de laquelle il avait terriblement souffert du mal de mer.

Il n'en reste pas moins que c'est le commandant du navire de guerre, « seul maître à bord après Dieu », qui reçoit du Ministre la responsabilité de la mission et en assure la bonne exécution.

C'est donc de lui, essentiellement, que va dépendre le succès d'une mission qui dépasse évidemment le cadre traditionnel des responsabilités que doit affronter un officier de Marine.

Docteur Alain LEFORT
Médecin en Chef de la Marine (H)

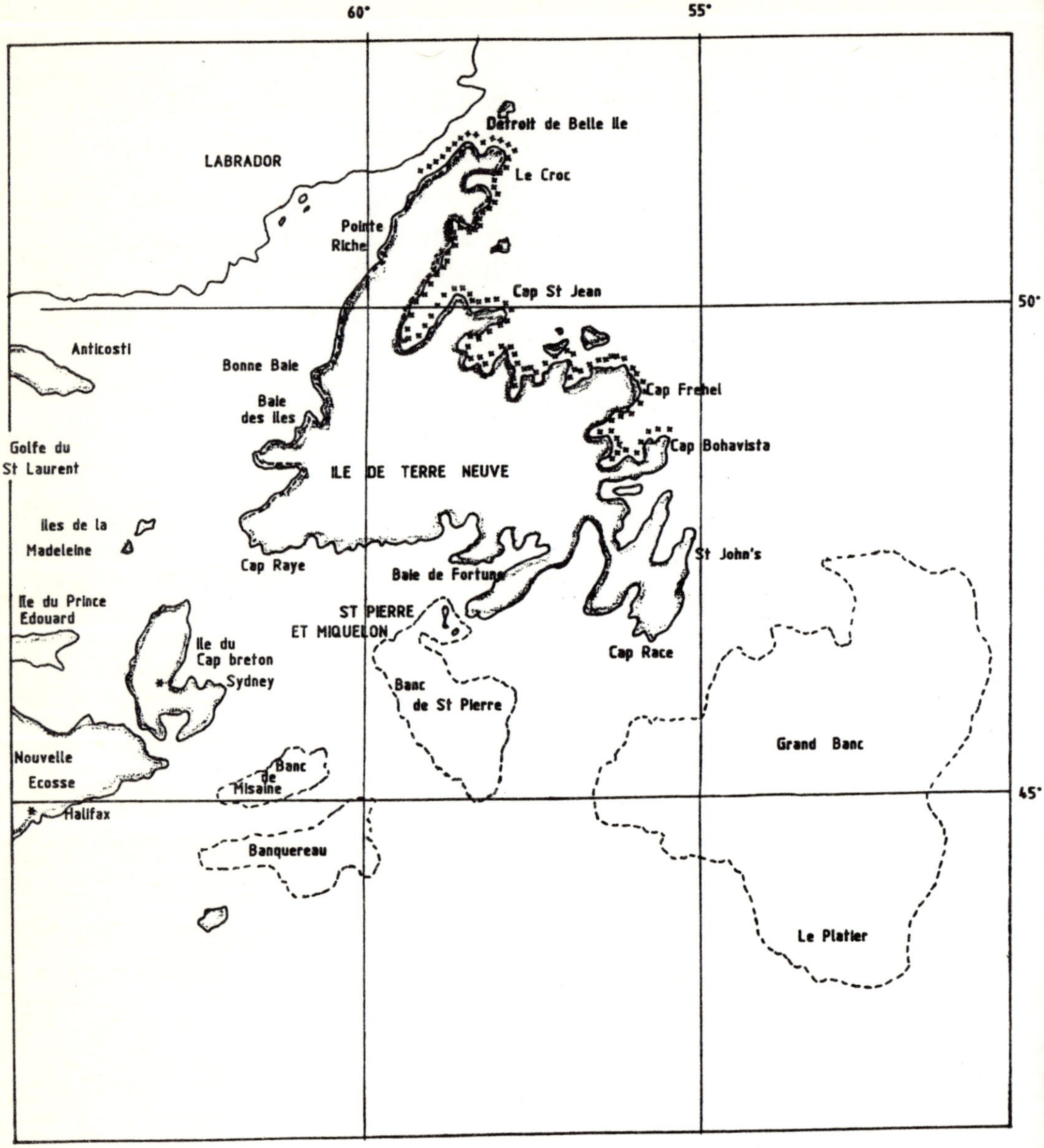

L'Ile de Terre-Neuve, avec le **French Shore**
et ses limites de 1763 ++++++ (Traité de Paris)
1783 ---------- (Traité de Versailles)
et les principaux Bancs de pêche.

LA PÊCHE A TERRE-NEUVE

Dès le 16e siècle...

Plusieurs auteurs ont déjà conté la longue histoire de la pêche à la morue à Terre-Neuve, cette appellation englobant aussi, par extension, la pêche au Groenland, au Labrador, et en mer de Barents, puisque ce sont les mêmes marins qui y pêchaient.

Rappelons simplement que, dès le 16e siècle, les pêcheurs bretons, basques et normands viennent en nombre, sur les côtes de Terre-Neuve, capturer morue, homard et saumon. – en 1548, 150 navires armés pour 2 500 marins – s'y installent, leurs droits de pêche et de séchage à terre étant reconnus par la Convention de 1635, confirmée par la reconnaissance du « French Shore » en 1713.

Quant à l'archipel français de Saint-Pierre-et-Miquelon, minuscule épine irritative plantée dans le flanc sud du l'Ile, il connut une existence fort chaotique au cours de ces siècles, du fait des fréquents affrontements franco-britanniques.

L'Ile de Terre-Neuve était fort peu peuplée à l'arrivée des premiers pêcheurs de France, et nos marins se sentaient à l'aise sur ces côtes qui regorgeaient de morue, la plus poissonneuse étant celle du Nord, qui devint le fief traditionnel des Malouins.

A partir du 16ème siècle, le nombre des navires français va augmenter rapidement, les effectifs des pêcheurs également, alors que les « colons » venus d'Angleterre commencent à peupler l'île, s'installant à demeure, de préférence sur les côtes, puisque c'est là qu'est la richesse, alors que les Français n'y sont que des saisonniers.

Et les litiges vont vite surgir, entre Français d'abord pour l'attribution des hâvres[1] et des grâves, ensuite entre les Français et les Terre-Neuviens.

Parallèlement, les guerres entre la France et l'Angleterre sont allées en se succédant pendant trois siècles en rythmant ainsi l'histoire de Terre-Neuve, celle de Saint-Pierre-et-Miquelon, celle de la pêche à la morue, comme celle du saumon ou du homard, et bien entendu celle de la présence des navires de guerre sur les lieux de pêche ; guerre de Succession d'Espagne, guerre d'Augsbourg, guerre de Sept Ans, guerre de l'Indépendance américaine, longues années durant lesquelles l'armement à la Grande Pêche déclinait rapidement, pour même complètement disparaître à certaines époques.

Et puis, Conventions et Traités venaient mettre fin à ces guerres et redonnaient un nouvel élan à la pêche lointaine.

La Convention de 1635, signée entre les deux royaumes, avait officiellement reconnu la souveraineté anglaise sur l'île de Terre-Neuve, mais préservait les droits de pêche et de séchage des Français sur toute l'étendue de ses côtes ; cependant, les pêcheurs devaient acquitter une redevance de 5 % sur le prix de vente de la morue préparée.

Après diverses péripéties, fondation par les Français et fortification de la ville de Plaisance – plus tard Placentia – sur l'île, expédition de Guillaume d'Orange au moment de la guerre d'Augsbourg en 1692 sur cette ville défendue par la frégate la **Sainte-Anne**, attaque des Français contre Saint John's quelques années plus tard, nouvelles attaques anglaises sur Plaisance, on en arriva enfin à faire la paix.

---

1. Hâvres. Criques bien protégées, où les navires morutiers pratiquant la pêche « sédentaire » venaient désarmer et construire, sur le rivage, leurs installations pour les saisons de pêche.

Le Traité d'Utrecht de 1713, qui mit fin à la guerre de Succession d'Espagne, confirma la souveraineté totale de la couronne britannique, non seulement sur l'île de Terre-Neuve, mais aussi sur Saint-Pierre-et-Miquelon et sur toute l'Acadie sauf sur l'île du Cap Breton.

Le French Shore

Cependant, à ce traité d'Utrecht, la France avait pu sauver quelques miettes de ce qui avait été le domaine de ses pêcheurs pendant deux siècles, et ce fut l'origine du French Shore, dont la protection donna, on s'en doute, bien du souci aux navires de guerre du roi de France.

Confirmé par le Traité d'Aix la Chapelle de 1748, de nouveau défini par le Traité de Paris de 1763[1], il permettait aux pêcheurs de continuer à pêcher et à sécher sur une bande du littoral définie en 1763, rectifiée en 1783, avec interdiction formelle de fortifier cette côte ou même d'y élever des habitations permanentes, seule étant autorisée l'édification d'installations provisoires qui devaient être entièrement démontées à la fin de la campagne de pêche.

Tout le 19e siècle fut émaillé de nombreuses péripéties, et, de négociations en compromis, la France finit par renoncer, dans l'euphorie de l'Entente Cordiale, par la Convention de 1904, « aux privilèges établis à son profit par l'article XIII du Traité d'Utrecht » en compensation, il est vrai, de quelques gains territoriaux aux colonies, et surtout de sa liberté d'action au Maroc.

Ce fut la signature du « Treaty Shore », qui annula et remplaça le French Shore et mit ainsi fin pratiquement à des siècles de présence française sur les côtes de Terre-Neuve.

---

1. C'était le 5ème Traité de Paris. Il en fut signé 15, jusqu'à nos jours, au cours des longs siècles de l'histoire de France.

L'intérêt de la pêche à la morue

Mais qu'est-ce qui faisait donc courir, sur leurs petits voiliers, cette armada de pêcheurs à la recherche de la morue sur l'une des mers les plus dures du monde, à la merci des corsaires et pirates, anglais et autres, qui les guettaient au retour pour saisir à l'abordage navires et cargaisons, qu'est-ce qui faisait donc courir ces marins pour de longues traversées de l'Atlantique et les amenait à vivre, des mois et des mois, sur ces côtes sauvages de Terre-Neuve ?

Il faut d'abord savoir qu'au 14ème siècle, la pêche à la morue sur les côtes de France, très active en Manche en particulier, devint de plus en plus ingrate en raison de la raréfaction du poisson ; il fallut donc explorer d'autres sites de pêche pour satisfaire une demande sans cesse croissante.

De surcroît, l'Église a longtemps imposé un carême rigoureux de 40 jours, auxquels venaient s'ajouter de nombreux jours d'abstinence – en tout 153 jours de maigre par an ! – entraînant évidemment une importante consommation de poisson.

Impératifs religieux, raisons économiques amenaient donc à encourager cette pêche, mais une autre nécessité, probablement aussi impérative, motivait les encouragements du pouvoir à l'armement à la Grande Pêche.

En effet, l'armement des navires de guerre de la Marine royale requérait essentiellement les équipages provenant de la marine de commerce et surtout de la pêche, et la marche harmonieuse des vaisseaux de Sa Majesté, qui nécessitait les bras de centaines d'hommes sur chaque navire, était conditionnée par leur qualification maritime.

De ce fait, les équipages de morutiers, rompus à la manoeuvre des voiles, passant une partie de leur vie dans les mers bien souvent ingrates, rudes à la tâche et durs au mal, représentaient un recrutement de choix pour la Marine de guerre.

Déjà, une Ordonnance royale du 23 Juillet 1745 avait fait obligation d'embarquer, sur tous les navires, des novices, et ce « sur le pied du cinquième de la totalité », ceci en vue de garantir une pépinière de marins qualifiés.

Plus tard, en 1830, c'est le Sous-préfet de Saint-Malo, alerté sur la menace de suppression des « primes d'encouragement pour la pêche à la morue », qui tire la sonnette d'alarme en écrivant, entre autres, à son Préfet[1] : « Un autre résultat spécial est la formation, par an, de plus de 1 200 marins forts et agiles, qui viennent alimenter les classes, et qui tient en activité 6 à 8 000 marins qui pourraient armer des vaisseaux dans un cas pressant de guerre ».

La France n'était d'ailleurs pas le seul pays à se rendre compte de l'intérêt des marins de Grande Pêche, vivier précieux pour l'armement de ses flottes de guerre.

JULIEN[2] cite NEWTON qui, dans « Beginnings », rappelle : « L'importance de la pêche – à Terre-Neuve –, non seulement pour l'approvisionnement du marché, mais aussi pour la formation des matelots à la Marine royale, attira l'attention des hommes d'État de Londres dès 1578 sur l'intérêt qu'il y aurait à coloniser l'intérieur de Terre-Neuve pour s'assurer le contrôle du littoral. »

Les Anglais faisaient ainsi d'une pierre deux coups : extension progressive de la pêche à Terre-Neuve, source de recrutement de premier choix pour les vaisseaux de Sa Majesté britannique.

L'armement à la pêche à la morue fut donc chaudement encouragé dans notre pays, par les pouvoirs publics, pour plusieurs raisons, au cours de ces derniers siècles, et de différentes manières, entre autres par l'institution de « primes d'encouragement ».

De plus, la protection sociale mise en place dès le 17ème siècle par COLBERT, et qui était très en avance pour l'époque,

---

1. Rapport du Sous-préfet de Saint-Malo sur les difficultés économiques de la Grande Pêche, du 21 Octobre 1830. Archives départementales d'Ille et Vilaine.
2. C.A. JULIEN. Les voyages de découverte et les premiers établissements. Ed. P.U.F. Paris 1848.

avait en corollaire, pour ses bénéficiaires, l'obligation d'effectuer le service militaire dans la Marine de guerre, et d'y être éventuellement mobilisés.

La population maritime en pêche à Terre-Neuve

Cette population « flottante » a été longtemps fort nombreuse, en particulier à partir du 17ème siècle, mais en 1517, on comptait déjà une centaine de navires pêchant à Terre-Neuve.

En 1628, il y eut 112 navires terre-neuviers en partance de Saint-Malo, et pour le début du 18ème Siècle, A. COUDRAY[1] donne les chiffres de 564 navires et 27.500 marins, soit 65 % en tonnage et 45 % des équipages de toute la flotte de pêche française.

Peu avant la Révolution, il y avait encore plus de 13 000 pêcheurs à Terre-Neuve, et, du seul port de Saint-Malo, étaient partis, en 1766, 146 navires pour la Grande pêche.

Au début du 19ème Siècle, les chiffres étaient les suivants :

– 1816 : 8 108 hommes et 330 navires
– 1826 : 10 185 hommes et 349 navires
– 1836 : 10 172 hommes et 406 navires

En 1829, l'effectif avait culminé à 12 017 marins pour 416 navires.

L'effectif de cette population, fluctuant suivant les aléas de la situation politique, remonte en 1892 à plus de 12 000 pêcheurs pour moins de 300 navires, le tonnage de ceux-ci ayant sensiblement augmenté.

Il revient à 10 600 en 1903, et 8 600 en 1906.

Mais il y avait encore, juste avant la Guerre de 14-18, des voiliers « trans-atlantiques » d'un tonnage fort modeste : la goélette franche de Cancale **Germaine et Louis**, Capitaine RENARD, construite en 1900, jaugeait 103 tonneaux

1. A. COUDRAY, op. cit.

pour 25 hommes et 10 doris armés, et la **Narka**, datant, elle de 1890, ne faisait que 66 tonneaux, avec 22 hommes et 9 doris armés. Coques de noix !

Il est vrai que les chalutiers à vapeur, puis à moteur, commençaient à prendre la relève, puisque, dès 1934, on comptait 28 chalutiers armés à la Grande Pêche, chacun embarquant un équipage allant de 35 à 55 marins.

Et, à la veille de la dernière guerre, il y avait près de 60 chalutiers qui partaient pour Terre-Neuve.

La protection des morutiers

Bien entendu, ces énormes flottes de morutiers, pratiquement désarmés, riches en plus au retour d'une cargaison de grande valeur, suscitaient bien des convoitises : les corsaires ou pirates anglais, espagnols ou hollandais, sinon français, les traquaient dans l'Atlantique, en particulier aux atterrages de Terre-Neuve et d'Europe, les barbaresques guettaient les nombreux morutiers qui gagnaient directement la Méditerranée pour livrer leur pêche, sans compter les « sauvages » qui s'attaquaient aux établissements à terre sur l'île de Terre-Neuve elle-même.

Pour toutes ces raisons : défense des intérêts nationaux et du pavillon, encouragement à la production d'une source majeure de ravitaillement pour le pays, protection de nos pêcheurs, souci humanitaire d'assistance sanitaire, la France fut amenée à mettre en place, en 1763, une « Station Navale » à Terre-Neuve.

Mais bien avant 1763, les armateurs – les Malouins en particulier – avaient été autorisés à armer en guerre des navires d'escorte.

Ce rare privilège fit l'objet d'Ordonnances royales, que l'on retrouve par exemple à Saint-Malo, dans le Registre des délibérations du 25 octobre 1610, où les bourgeois de la cité corsaire demandent au Roi « le droit d'armer en guerre deux navires pour protéger nos équipages, attaqués et massacrés par les sauvages. »

L'Ordonnance édictée en 1629 par Louis XVIII, précise, rappelle LABARÈRE[1] :

« Tant pour la sûreté des ports et des hâvres que pour servir d'escorte aux marchands et tenir la mer libre, il sera toujours entretenu cinquante vaisseaux de 400 à 500 tonneaux armés et équipés en guerre, outre les pataches et vaisseaux de moindre port »

L'autorisation, donnée aux Malouins, d'armer en guerre, fut renouvelée par Louis XIV, dans les Lettres patentes du 7 janvier 1647[2].

Cette décision du Roi de France faisait suite, nous dit HARVUT[3], à la requête du Parlement de Bretagne qui, le 2 janvier 1647, rendit un arrêt autorisant l'armement d'un vaisseau de conserve pour protéger « les quatre mille hommes » qui allaient de Saint-Malo et Binic pêcher sur les côtes de Terre-Neuve.

Les armateurs de Binic refusèrent d'ailleurs de participer aux frais de l'expédition.

Mais il n'y avait pas que les pirates en mer et les sauvages à terre.

En 1654, dit de LA MORANDIÈRE[4], « les Malouins se plaignirent que leur flotte de Terre-Neuvas allant prendre son sel à l'Ile de Ré avait été attaquée par quatre grandes frégates anglaises de 40 à 50 canons. Et pourtant, il n'y avait pas de guerre entre la France et l'Angleterre à cette époque. Les frégates pirates, mouillées à Jersey, avaient été averties, dit-on, du départ des Terre-Neuviers par plusieurs Anglais résidant à Saint-Malo, ce qui mit en effervescence tout le pays malouin, et causa des troubles dans la ville. »

1. LABARERE, op. cit.
2. Archives municipales de Saint-Malo, M.J. RENOUARD et C. LAURENT. Saint Malo et la Grande Pêche. 1985.
3. H. HARVUT. Les Malouins à Terre-Neuve et les droits de la France sur cette île. Imp. typ. Oberthur, Rennes 1893.
4. C. de LA MORANDIERE, op. cit.

Il fallut donc songer à donner une protection sérieuse à nos morutiers. On pensa bien à leur octroyer un armement individuel, précurseur de l'A.M.B.C.[1] mais que pouvaient bien faire quelques malheureuses pétoires, servies par des canonniers du dimanche, contre leurs redoutables adversaires ?

On en vint alors à organiser de véritables convois, encadrés et escortés par des navires de guerre – déjà la bataille de l'Atlantique – !

Mais il est facile de se représenter le beau désordre que devait être cet assemblage hétéroclite de nombreux voiliers disparates, partant, à des dates différentes, des divers ports d'armement en France, et l'illusoire protection des escorteurs pour ce troupeau.

Il arrivait aussi à certains capitaines malouins de prendre quelques libertés, et CUNAT[2] raconte qu'au début du 18ème Siècle, des Terre-Neuviers de Saint-Malo partaient pour les Bancs avec des canons pour se défendre, mais qu'il leur prenait parfois fantaisie de renoncer à la pêche, activité somme toute pénible et peu lucrative, et de se faire purement et simplement corsaire, plutôt en fait pirate.

C'est en particulier, l'histoire de Bertrand HERBERT, né à Saint-Malo en 1688, qui avait obtenu à l'âge de 19 ans le commandement du **Geraldin**, un brick de 110 tonneaux, armateur JALLOBERT, avec un équipage de 62 hommes et une artillerie de 12 canons de 4 livres de balles.

Partant pour Terre-Neuve en mars 1707, et au lieu de rallier le « Chapeau Rouge » pour mettre en pêche, il se mit en course, prit d'abord à l'abordage un trois-mâts anglais, la **Reine Anne**, attaqua ensuite, à bord de son canot et par mer plate, un autre marchand, le **Guillaume**, puis d'autres bricks anglais, morutiers en particulier, qu'il pilla, pour rentrer glorieusement à Saint-Malo le 3 décembre, riche d'un trésor

---

1. A.M.B.C. Armement militaire des bâtiments de commerce, au cours des deux dernières guerres mondiales.
2. C. CUNAT. Saint-Malo illustré par ses marins. Imprimerie Pealat, Rennes 1857.

en pièces, de marchandises de valeur et d'une bonne cargaison de morues !

Le 16 juin 1668, par lettre autographe, COLBERT propose aux Malouins, étant donné « l'importance de leurs armements », des navires de guerre, pour escorter et protéger leurs navires à Terre-Neuve et autres lieux.

En 1673, le Roi décide d'armer au Havre deux navires de guerre pour l'escorte des morutiers partant de Rouen et, en même temps, de ceux mettant à la voile de Saint-Malo.

Deux ans plus tard, deux autres vaisseaux sont armés, le **Brillant** et le **Vigilant**, sous le commandement du Comte de GLÉNAC, qui les fait d'abord louvoyer au large d'Ouessant pour couvrir le départ de la flotte, et ensuite rallier les Bancs et la côte de Terre-Neuve.

Vaste programme ! Deux navires de guerre seulement pour cette imposante armada de voiliers qui, une fois arrivés au large de Terre-Neuve, se dispersaient alors sur une large étendue.

Et il semble, d'après LA MORANDIÈRE[1], que cette protection directe des morutiers fut abandonnée vers la fin du 17ème siècle :

« Tout ce qu'on pouvait faire en leur faveur, c'était de les obliger à se grouper en flotte pour revenir de Plaisance, sous la protection des navires de l'État, si les hasards de la guerre en avaient envoyé là-bas ».

Et puis les attaques des forbans reprirent de plus belle, et il fallut bien, au début du 18ème Siècle, reprendre escorte et protection.

Mais cette intervention est fort dispendieuse, dit le Roi aux marchands nantais, d'après LABARÈRE[2] :

« Les escortes coûtent cher à la Marine royale. Comme Sa Majesté n'est pas en état de faire la dépense de la solde et des vivres, ni les avances de munitions qui ne se trouvent pas dans les magasins, il est nécessaire que les négociants y contribuent. S'ils ne veulent

1. C. de LA MORANDIÈRE, op. cit.
2. LABARÈRE, op. cit.

point contribuer à l'entretien de ces vaisseaux et autres garde-côtes, Sa Majesté sera obligé de les faire désarmer, les fonds de la Marine ne pourront plus longtemps supporter cette épreuve. »

Ce fut cependant une petite escadre qui, en 1724, appareilla pour aller protéger les morutiers français : les vaisseaux l'**Hercule** et le **Protée**, renforcés de deux frégates, l'**Argonaute** et l'**Amazone**.

La MORANDIERE rapporte encore que :

« les pirates saletins se montraient dangereux aux abords du détroit de Gibraltar. L'armateur malouin BEAUVAIS LE FER signala, le 17 novembre 1741, qu'un navire de Saint-Malo venant de Terre-Neuve avait été attaqué par un pirate de Salé ayant 120 hommes d'équipage. Le combat dura une heure et demie. Le capitaine français fut blessé, ainsi que quelques matelots, et le second tué, mais le pirate fut obligé de se retirer. »

Ces pirates marocains et algériens restèrent toujours dangereux et entreprenants. En 1789, les armateurs de Saint-Malo et Granville réclamaient encore une protection contre les corsaires d'Afrique du Nord.

Le Roi fut obligé d'envoyer deux frégates croiser à l'entrée de la Méditerranée.

Mais, dès 1763, pour répondre à ces agressions, le pouvoir avait décidé de créer la « Station Navale de Terre-Neuve », destinée à assurer la protection des marins en pêche sur les Bancs comme à terre au French Shore, et à faire respecter nos droits reconnus par les Traités et les Conventions.

Nous y reviendrons.

La pêche à la morue séchée, ou pêche sédentaire.

Une flotte importante, ayant fait voile des côtes de France dès le mois de mars, arrivait sur les côtes de Terre-Neuve, après une traversée de l'Atlantique qui pouvait durer de deux à sept ou huit semaines, sauf incident de mer.

Ces côtes très découpées, ces hâvres riches en abris et criques profondes, permettaient aux pêcheurs de désarmer pour toute la saison de pêche leurs navires près d'une grâve où les morues seraient mises à sécher.

L'approche des côtes par cette imposante armada – plus de 400 navires ont armé à Terre-Neuve en 1830 – donnait lieu à une sévère compétition.

En effet, le premier capitaine touchant terre choisissait son emplacement, le meilleur bien entendu, prenait officiellement le titre d'« Amiral de pêche » pour toute la campagne, arborant au grand mât son guidon personnel, répartissant les grâves suivant l'ordre d'arrivée des autres voiliers, réglant les litiges entre les pêcheurs en cas d'absence d'autorité maritime, et se conduisant parfois en véritable dictateur.

Chez les Anglais également, on trouvait ces « amiraux de pacotille ».

Afin que soit confiée l'administration de l'île à un responsable, c'était, au début du 18ème siècle, le capitaine du premier navire pêcheur arrivant d'Angleterre qui recevait temporairement, et pour l'été seulement, le titre d'amiral, avec attributions juridiques sur le territoire, le deuxième arrivé étant nommé dans les mêmes conditions vice-amiral, et le troisième contre-amiral !

Ce fut l'époque des « Fishing Admirals ».

Arrivés donc sur l'île, les capitaines désarmaient leur navire, débarquaient l'équipage pour construire à terre, près de leurs grâves, ces « chauffauds »[1] où pouvaient accoster les embarcations à toute heure de marée.

Autour du chauffaud, l'équipage bâtissait des habitations plutôt sommaires pour le logement, l'atelier, le magasin à matériel, le grenier à sel, l'ambulance éventuellement si un chirurgien était affecté à ce hâvre.

---

1. Chauffaud. Échafauds, ou jetées en bois, construites sommairement au bord du rivage, où les pêcheurs accostaient pour débarquer le poisson et sur lesquels ils le traitaient.

A la fin de la campagne de pêche, dans le courant de l'automne, les équipages démontaient toutes les installations, réembarquant une partie de ce matériel en plus du chargement de morue, et le voilier réarmé faisait route sur la France pour les navires métropolitains, sur Saint-Pierre-et-Miquelon pour les navires de l'Archipel.

Il y avait, en effet, une autre population maritime pratiquant la pêche à Terre-Neuve.

Car les voiliers métropolitains partaient en France, non seulement avec leur propre équipage de pêcheurs, mais aussi avec des pêcheurs-passagers qui ralliaient Saint-Pierre, pour embarquer sur les goélettes de l'Archipel, afin d'aller aussi pratiquer la pêche sur les côtes de Terre-Neuve. C'était « l'armement colonial ».

Et, au départ de France, des milliers d'autres pêcheurs prenaient passage sur des « vapeurs », qui les emmenaient, eux aussi, à Saint-Pierre pour cet armement colonial.

Bien entendu, les litiges et affrontements ne manquaient pas sur les côtes de Terre-Neuve, entre pêcheurs français d'abord : vols de poisson ou de lignes, disparition de matériel, empiétement des zones de pêche, mais les frictions naquirent aussi très rapidement entre pêcheurs français et sédentaires anglais, qui revendiquaient de plus en plus la totale propriété de ces eaux particulièrement riches en poisson, s'employant par tous les moyens à éliminer leurs concurrents français, forts, eux de leurs droits ancestraux sur ces rivages.

Des incidents sérieux sont rapportés par le journal malouin LE SALUT, relatant la réunion annuelle des armateurs, le 5 décembre 1901, à l'Hôtel de la Marine à Saint Servan, sous la présidence de M. SENNÉ-DESJARDINS, Chef de service, et du Capitaine de Vaisseau FAUBOURNET de MONTFERRAND, commandant la Division Navale de Terre-Neuve.

« MM. GUIBERT, les honorables armateurs servannais, viennent d'être victimes, comme le fut l'an dernier la Maison SAINT MLEUX, d'une canaillerie terre-neuvienne.

Une partie de leurs établissements, à Guerâta, au French Shore, a été détruite le 12 novembre par un incendie criminel.
L'Assemblée se montre fort émue de cette grave communication, et demande, à l'unanimité, que le gouvernement français poursuive la répression et la réparation des deux attentats commis au préjudice d'armateurs français.
L'Assemblée demande l'inscription de ce voeu au procès-verbal et invite le Commandant de la Station à le transmettre au Ministère. »

Saumonneries et homarderies

Mais il n'y avait pas que la morue qui fût source de litiges au French Shore. Les côtes de Terre-Neuve, en effet, recélaient d'autres richesses dans leurs eaux : saumons et surtout homards, particulièrement sur la côte Ouest, et les pêcheurs français du French Shore y virent rapidement une source de profits supplémentaires.

Ils entreprirent de confectionner des casiers, des trappes, de les boetter avec des têtes de morue, d'en mouiller de longues filières, et de faire ensuite de leurs homards, cuits à terre, des conserves qui étaient fort appréciées, en Europe en particulier.

Et cette pêche prit, surtout au 19ème siècle, une extension considérable.

Si l'on sait que chaque navire dit morutier pouvait armer une dizaine de doris pour la pêche au homard, la capture quotidienne de 300 ou 400 homards par navire n'était pas rare.

Maurice CAPERON[1] rapporte qu'en 1897, 3 320 caisses de homards furent ainsi préparées, chaque caisse contenant 48 boîtes de homards de 500 grammes.

Bien entendu, l'exploitation intensive de ce pactole suscita vite la jalousie des insulaires terre-neuviens, qui firent appel à leur gouvernement de Saint John's, puis au

1. M. CAPERON. Saint-Pierre-et-Miquelon. Impression d'art, Pierrefort, Paris 1900.

gouvernement anglais, pour obtenir la fermeture de toutes les homarderies françaises, alors que des industriels anglais, venant de Nouvelle-Écosse ou d'Angleterre multipliaient, eux aussi, des installations de homarderies sur les côtes.

De son côté, le commandant de la Station Navale veillait, évidemment, au respect des droits de nos pêcheurs sur le French Shore, n'hésitant pas à faire évacuer les homarderies étrangères indûment installées.

Finalement, ce furent les commandants des deux Divisions Navales, française et britannique, qui eurent en charge l'attribution des places d'implantation des homarderies.

On en vint alors à discuter, non du sexe des anges, mais de la véritable identité de ce crustacé tant convoité.

D'après le gouvernement anglais en effet, le French Shore nous avait été attribué pour la pêche du poisson. Or le homard, défini pourtant à l'époque comme « crustaceous fish », ne se pêche pas, il se capture.

Les deux gouvernements convinrent de recourir à un arbitrage et, en attendant la sentence, d'accepter un « modus vivendi », que les Terre-Neuviens s'empressèrent de violer en multipliant les homarderies !

L'Angleterre, de son côté, entretenait aussi, à Terre-Neuve, une Division Navale avec des croiseurs détachés de l'escadre de l'Atlantique, placés sous les ordres d'un capitaine de vaisseau ancien, qui recevait le titre de « commodore », division comprenant en général six navires de guerre.

Et, sur plainte des pêcheurs français, retransmise par le commandant de notre Station Navale au Commodore britannique, celui-ci fit fermer les établissements illégaux, mais il fut lui-même inculpé devant la juridiction « coloniale » de Saint John's, et condamné à des dommages et intérêts !

La revue « Armée et Marine » publie en 1901, un article de VERSEAU, qui tire la triste conclusion de l'existence du French Shore :

« De ce fait, il y a, sur le French Shore, des ferments violents de haine et de révolte contre nous, ferments qui se sont traduits, il y a deux ans, par l'incendie d'un de nos établissements par un Terre-Neuvien nommé Ingram TAYLOR, et l'an dernier par des disputes et des menaces de mort, par des vols et quelquefois par un parti-pris de ne plus connaître et respecter nos droits.

Il y a le plus grand compte à tenir de l'état d'esprit de cette population maintenant fixée au sol, déjà trente fois plus nombreuse que celle de nos pêcheurs de passage, et dont l'infiltration rapide est poursuivie avec méthode par le gouvernement colonial qui travaille à nous expulser.

Nous sommes en présence d'un courant qu'il n'est plus possible d'arrêter ; la question de Terre-Neuve est devenue une mauvaise affaire à liquider le plus tôt possible, et qu'il y aurait même danger à laisser en état.

Elle ne peut déjà plus se résoudre que de trois manières : par un arrangement diplomatique échangeant nos droits contre des compensations ; par un renoncement pur et simple à l'exercice de nos droits sans compensation ; ou enfin par un « casus belli ».

La fin du French Shore

En fait, devant toutes ces difficultés qui s'accumulaient, en raison aussi de la reprise progressive de la pêche à la morue « verte » sur les Bancs, qui avaient été plus ou moins désertés par le poisson pendant plusieurs années, le nombre de navires armant pour le French Shore à la morue sèche diminua progressivement pendant les dernières années du 19ème siècle ; il en restait six en 1904.

1904, année de l'Entente Cordiale, qui permit de régler définitivement cette affaire, le French Shore disparaissant, pour être remplacé par le Treaty Shore.

La pêche à la morue verte

Et bientôt, il n'y aura plus à Terre-Neuve que la pêche à la morue « verte ».

Cette pêche à la morue verte, ou à la morue salée, dite encore pêche errante ou pêche au banc, ou « morue d'automne » d'après les Saint-Pierrais, avait été, de tout temps, la pêche traditionnelle à Terre-Neuve.

Les voiliers partaient, eux aussi, des côtes de France en mars, gagnaient les Bancs et y commençaient leur pêche de morue à la ligne.

Les premiers temps, ils pêchaient directement du bord, puis à partir de la fin du 18ème siècle, à bord de chaloupes qui restaient amarrées au voilier par un long câble.

Finalement, ces chaloupes s'égaillèrent autour de leur navire, pour aller « tendre » des pièces de ligne, elles furent remplacées à partir de 1875 par des doris, embarcations copiées des Américains, légères, tenant bien la mer, s'empilant les unes dans les autres sur le voilier, et armées, pour les Français, par deux hommes : le « patron » et « l'avant » de doris, alors que les doris portugais, plus petits, n'avaient à bord qu'un seul marin, qui pêchait directement du bord.

Bien entendu, la distinction entre ces deux types de pêche, la pêche sédentaire sur la côte et la pêche errante en mer, n'avait rien d'absolu, certains morutiers pratiquant l'une ou l'autre pêche successivement, ou même simultanément : c'était « l'armement double », à la fois nomade et sédentaire qu'exerçaient ces bâtiments, dits « défileurs de golfe ».

Sur les Bancs, au fil des saisons, les lignes étaient appâtées, boettées, avec du hareng salé, acheté à terre au départ, ou à Terre-Neuve ou à Saint-Pierre, ou pêché directement, car le hareng pullulait au printemps, en Baie de Saint-Georges en particulier, ou encore vendu en mer par les « galopers »[1] terre-neuviens.

1. Galopers. Petits voiliers rapides terre-neuviens venant livrer le hareng aux morutiers sur les Bancs.

On boettait encore avec de l'encornet[1], ou du capelan[2], et plus tard du bulot[3].

1904, l'Entente Cordiale, virent donc la fin de la pêche française sur les côtes de Terre-Neuve à terre.

Mais les Terres-Neuviens voulaient aller plus loin, affirmer leur souveraineté absolue, non seulement sur leurs côtes mais aussi dans leurs eaux.

Dès le 10 Mai 1906, était promulguée la « Loi terre-neuvienne sur les bâtiments de pêche étrangers », restreignant d'une manière draconienne le droit de pêche de ces indésirables.

Cette loi comporte 18 articles fort longs, détaillant les pouvoirs conférés aux fonctionnaires pour monter à bord des navires étrangers et les inspecter, les pénalités et sanctions pour contraventions ou oppositions aux magistrats, la preuve du délit d'achat de boette, de lignes, de matériel à des Terre-Neuviens, l'interdiction à tout sujet anglais de pêcher à bord d'un étranger, la procédure : confiscations, condamnation « sommaire » par un magistrat salarié, etc...

Déjà en 1886, le Parlement de Terre-Neuve avait voté le fameux « Bait-bill », qui prohibait donc la vente de boette (bait) aux voiliers pêcheurs étrangers, essentiellement français à cette époque, espérant ainsi ruiner notre entreprise de pêche dans ces eaux, la seule boette facilement disponible étant le hareng que les voiliers venaient acheter en Terre-Neuve.

Plus récemment, en 1952, le Canada voulant protéger ses pêcheurs des provinces maritimes, entreprit de remettre en vigueur une Loi de 1894, « Acte de protection des Douanes et Pêcheries », destinée à empêcher les navires

1. Encornet. Petit céphalode, dit calmar.
2. Poisson de la famille des Osmérıdés, de la taille d'une sardine, très abondant dans les eaux côtières des mers froides. Il vient à la côte dans la deuxième quinzaine de juin.
3. Bulot. Mollusque gastéropode, de la taille d'un gros escargot (buccin ondé), connu aussi en France sous le nom de berlot, grand vignot, gogler et pilot, coucou à Saint-Malo et ran à Granville.

étrangers pêchant sur le Grand Banc de ravitailler dans les ports canadiens, loi qui n'avait jamais été appliquée.

Et si, il y a quelques années, le Gouvernement fédéral canadien, cédant aux pressions de ses provinces maritimes, a interdit l'accès dans tous ses ports et même dans le golfe du Saint Laurent, lieu de pêche privilégié en arrière-saison, à nos morutiers, ce ne fut pas une nouveauté.

Finalement, comme on le sait, ce gouvernement vient de sonner le glas de la pêche à Terre-Neuve pour nos marins, mettant ainsi un terme à notre présence multi-séculaire dans ces eaux.

Ce fut donc, pendant des siècles, à tous ces problèmes de présence, d'établissements, de litiges, de palabres, que dut faire face la Station Navale de Terre-Neuve.

Il y en avait d'autres...

Le service médical autonome

Très tôt, le pouvoir encouragea l'armement à la Grande Pêche en imposant, pour la sauvegarde de l'équipage, l'embarquement d'un « chirurgien » à bord des navires « même dans les vaisseaux pêcheurs, faisant voyage au long cours », et il était prévu un ou deux chirurgiens « eu égard à la nature du voyage et au nombre de personnes », d'après l'Ordonnance de 1681, dite de COLBERT.

Un Décret du 2 mars 1852, portant Règlement général sur la pêche de la morue à Terre-Neuve, imposait un chirurgien au service sanitaire de tout hâvre où ne se trouvait pas un bâtiment de 1ère série, « lorsque les navires concessionnaires de ce hâvre auront ensemble 50 hommes d'équipage, mousses compris. »

Les navires pêcheurs étaient en effet classés officiellement en 3 séries d'après leur effectif : 50 hommes au moins pour la 1ère série, embarquant donc obligatoirement un chirurgien – au-dessus de 30 hommes pour la 2ème série, et en dessous pour la 3ème série.

L'Ordonnance royale de 1819 rendait en plus obligatoire un coffre à médicaments pour tous les navires de commerce, agrémenté d'une « Instruction médicale à l'usage des capitaines », élaborée par la Commission médicale du port du Havre, et publiée au Bulletin Officiel de la Marine... le 2 Mai 1844.

Le « chirurgien »

D'après l'Ordonnance de COLBERT, seul était reconnu comme tel celui qui avait subi avec succès l'examen de deux « maîtres-chirurgiens », qui l'attestaient par écrit.

Plus tard, la Loi du 19 Ventôse, an XI – 10 mars 1803 – et l'Ordonnance du 4 août 1819 vinrent préciser les titres ouvrant droit à la qualification de chirurgien embarqué :

– ou bien avoir été reçu « Officier de Santé », titre dont nous reparlerons.

– ou avoir exercé comme « Officier de Santé de seconde classe » sur les vaisseaux ou dans les hôpitaux de la Marine Impériale, dans les troupes de terre ou les hôpitaux militaires.

– ou, enfin, avoir fait deux voyages au long cours en qualité de chirurgien, avant l'Ordonnance de 1819, sur un navire de commerce.

Ceux-là, dit DESCOTTES[1] :

« étaient de simples étudiants en médecine, à plus ou moins d'inscriptions, qui abandonnaient leurs études pour gagner un peu d'argent, afin de les continuer. Tous les ans, dans les Facultés, on apposait des affiches demandant les noms de ceux qui désiraient être dispensés de cours pendant la durée de pêche... Cette exception à la Loi du 19 Ventose An XI créa ces vieux types de « médecins de Terre-Neuve », comme on les appelait dans la région malouine, dont la physionomie est encore présente aux yeux des anciens »...

1. DESCOTTES, op. cit.

Et DESCOTTES ne manque pas de rappeler que cette complaisance attirait les observations de tous les médecins de la Marine inspectant les voiliers à Terre-Neuve, et il cite DENIS[1] :

« L'État doit faire respecter le décret qui force les armateurs à avoir des médecins ; de plus, le médecin embarqué pour cette pêche devra être officier de santé afin que le pêcheur, éloigné de tous, trouve au moins, s'il tombe malade, un consolateur, un homme dans lequel il aura confiance. »

Il n'y avait d'ailleurs pas qu'à Terre-Neuve qu'on embarquait des chirurgiens d'un bagage technique sommaire : notre illustre compatriote BROUSSAIS commença par naviguer en 1792 à bord d'un navire corsaire, avant de revenir à Saint-Malo pour un stage d'un an à l'Hôtel-Dieu, et enfin terminer à Paris ses études de médecine.

Le Docteur DUBOIS SAINT SEVRIN[2], médecin de la Marine, qui assura pendant 5 ans l'assistance médicale à Terre-Neuve, donne de ces chirurgiens une image aussi pittoresque que pitoyable :

« Subis à regret par les armateurs, qui ont toujours considéré leur présence et surtout leur solde comme une vexation inutile, mal vus des capitaines qui n'estiment que le travail manuel et les regardaient comme des bouches inutiles, enfin sujets aux quobilets des matelots qui ne les connaissaient que sous le nom de « graisseurs d'emplâtres », ces malheureux, forcément déclassés, menaient une existence fort dure, ne recevant qu'un salaire dérisoire, et en étaient souvent réduits à exercer la profession de trancheur ou de saleur de morue pour avoir une part de bénéfice, malgré l'interdiction formelle des règlements à cet égard...
... A terre, sur les grâves, les Maisons GUIBERT, LEMOINE et SAINT MLEUX paient chacune 500 Francs, moyennant quoi le médecin

---

1. DENIS. Thèse de doctorat en médecine, Bordeaux 1885.
2. DUBOIS SAINT SEVRIN. La Grande Pêche et les secours médicaux aux pêcheurs. Revue maritime et coloniale, Juin 1874.

assure les secours médicaux dans un rayon très étendu aux pêcheurs de ces trois maisons.

Mais les distances sont longues chaque fois que le médecin se déplace, il faut emprunter à l'armement une embarcation, quelquefois pour une journée entière, aussi ne l'envoie-t-on chercher qu'en cas d'extrême urgence, souvent trop tard par exemple quand un phlegmon a envahi tout un membre, et alors qu'une incision faite quelques jours plus tôt eût limité la suppuration.

Puis, quand il s'agit de reconduire le médecin, le capitaine refuse parfois de perdre une autre journée, servant au médecin ce raisonnement : « Si un autre a besoin de vous, il viendra vous chercher » !

Et le médecin reste ainsi quelquefois huit ou dix jours éloigné de sa résidence et de ses malades en traitement, couchant dans une voile ».

Mais il y eut de moins en moins de volontaires pour ce travail ingrat et mal rémunéré.

De dix en 1872, ils restèrent à deux en 1886, un sur chaque côte.

Et puis le Décret du 6 février 1889, vint supprimer totalement l'obligation des médecins embarqués, les médecins militaires de la Station Navale étant chargés des soins aux pêcheurs, la composition des coffres à médicaments étant modifiée en conséquence, la Circulaire ministérielle de cette même date précisant bien qu'il fallait confier à ces médecins des moyens de traitement sérieux, sans avoir besoin de recourir à la pharmacie des navires de l'État.

L'Intendance veillait !

Les Officiers de Santé

Curieusement, ce titre d'Officier de Santé, disparu avec le French Shore, refit surface en 1941, et l'un de nous se vit ainsi nommer, en mars 1941, « Officier de Santé de 3ème classe », dans des circonstances évidemment exceptionnelles, ce grade étant attribué à de jeunes étudiants en médecine, embarqués, après un stage de formation, comme médecins des avisos ou frégates des Forces Navales Françaises Libres.

Le Docteur GARRAUD, qui fut le Médecin-Chef de l'État-major des F.N.F.L. à Londres dès 1940, a bien voulu nous rappeler cet épisode, en même temps que les lettres de noblesse de ce titre d'Officier de Santé :

« Ses débuts furent brillants, puisqu'il s'appliquait aux médecins, chirurgiens, et apothicaires de la maison du Roi Louis XIV et de celle de Monsieur.
Puis Louis XIV voulut l'étendre, et il institua en 1708 un corps permanent d'Officiers de Santé dans lequel furent recrutés, par la suite, les médecins et chirurgiens des hôpitaux militaires.
Le titre fut ensuite élargi par une Loi du 19 Ventôse An XI et s'appliqua à des personnes autorisées, après des études succinctes, à exercer la médecine sans être munies du titre de docteur en médecine.
Cette période fut particulièrement illustrée par LARREY, PERCY, DESGENETTES, MAILLOT,... »

Puis ce fut le déclin : les études de médecine sanctionnées par un diplôme de docteur en médecine se développant, le simple titre d'Officier de Santé tomba progressivement en désuétude.

Une Loi du 30 novembre 1892 vint mettre un terme à la promotion des Officiers de Santé, laissant cependant à ceux qui exerçaient alors le droit de le rester jusqu'à extinction.

Évolution des effectifs, des navires.

Les effectifs de la population maritime française à Terre-Neuve ont subi d'importantes fluctuations au cours des siècles, reflets fidèles en particulier des aléas de la situation politique.

Les pêcheurs étaient donc plus de 10 000 à la fin du 18ème siècle, dépassant 12 000 à la fin du 19ème siècle, mais à peine plus d'un millier à la reprise de la pêche après la première guerre mondiale ; quelques centaines il y a encore quelques années.

En restera-t-il un seul à la fin de ce siècle ?

Les navires eux-mêmes ont subi des transformations radicales : augmentation progressive du tonnage des voiliers, de quelques dizaines de tonneaux à plusieurs centaines, amélioration – hélas lente et toujours sommaire – des conditions de vie à bord comme des conditions de travail, apparition au début de ce siècle des chalutiers à vapeur, chauffant d'abord au charbon, puis au mazout, ensuite des chalutiers à moteur Diesel, puis Diesels-électriques, installation timide, entre les deux guerres, de postes de T.S.F. récepteurs, puis émetteurs sur les voiliers, motorisation de certains d'entre eux dans les années 30, apparition révolutionnaire du Radar après 1945, rapide modernisation des chalutiers classiques – remontant le chalut par le travers – remplacés par des « pêche-arrière », semi-congélateurs, avec équipements de plus en plus sophistiqués : appareils de navigation et de détection du poisson, sondeurs ultrasons, loupes à poisson, chromoscopes, etc...

LES CONDITIONS DE VIE DES PÊCHEURS

Les conditions de vie, et les conditions de travail à bord des morutiers ont donc, lentement, évolué au cours des siècles.

Et le travail de « surveillance » des navires de guerre, que certains pêcheurs, les capitaines en particulier, considéraient souvent comme gênante, a sûrement joué un rôle important dans cette amélioration progressive, mais qui ne se dessina guère vraiment qu'à partir de la seconde moitié du 19ème siècle.

Il faut en effet connaître ces conditions de vie sur nos morutiers, qui sont restées relativement figées jusqu'au 19ème siècle.

Les observations que nous allons relever se rapportent à la vie classique d'un quelconque voilier de cette époque, et elles proviennent essentiellement des rapports des commandants et médecins des navires de guerre de la Station Navale.

Les Navires.

Ce furent d'abord de modestes caravelles, jaugeant en moyenne 60 tonneaux qui partirent pour les lointains rivages de Terre Neuve, et de LOTURE[1] nous les décrit :

« *Elles étaient douées d'excellentes qualités nautiques, qu'elles tenaient d'abord du gabarit affiné de leur carène et de leur ligne générale harmonieusement simplifiée par rapport à celle des autres bâtiments de l'époque.*

---

1. R. de LOTURE, op. cit.

On ne s'embarrassait guère de la question du logement de l'équipage.

Il n'y avait qu'une chambre à l'arrière, pour le capitaine ; tout ce qui, en dehors de lui, vivait à bord, couchait à plat-pont sur ce qu'on lui tolérait comme couchage personnel, sous l'abri du château arrière, dont toute cloison était exclu, afin que l'équipage soit toujours prêt à bondir à la manoeuvre.

Sous les ponts, étaient aménagées la cale à morue, les soutes à voiles et à matériel, et la cambuse. »

C'était évidemment on ne peut plus spartiate !

Le tonnage augmenta progressivement, on en vint à des voiliers de 120 à 130 tonneaux, bricks ou bricks-goélettes, dont le tonnage s'accrut encore au 19ème siècle, pour en arriver aux trois-mâts banquiers, trois-mâts goélettes ou trois-mâts barques, jaugeant de 400 à 500 tonneaux et comportant une trentaine d'hommes d'équipage, parfois plus.

C'était là, en fait, le résultat d'un compromis entre divers impératifs : avoir une autonomie suffisante, en vivres essentiellement, pour éviter de plus en plus les escales à Saint-Pierre-et-Miquelon, génératrices de longues journées perdues et autres désagréments, ramener directement en France une cargaison de morue suffisamment abondante, et, de ce fait, la campagne entière se déroulait entre ciel et mer, sans aucune escale.

Ces navires étaient généralement construits, à Saint-Malo et ailleurs, spécialement pour la Grande Pêche, mais il y eut des années où certains armateurs en vinrent à acheter, souvent à bas prix, des trois-mâts long courriers des îles lointaines, pour aller à la morue, mais, hélas, leur existence était souvent brève !

Mais, quelle que fût l'origine de ces navires, la place de choix était toujours la cale à poisson, et c'est elle qui conditionnait tout le reste des aménagements à bord.

Le progrès aidant, on en vint, au début de ce siècle, à construire des trois-mâts en acier, malgré la défiance des vieux pêcheurs et des chantiers traditionnels. Deux d'entre eux, en particulier, le **Commandant Louis Richard** et le **Lieutenant René Guillon**, lancés en 1933 pour l'armement GLATRE de Saint-Malo, étaient de fort beaux bateaux, dotés d'aménagements très convenables ; l'un de nous les a bien connus sur les Bancs en 1947.

Il y eut même des quatre-mâts, dont le **Zazpiakbat**, d'origine curieuse, puisque construit pendant la guerre 14-18, par les Allemands, comme contre-torpilleur, non achevé à l'Armistice, et dont la coque avait été livrée à la France en 1919 au titre des réparations [1].

Quant aux goélettes « coloniales », celles de la colonie de Saint-Pierre-et-Miquelon, armées par les équipages métropolitains arrivant de France au printemps, elles étaient de dimensions plus modestes, jaugeant de 60 à 100 tonneaux, bien toilées et rapides d'allure, car devant revenir environ tous les mois à Saint-Pierre livrer leur pêche.

D'autres navires marchands vivaient encore, ces derniers siècles, de la morue :

– les « chasseurs » d'abord, navires rapides, fines goélettes en premier, puis petits vapeurs qui venaient de France prendre à Saint-Pierre et sur le French Shore les chargements de poisson salé ou séché, pour le ramener rapidement en France et aux Antilles, où la morue était payée un bon prix ; ceci évitait en plus aux navires banquiers de rompre leur campagne de pêche pour aller livrer eux-mêmes leur poisson.

– les « transports » ensuite : partant de métropole, certains morutiers embarquaient, en sus de leur équipage normal, des marins qui allaient armer les goélettes de Saint-Pierre, ou travailler sur les grâves du French Shore.

Mais les armateurs trouvaient plus souvent leur intérêt dans l'affrètement de vapeurs, que l'on n'oserait baptiser paquebots, des « steamers » disait-on, qui embarquaient

---

1. Ce nom, d'origine basque, figure toujours sur le fronton de pelote à Saint Pierre.

d'un coup à Saint-Malo plusieurs milliers de pêcheurs, entassés dans les conditions que l'on imagine, et que l'on débarquait à Saint-Pierre.

En 1901, écrit GLÉRANT[1], il partit de la métropole 222 voiliers, avec 6 343 hommes à bord, et, en plus, 203 voiliers furent armés cette année-là à Saint-Pierre, avec un effectif de 3 618 marins.

Pour ces goélettes saint-pierraises, les équipages étaient presque tous fournis par la région malouine : sur ces 3 618 marins seuls 260 provenaient de Saint-Pierre-et-Miquelon, 23 de Granville et 3 de Bayonne, pour 3 332 de la région de Saint-Malo, la plus grande partie embarquant, à Saint-Malo précisément, sur trois steamers, le **Burgundia**, le **Chateau Lafitte** et le **Jeanne Conseil**.

Les deux premiers transports firent, cette année là, une traversée rapide, 9 jours pour l'un, 13 jours pour le second.

Quant au **Jeanne Conseil**, il tomba malheureusement en avaries de machines en Atlantique, se traîna péniblement jusqu'aux Açores, et il fallut faire appel à la Marine nationale.

On dépêcha aux Açores deux croiseurs, l'**Isly** et le **D'Assas**, y prendre les passagers-pêcheurs et les amener rapidement à Saint-Pierre, où ils étaient impatiemment attendus pour armer les goélettes.

Mais le **Jeanne Conseil**, à bord duquel l'état sanitaire était déplorable, avait été placé en quarantaine par les autorités portugaises, des cas de fièvre typhoïde et de rougeole s'étant déclarés à bord.

Cependant, malgré les risques encourus par les équipages des croiseurs et leurs passagers occasionnels, on embarqua sur le **D'Assas** 384 hommes, et 377 sur l'**Isly**, et ils touchèrent finalement Saint-Pierre le 14 mai, ayant quitté Saint-Malo le 1er avril.

---

1. GLÉRANT. Pêcheurs de Terre-Neuve en 1901, Archives de Médecine navale 1902.

Pour les années suivantes, TUAL[1] donne, pour les passagers quittant Saint-Malo sur ces vapeurs spécialement affrétés, les chiffres suivants :

– 1902 : 3 567
– 1903 : 3 109
– 1904 : 2 652. Fin du French Shore.
– 1905 : 1 749
– 1906 : 1 963

Quant aux conditions dans lesquelles s'effectuaient ces transports, on ne versait évidemment pas dans la philanthropie !

Dans ce domaine encore, une autre affaire fit grand bruit à Saint-Pierre-et-Miquelon en 1890, et la presse locale y consacra de longues colonnes.

En effet, le 24 avril 1890, étaient arrivés au port plusieurs navires, dont le **Bohemia** et le **Casimir Périer**, sur lesquels des passagers-pêcheurs, apparemment affamés, avaient semé le désordre et pillé pour trouver à manger.

Il était parti de France, 52 jours plus tôt, 70 bâtiments portant environ 5 000 hommes.

Habituellement, depuis plusieurs années, la traversée demandait rarement plus d'un mois, et les armateurs, soucieux de leurs intérêts et calculant au plus juste, avaient embarqué la quantité de vivres minimum, apparemment.

Malheureusement, en 1890, les vents furent contraires et la traversée beaucoup plus longue.

Et le vent de panique se leva à Saint-Pierre devant ces premières arrivées bien tardives, qui laissaient mal augurer de l'état des autres navires attendus, et de leurs malheureux passagers, aucune autre voile n'étant en vue.

En corps constitué, les notabilités locales, maire, délégué de la colonie, président de la Chambre de

---

1. I. TUAL. L'engagement des marins pour la Grande Pêche. Ed. Michalon, Paris 1907.

commerce, se rendirent auprès de M. APHALO, « le très sympathique chef du service administratif de la Marine », sollicitant l'envoi immédiat de l'aviso « **Indre** », qui se trouvait justement à Saint-Pierre, à la rencontre des retardataires ; on en référa au Gouverneur.

Le commandant de l'**Indre**, Capitaine de Frégate MARQUIS, estima, lui, qu'il n'y avait pas péril en la demeure, puisque les navires étaient supposés, d'après la réglementation, posséder à bord soixante jours de vivres, mais ne voyait pas d'inconvénient à ce qu'on alerte son Ministre pour en recevoir les instructions.

Un télégramme du maire partit donc pour le Ministre de la Marine, doublé, pour faire bon poids, du même appel au Ministre des Colonies.

Finalement, dans les jours qui suivirent, on vit arriver petit à petit, toute la flottille, au grand soulagement de tous.

Il y eut, par contre, des odyssées tragiques, telles que celle du brick-goélette **Vaillant**, que nous rapporterons plus loin.

Certains capitaines eurent parfois des avatars moins dramatiques de navigation, sil l'on en croit du moins de GOBINEAU[1] qui raconte :

« l'aventure de ce brave navigateur qui, vers 1815 ou 1816, alors qu'une longue interruption causée par la guerre avait fait perdre la pratique des voyages à Terre-Neuve[2], partit un jour de Bretagne ou de Normandie, avec l'intention d'aller chercher la morue dans le séjour qu'elle préfère.

Le brave homme promena pendant longtemps, deux mois, son navire, deci, delà, et reparut au sein de sa famille, déclarant avec franchise qu'il n'avait jamais pu trouver son île, et qu'en bonne conscience, il ne s'expliquait pas ce qu'elle était devenue ! ».

1. Comte A. de GOBINEAU. Voyage à Terre-Neuve. Librairie Hachette, Paris 1841.
2. Longue interruption due aux guerres napoléoniennes.

Les équipages - Brevets, recrutement, salaires.

Un Edit royal du 15 mars 1584 imposa, à celui qui commandait en haute mer, avec le titre de capitaine, la possession d'un diplôme délivré, après examen, par les autorités maritimes.

Bien entendu, ces autorités furent rapidement amenées, en particulier pour la Grande Pêche, à accorder de larges dérogations, car les armateurs se fiaient beaucoup plus, pour confier leurs intérêts et leur navire, à un fin pêcheur de morue chevronné qu'à un navigateur diplômé.

Or la pêche à Terre-Neuve était bien une navigation au long cours, et les ministres de la Marine continuèrent à exiger un diplôme adéquat pour commander à la Grande Pêche, celui de capitaine au long cours jusqu'en 1836, celui de maître au cabotage ensuite, celui de patron de pêche, pour l'Islande, et enfin, en janvier 1914, le brevet de capitaine de pêche pour toutes les zones.

Mais beaucoup de ces pêcheurs chevronnés, dont toute la vie, depuis l'âge de dix ou douze ans, s'était en grande partie écoulée sur les Bancs de Terre-Neuve, et non sur les bancs de l'école, étaient plus ou moins illettrés, et bien incapables d'affronter le moindre examen tendant à l'obtention d'un brevet.

Et, pendant de longues années, on vit sur nombre de morutiers un commandement bicéphale : le capitaine « porteur », qui avait le diplôme, et le capitaine « pêcheur » ou subrécargue[1].

Le porteur était le commandant officiel du navire qu'il amenait sur les Bancs. Une fois à poste, il cédait sa casquette au capitaine pêcheur et devenait simple trancheur dans l'équipage.

« *En 1907*, nous dit le Capitaine de Vaisseau ROUYER, qui commandait le croiseur **Chasseloup-Laubat** :

1. Des capitaines pêcheurs, les Malouins disaient qu'ils avaient le nez « poissonneux ».

« la moitié des équipages en pêche avaient un subrécargue qui, théoriquement, ne doit diriger que dans les parages où le navire tendra ses lignes.

En fait, délégué direct de l'armateur, il le renseigne non seulement sur la pêche, mais encore sur le capitaine et ses hommes. »

Ce système archaïque fut maintenu sur les chalutiers, et se prolongea bien après la dernière guerre.

En 1951, le commandant de **L'Aventure** est amené à établir un rapport sur un abordage, dans la brume, entre deux chalutiers français, dont l'un sombra rapidement, entraînant malheureusement avec lui douze hommes de son équipage.

Il signale que l'un de ces navires connaissait encore cette dualité de commandement :

« un capitaine qui conduit le bâtiment d'un point à un autre, en quelque sorte le « le pilote » d'autrefois, et un patron de pêche qui dirige cette pêche, manoeuvre, traite avec les armateurs, embauche l'équipage, etc....

En fait, c'est lui seul qui commande, mais c'est le capitaine qui est seul responsable devant la loi, et comparaîtra devant le tribunal. »

L'un de nous, appelé en 1984 sur les Bancs, à bord d'un chalutier espagnol, eut la surprise d'y trouver encore ce commandement bicéphale.

Cette notion de capitaine porteur et de capitaine pêcheur était en fait une survivance des premiers temps de la Grande Pêche, où le capitaine, surtout pêcheur, était assisté d'un « pilote », marin qualifié chargé d'amener le navire à sa destination, en naviguant à l'aide des instruments rudimentaire dont il disposait.

Quant au reste de l'« état-major » du morutier, il comprenait le « second capitaine », qui devait, lui aussi, en principe, posséder le même brevet que son capitaine mais, le plus souvent, il était dérogataire et remplissait à bord le rôle de trancheur ; il y avait, en plus, un ou deux « lieutenants » auxquels il suffisait de compter à leur actif deux campagnes, sans aucun brevet exigé, l'un d'entre eux étant le saleur, personnage de première importance à bord. Car toute la valeur de la cargaison, et donc tout le profit qu'allaient en tirer armateur, capitaine et tous les membres de l'équipage, reposait sur le coup de pelle du saleur, et la bonne qualité de la morue à la livraison.

Cet état-major, comme tout le reste de l'équipage, était pratiquement recruté par le capitaine lui-même, auquel l'armateur laissait les coudées franches pour la recherche des meilleurs marins. Dès le retour de campagne, à la fin de l'automne, le capitaine malouin, par exemple, prenait son bâton de pélerin et allait prospecter tous les villages où se recrutaient par tradition les pelletas[1], essentiellement en Ille-et-Vilaine et Côtes-du-Nord : Saint-Suliac, Saint-Père-Marc-en-Poulet, Saint-Guinoux, la Ville-ès-Nonais, Saint-Pierre-de-Plesguen, Cancale bien entendu, Plouer, Pleudihen, Lancieux, Erquy, Pléneuf, La Bouillie, Dahouet, Saint-Alban, etc...

Le capitaine avait en effet à construire la base de l'équipage : les dorissiers – un « patron » et un « avant » par doris – dont le nombre était fonction du tonnage du navire ; celui-ci pouvait embarquer de neuf doris – en 1898, la goélette **Sea Bird** de Cancale, jaugeant 64 tonneaux[2], – jusqu'à une vingtaine de doris pour le quatre-mâts **Zazpiakbat**.

Et, pour compléter l'équipage, la réglementation imposait l'embarquement d'un novice et d'un mousse par quinze hommes ou fraction de quinze hommes d'équipage.

La triste complainte de ces mousses de Terre-Neuve a fait pleurer bien des chaumières, et nous a valu une abondante littérature. Nous y reviendrons.

---

1. Pelletas. Marin de la Grande Pêche à Terre-Neuve, expression probablement due au fait que le pêcheur maniait souvent la pelle : pelle à sel dans la cale à poisson, « pelle » des avirons, pelle même pour dégager le pont de la neige qui s'y entassait au printemps. D'après C. Vimont par contre (in « Histoire d'un navire », 1871), le nom de « pelta » est un terme de mépris, utilisé pour faire honte à un matelot lourd, maladroit, ou malpropre.
2. Il y eut même plus petit., puisque LACROIX cite le JEANNETON, de 25 tonneaux, qui arma pour Terre Neuve en 1722 avec 6 hommes à bord !

Les grâviers

Il ne faut pas oublier que la pêche « sédentaire », sur le French Shore, a été florissante, pendant de longues années, aux 18ème et 19ème siècles, et qu'elle employait, peu avant la Révolution, les 3/4 des 13 000 pêcheurs gagnant leur vie à Terre-Neuve.

Les goélettes arrivaient donc sur le French Shore au début du printemps, mouillaient, et désarmaient au fond d'une crique bien abritée pour toute la saison de pêche, les marins montaient à terre leurs chauffauds, cabanes et autres hangars.

On aurait pu penser qu'une installation à terre, dans un climat relativement salubre, pour des hommes disposant de larges espaces, d'eau douce à volonté, et ne manquant pas d'outils et de matériel, pouvait se faire dans des condtions d'hygiène satisfaisantes.

Il n'en était malheureusement rien, si l'on en croit les médecins de la Station Navale, qui ont longuement décrit les dures conditions de vie de ces grâviers, le plus souvent adolescents ou hommes jeunes, venant chaque année travailler et vivre dans ces cabanes « ressemblant plus à des cloaques d'animaux immondes qu'à des habitations humaines »

Ces conditions de vie, en fait, n'étaient guère différentes de celles des banquiers que nous allons bientôt retrouver.

Et le French Shore de l'île de Terre-Neuve n'était pas le seul littoral où travaillaient des grâviers.

Il y en avait aussi à Saint-Pierre-et-Miquelon, sur lesquels les services de la Marine exerçaient une surveillance étroite, essentiellement pour leur éviter de connaître d'autres joies du travail que celles de la morue.

En effet, d'après P. ENIM [1], c'était « *en raison d'une vielle Ordonnance royale draconienne, qui imposait de*

1. P. ENIM. Ceux de l'épave. Editions Alsatia, Paris-Colmar, Rééd. 1966.

lourdes amendes à ceux qui voulaient les employer à tout autre travail, afin de ne pas les détourner de leur vocation réputée native : la navigation, la pêche, la mer, en leur donnant le goût d'un métier terrestre, moins pénible à leurs yeux » !!

A bord des banquiers.

Il y avait aussi les banquiers...

De nombreux rapports et observations émanant des navires de guerre de la Station Navale racontent ce qu'était la vie à bord de ces voiliers, dont les conditions n'ont guère changé jusqu'à la dernière guerre, le navire-type étant le trois-mâts, d'environ 300 tonneaux, partant de Saint-Malo ou de Granville en mars, avec 30 ou 35 hommes d'équipage, et y rentrant en octobre.

Les logements étaient constitués de deux postes, l'un à l'avant pour l'équipage, l'autre à l'arrière, réservé au capitaine, aux « principaux » et aux novices et mousses.

Tous les rapports des médecins de Marine ayant « fait » Terre-Neuve, s'ils diffèrent parfois dans le pittoresque, sont unanimes sur les conditions de vie de ces pêcheurs de pleine mer.

Citons GAZEAU[1] :

« *Hygiène des locaux. L'hygiène du navire est ce dont on se préoccupe le moins sur les navires banquiers. C'est une chose insoupçonnée. Absence complète de propreté, encombrement, méphitisme, humidité, pour résumer tout : saleté repoussante à un degré inimaginable. La morue prime tout ; elle seule a droit aux soins les plus minutieux ; pour elle, on sait nettoyer et entretenir des cales dégagées ; la partie du navire qui la contient ne mérite aucune critique. La chose est naturelle, et rien ne prouve davantage le souci que prennent les capitaines des intérêts de l'armateur. Signaler le fait, c'est faire leur éloge.*

1. GAZEAU. Les pêcheurs de Terre-Neuve, Archives de Médecine navale. 1897.

Mais le personnel qui travaille à assurer des bénéfices à la maison qui l'emploie, a bien droit, lui aussi, non pas au bien-être, chose inconciliable peut-être avec la profession de pêcheur, mais seulement aux soins indispensables qu'on accorde, par un intérêt bien compris, dans les étables et les écuries, aux animaux que l'on veut conserver aptes aux travaux des champs.

C'est un champ dur à labourer que celui que sillonnent de leur étrave nos bâtiments pêcheurs ; aussi, de même que le cheval de trait trouve, la journée finie, une litière de paille fraîche sur laquelle se dissipe la fatigue, le pêcheur, devrait-il, quand il revient de lever ou de tendre ses lignes, qu'il rentre harassé et mouillé jusqu'aux os, après plusieurs heures passées loin du bord, sous la brume, pouvoir s'étendre dans une couchette propre et sèche pour réparer ses forces. Il n'en est rien cependant.

Ce qu'on appelle le poste d'équipage est toujours un trou sombre, aux murailles suintantes, au plancher boueux, ne communiquant avec l'extérieur que par un panneau chargé d'amener l'air et la lumière, mais d'où s'échappe, en réalité, une odeur indéfinissable qui vous arrêterait au seuil même, si l'on ne voulait voir jusqu'à quel point les prescriptions de l'hygiène la plus élémentaire peuvent être impunément négligées.

Ils sont là cinq, dix, vingt-cinq adultes et hommes mûrs, dans un espace toujours trop petit pour leur nombre. Ils y apportent leurs vêtements mouillés qui, bientôt, dégagent une buée aussi épaisse que la brume du dehors ; ils y prennent leur repas, jetant à terre le fond d'une gamelle, d'un verre de cidre, des os, des arêtes de poisson, faisant plus encore, peut-être pour ne pas monter sur le pont, à certaines heures de la nuit.

Les couchettes, occupées le plus souvent par deux hôtes, sont des cavités obscures[1] *dans lesquelles pourrissent des matelas jamais exposés à l'air, avec des couvertures perpétuellement humides. Le plancher est recouvert d'une couche gluante facile à enlever par grattage, mais qu'on laisse par négligence. Un mousse est officiellement chargé de la propreté du poste, mais, une fois sur le banc, il travaille, comme tout le monde, à la morue, et les*

1. Les « cabanes », disaient les pelletas en parlant de leur couchette.

hommes ralliant le bord se couchent sans retard, et apprennent vite à croupir dans une saleté immonde !!. »

Le Docteur GLÉRANT, médecin-major de l'aviso **La Manche**, termine ainsi son rapport sur les croisières effectuées en août 1900 sur le Grand Banc, au cours desquelles ont été visités 45 navires :

... « La chambre de l'arrière est le plus souvent dans un état aussi lamentable. En y arrivant, il est difficile de trouver un endroit convenable pour s'asseoir, et l'on est quelquefois heureux d'avoir à étendre sur la table, pour y placer son cahier de notes, le journal que l'on destine au capitaine »...

Il n'était d'ailleurs pas indispensable d'aller flairer le poste d'équipage pour humer ces odeurs de méphitisme.

DEMARTRES[1] raconte, en 1930 :

« J'accompagne le docteur : c'est la première fois que je mets le pied sur le pont d'une de ces goélettes qui sont si pimpantes à voir danser, près de nous, leur pas espagnol entre les bourrelets de la houle.

Elle répand autour d'elle une odeur abominable, et, quand on passe la lisse on reçoit celà, décuplé, en pleine figure, comme un coup de poing ; j'étais averti mais j'allais oublier : les bulots.

Les bulots, c'est la première pêche de l'année...

Avant de pêcher la morue, on fait provision de bulots. On en pêche pour 20 « marées », c'est à dire la quantité suffisante pour « boetter » 20 fois 14 lignes armées de 1 800 hameçons : 20 fois en 20 jours. Et, naturellement, dès le troisième jour çà se consomme pourri. Or 500 000 bulots qui se mettent à puer de concert, et qui vont puer « rinforzendo » pendant 17 jours !!! »

Après tout, l'expression « humeur de brume » a peut-être une origine moins poétique que nous le pensions !

1. P. DEMARTRES. Les Terre-Neuvas. Ed. Payot, Paris 1930.

Alimentation.

Bien entendu, GLÉRANT déplore la monotonie de la nourriture :

« Sur le Banc, on vit en général des produits de la pêche : morues trop petites pour être comptées, têtes de morues et faux-poisson. Comme jamais, on ne doit toucher au poisson arrimé dans la cale, il n'y a que les circonstances de mauvais temps, où la pêche est impossible, qui puissent faire varier la nourriture.

Dans ce cas, le poisson est remplacé par du lard ou de l'endaubage ».

– **Boissons**. Il est précisé par GLÉRANT que le nombre de boujarons d'eau de vie délivré par jour n'est jamais inférieur à 4, et peut monter jusqu'à 7 ou 8, quand le temps est mauvais, quelquefois 10 (sur l'**Ernestine**, de Cancale). La contenance du boujaron est de 5 ou 6 centilitres.

En plus, il était attribué du vin ou du cidre en quantité variable, et GLÉRANT tient à préciser : « *Donnons, avec nos félicitations, une mention particulière à l'armateur et au capitaine du **Paimpolais**, de Saint-Malo, sur lequel la ration d'eau de vie est de un boujaron de 5 centilitres, et où l'on donne, en revanche, 5 quarts de vin par jour.* »

Et le rapport de GLÉRANT se termine par la longue liste des malades soignés sur les voiliers, au cours de ces croisières sur le Grand Banc.

Les témoignages, recommandations, observations s'accumulent, sur ces déplorables conditions de vie, au fur et à mesure des campagnes des navires de guerre de la Station Navale, et la Rédaction des « Archives de Médecine Navale » tient à préciser, avant de publier un nouvel article sur ce sujet : « Bien que nos camarades de la Marine aient déjà beaucoup écrit sur Terre-Neuve, nous pensons que cette étude relatant de nouveau la situation de nos pêcheurs sera lue avec intérêt ».

Il s'agit d'une relation par TITI[1] de la campagne d'assistance du croiseur **D'Estrées** :

« *D'après les renseignements qui m'ont été fournis par les marins des différentes goélettes, nombre d'entre eux se seraient trouvés malades au cours de la traversée de France à Saint-Pierre-et-Miquelon, sur le bâtiment-transport, où les conditions d'habitation et d'alimentation laisseraient beaucoup à désirer* ».

Et TITI détaille à son tour le manquement total aux règles d'hygiène les plus élémentaires, les ravages de l'alcool, en précisant :

« *C'est au règlement final des comptes entre le marin et son armateur, alors qu'il y a discussion violente entre les deux parties, alors qu'on a recours à l'avocat, à la justice, que l'on voit s'étaler au grand jour l'énorme consommation de liquides faites par le pêcheur, grâce aux petites avances faites par l'armateur et que celui-ci avait intérêt à faire, avances qui viennent se surajouter à celles déjà données en espèces au moment de l'engagement.* »

Quant au Docteur FAUCHERAUD, médecin-major de l'**Isly** en 1909, il dit :

« *Dans la cabane, c'est la nuit de la cave, et il n'y a plus aucune circulation d'air. Le pêcheur s'y éclaire d'une bougie ou d'une chandelle fumeuse qui ne met pas le feu parce que, sans doute, c'est trop humide.* »

En ce qui concerne les lieux d'aisance, le Docteur CHASTANG[2] en parle en ces termes pour les pêcheurs islandais, qui n'avaient rien à envier aux terre-neuviers :

« *Poulaines. Il en existe bien peu. Les hommes urinent en général sur le pont ou par dessus bord. Ils défèquent soit dans une baille, soit directement dans la mer, en étant perchés sur le plat-bord de la goélette.* »

---

1. TITI. Médecin de 1ère classe de la Marine. Nos pêcheurs des Bancs et du French Shore. Archives de Médecine Navale, 1903.
2. CHASTANG, Médecin de 1° classe de la Marine. Nos pêcheurs d'Islande. Archives de Médecine Navale, 1898.

Ceci peut expliquer la disparition nocturne, en mer, de quelques marins.

Terminons ce triste chapitre en citant quelques lignes d'une étude effectuée par le Docteur BONAIN[1] sur ce qu'il appelle « les maladies de misère physiologique » :

« Parmi les équipages français de Terre-Neuve, l'alcool prime tout : propreté, repos, sommeil, dignité humaine, pourvu que la morue donne et que l'équipage soit rendu docile grâce à l'alcool ».

BONAIN a suivi le pêcheur au cours de ce qu'il appelle « la journée alcoolique » :

« Réveil au cri de « la goutte », boujaron au départ des doris, nouvelle dose au retour, dans la soirée, au souper, la nuit si l'homme de veille à la turlutte a signalé le passage de la précieuse boette qu'est l'encornet, au cri de « pique, pique »...

Tout pêcheur compte à son actif, après deux campagnes, une quantité d'alcool suffisante pour permettre d'emplir un tonneau dans lequel, tel le duc de Clarence, il pourrait faire un plongeon et être immergé complètement. »

Quelques éclaircies.

Et pourtant, écrivait GLÉRANT[2] en 1902, au sujet des banquiers :

« Il en est cependant quelques-uns où des efforts louables sont faits pour assurer la propreté des locaux et améliorer l'alimentation de l'équipage. Ce résultat est obtenu par l'embarquement d'un cuisinier... »

Il en donne un exemple :

« C'est ainsi qu'en visitant le trois-mâts ***Bearn et Bretagne****, de Saint Servan, nous n'avons pas eu de critique à formuler. En effet,*

1. BONAIN, Médecin de 1° classe de la Marine. Les maladies de misère physiologique chez les pêcheurs de Terre-Neuve. Archives de Médecine navale, 1904.
2. GLÉRANT, op. cit.

sur ce navire, les membres de l'équipage sont chargés, à tour de rôle, de la propreté des logements.

Des amendes d'un retranchement d'un quart de vin sont infligées à quiconque, par négligence, répand de la paille ou des détritus alimentaires dans le poste, ou laisse ses cirés sans être accrochés.

Les consignes sont affichées au pied du mât, dans le poste de l'équipage, et celui-ci se trouve très bien de ce régime.

Ajoutons qu'à bord de ce navire, la ration d'alcool est réduite à 3 boujarons par jour, et celle de vin à 5 quarts par jour ; du café est distribué deux fois par jour, du thé une fois. Le cuisinier fait de temps en temps du pain ; deux fois par semaine, on mange du lard, deux fois de l'endaubage, les autres jours du poisson. Enfin, douze poules pondent des oeufs, en cas de maladie.[1] »

En se reportant à cette époque, pas si lointaine, de la marine à voiles, on pourrait penser que, quand même, le capitaine pouvait mener une vie à part, être en quelque sorte « le pacha » tel que l'on imagine le commandant de ces grands voiliers, coureurs d'océans, naviguant au long cours, aux siècles derniers.

Compte tenu des aménagements spartiates des trois-mâts et autres morutiers qui ont déjà été décrits plus haut, compte tenu aussi de la mentalité de nos pelletas, il n'en était malheureusement rien sur ces navires, où le capitaine, avons-nous dit, partageait le gîte et le couvert, dans le poste arrière, avec le second, les principaux, les novices et mousses, et montait souvent sur le pont, pour aider au travail du poisson.

Le décret du 13 janvier 1908.

Ce ne fut qu'au début de notre siècle que le Ministre de la Marine, Gaston THOMSON, ouvrant enfin une oreille attentive à tous ces cris d'alarme émanant depuis de longues années des commandants et médecins de la Station Navale,

1. Sic.

provoqua un Décret subordonnant toutes les primes d'encouragement à l'armement à l'observation d'un certain nombre de règles d'hygiène et de sécurité.

Ce Décret du 13 janvier 1908 répond en effet aux questions posées par les responsables de l'assistance, et leur donne tous pouvoirs pour en vérifier l'application.

Il détaille en huit pages les différents chapitres de ces obligations :

– postes d'équipages : accès, aération, chauffage, tables pour repas, pendoirs à vêtements, nettoyage, désinfection, peintures.

– approvisionnement en vivres, eau potable, boissons alcoolisées, embarquement d'un cuisinier.

– dotation en cartes, instruments de navigation et instructions nautiques, compétence des officiers et subrécargues.

– embarcations : gréement, approvisionnement.

– vérification de ces dispositions par les officiers et médecins des navires de guerre, rôle de la Commission de Visite chargée de l'inspection des navires avant le départ en campagne de pêche.

Les mousses

On ne saurait clore ce chapitre sur les conditions de vie à bord, sans évoquer ce qu'étaient celles des petits mousses, qui commençaient, souvent à partir de l'âge de dix ans, leur existence de marin de Grande Pêche.

La complainte de ces pauvres gosses a été, en effet, dite et redite par la plupart des auteurs ayant rédigé quelque ouvrage sur la pêche à Terre-Neuve, le P. YVON[1], par exemple, y ayant consacré de nombreuses pages de son livre « Avec les bagnards de la mer ».

Le Capitaine de Frégate de MONTFERRAND, commandant le stationnaire en 1901, rejoignant un rapport

1. R.P. YVON. Les bagnards de la mer. Rééd. l'Ancre de Marine - Saint-Malo, 1987.

de M. BERTHAULT, chargé de mission sur les Bancs cette année là par les Hospitaliers Sauveteurs Bretons, écrit :

« Les mousses ne deviennent guère que de mauvais petits domestiques et de mauvais petits gargotiers... et les leçons de débauche à bord complètent les leçons d'alcoolisme pour avilir nos mousses. »

Il est certain que, dans le passé, il y eut souvent des mousses exposés à la brutalité, sinon à la méchanceté et au sadisme de marins, et nombre de cas ont été rapportés d'actes de cruauté émanant surtout du capitaine ou des officiers, dit VIGNOLS[1] : « *le mousse étant bien souvent, en plus « le bouffon d'une partie de l'équipage, lequel s'en amuse comme un jouet qui doit tout supporter* ».

Citons encore le Commandant de MONTFERRAND :

« Sur le brick L......., le patron avait abdiqué complètement son autorité au profit du subrécargue, qui en profitait pour maltraiter brutalement les mousses et les novices, et infliger à l'équipage des punitions excédant les pénalités réglementaires. Il en résultait, à bord de ces navires, un désordre complet et des scènes violentes de protestations auxquelles il était nécessaire de mettre fin.

J'ai donc, en conséquence, appliqué les prescriptions des articles 6, 52 et 58 du Décret du 24 mars 1852, et infligé des retenues de solde de 100 Francs et 50 Francs aux sieurs R...... et L..... »

Pénalité bien légère pour les faits invoqués !

C'est encore VIGNOLS qui cite un article d'un journaliste, M. LE BRAS, écrivant, en 1898 :

« Plusieurs de ces mousses de Terre-Neuve ou d'Islande n'attendent pas d'être morts pour disparaître dans l'abîme. Il y a d'abord ceux qu'on y jette, c'est une atrocité qui s'est vue. Et il y a aussi ceux qui s'y jettent eux-mêmes, « préférant aller nourrir les morues, que d'être torturés par les gens qui les pêchent.

1. L. VIGNOLS. Les petits parias de notre Marine Marchande et des Pêches. Ed. Alacan, Paris 1906.

Dans l'un et l'autre cas, ils sont porté sur les journaux de bord comme s'étant « noyés par mégarde ». »

On a du mal à croire à de telles horreurs !

Il n'en reste pas moins que, jusqu'au début de ce siècle, sinon plus tard, les mousses avaient la vie dure à bord des morutiers.

Ils étaient constamment « à la botte » du capitaine comme de l'équipage, dont ils devaient préparer les « repas », assurer la « propreté » du bord, et s'ils n'embarquaient quand même pas sur les doris, ils n'en étaient pas moins astreints au travail de la morue sur le pont, comme les autres marins.

Dur métier, et rude apprentissage !

Est-il cependant besoin de rappeler qu'en ce 19ème siècle, « à terre », les enfants n'étaient guère mieux traités ?

Il fallut attendre, en France, la loi MONTALEMBERT du 22 mars 1841, pour que soit interdit l'emploi, dans les manufactures, des enfants de moins de 8 ans ; à partir de 8 ans, l'horaire journalier ne devait pas dépasser huit heures, et douze heures de 12 à 16 ans.

Mais ce ne fut que trente ans plus tard que fut créé le corps des inspecteurs prévues par la loi pour en appliquer les obligations.

Quoi qu'il en soit, à Terre-Neuve, l'amélioration des conditions de vie des mousses devint sensible avec l'arrivée des chalutiers, beaucoup de capitaines étaient loin d'être des brutes pour eux, ayant d'ailleurs souvent commencé leur carrière maritime à ce niveau, et certains d'entre eux veillaient paternellement sur ces gosses.

L'un de nous a connu l'un de ces mousses qui, parti chétif et malingre de Saint-Malo en février 1947, avait gagné en quelques mois dix kilos et grandi de dix centimètres. Il est vrai qu'il était sur le **Groenland**, que commandait le bon capitaine FERNANDO, connu là-bas sous le nom de « maréchal des Bancs ».

Cette même année, il y avait un autre chalutier, le **Victoria**, que commandait le capitaine MICHELET qui, lui, était « le gentleman des Bancs », appellation honorifique bien justifiée.

Et DEMARTRES[1], qui a embarqué quelque temps avec lui sur le **Victoria** pour un reportage, dit de lui dans ce domaine :

« Il a débuté comme mousse de cuisine, et sans doute a-t-il connu quelques brimades. Commandant à cette heure, et sportif de la tête aux pieds, il a l'oeil sur cette petite classe, et n'admet à son égard aucune exaction dans le goût terrible du bon vieux temps. »

La Loi du 29 juillet 1950, modifiant l'article 111, et les articles 113 à 117 du Code du travail maritime prévoyait que les enfants de moins de 15 ans ne pourraient embarquer que s'ils avaient un « parrain » à bord, et le Décret du 6 août 1960, faisant suite à la Loi imposant la scolarité jusqu'à l'âge de 16 ans, vint en principe interdire l'embarquement avant cet âge.

Ce fut apparemment lettre morte, si l'on en croit le Capitaine de Frégate EMEURY, dans son rapport de mission du COMMANDANT BOURDAIS pour la campagne 1966 :

« J'ai été frappé par la jeunesse – pour ne pas dire l'extrême jeunesse – d'une grande partie des équipages de chalutiers.

Pour embarquer à bord d'un chalutier de Grande Pêche, il faut avoir actuellement plus de quinze ans, mais des dérogations peuvent être, et sont, accordées en sorte que l'âge minimum d'embarquement se situe en fait entre 14 et 15 ans.

Plus du tiers de l'équipage des chalutiers de Grande Pêche est actuellement constitué de mineurs ; sans qualification réelle, ces « jeunes » effectuent la plupart, au même rythme que les adultes [2], un travail qui, pour être traditionnel, ne correspond pas pour autant à leur âge. Quant aux conséquences morales de cet embarquement précoce, elles sont trop connues pour qu'il soit nécessaire d'y insister.

---

1. DEMARTRES, op. cit.
2. En pêche, le service à bord des chalutiers correspondait à un service par deux tiers en même temps et la durée du travail sur le pont était donc de 12 heures consécutives pour 6 heures de repos.

Je ne vois actuellement de remède à cette situation que dans une modification rapide des règlements en vigueur pour la Grande Pêche, qui me paraissent, sur ce point, particulièrement anachroniques.

Le métier de la pêche sur les Bancs est, pour un adulte, l'un des plus durs qui soit.

Porter la limite d'âge d'embarquement à 16 ou 17 ans – avec refus de toute dérogation – me semble une mesure urgente qu'aucune dérogation ne saurait faire différer (je n'ignore pas les répercussions financières d'une telle mesure). Amener progressivement cette limite à 18 ans, voire 20 ans, me parait, dans le cas particulier de la Grande Pêche, une mesure hautement souhaitable.

J'espère que, dans la prochaine campagne, des mesures seront prises dans ce sens (âge minimum d'embarquement porté à seize ans).

Il me parait nécessaire qu'une visite médicale systématique soit instituée pour les plus jeunes des éléments embarqués (moins de 18 ans), sur les Bancs, au cours de la campagne. Cette mission pourrait être confiée au bâtiment d'assistance. »

En 1970, le Capitaine de Frégate de VILLECOURT note à son tour :

« Il y a en moyenne 7 à 8 mousses ou novices par chalutier, au lieu de 3 autorisés. L'un d'entre eux a 13 ans. Il est bien évident que, tenant la place de matelots, ils travaillent comme des matelots : 84 heures par semaine au minimum, et 112 heures quand il y a abondance de poisson ».

L'isolement, la solitude

Un autre facteur intervenait encore pour alourdir ces conditions de vie à bord des morutiers, l'éloignement du pays ajouté à l'isolement quasi-monastique dans lequel vont, pendant de longs mois, vivre ces hommes « *qui ne savent pas ce qu'est un arbre en fleurs* », disait le P. YVON.

Quittant en effet Saint-Malo en mars, notre trois-mâts allait banquer sans toucher terre, changeait de mouillage suivant les caprices du poisson sur les Bancs et rentrait directement en France en octobre, après n'avoir eu que des contacts fugitifs avec d'autres morutiers en pêche, le « bateau de guerre », ou le navire-hôpital.

Bienvenu était alors, à l'occasion de ces rencontres, le courrier de France arrivant ainsi un peu au hasard de ces contacts.

Le Capitaine de Frégate BELLOC, commandant la **Ville D'Ys** en 1929, note dans son journal :

« Plusieurs capitaines sont venus me voir, bien que n'ayant rien à me demander ; visiblement, ils éprouvaient le besoin de quelques minutes de conversation avec des gens qui les sortent un peu du milieu dans lequel ils vivent depuis cinq mois, à l'étroit ».

C'est aussi cet argument, – mais il y en avait d'autres, plus terre à terre – qui amenait, le 5 Janvier 1907, l'Administrateur des Établissements de Saint-Pierre-et-Miquelon à adresser au commandant de la Division Navale de Terre-Neuve, copie d'une véritable supplique qu'il dépêche à son Ministre des Colonies.

Dans cette longue missive, l'Administrateur développe les arguments tendant, d'après lui, à obliger les Terre-Neuviers à faire, au moins une fois par campagne, escale à Saint-Pierre :

– « *intérêt supérieur d'humanité, hygiène, alimentation, morale, discipline, soins médicaux pour des hommes restant plus de 6 mois sans avoir approché la terre une seule fois... Cela parait monstrueux...*

– *amélioration de la situation budgétaire et économique de la colonie...* »

Le P. YVON [1] parle également de ce drame qu'est l'isolement des marins de la Grande Pêche :

« Que dire de ces malheureux qui sont sur les autres voiliers dépourvus de ce moyen moderne de communication – la T.S.F. – et

1. R.P. YVON. Avec les pêcheurs de Terre-Neuve et du Groenland. 1936. Rééd. Ancre de Marine, Saint Malo, 1986.

qui, excepté les vingt cinq que nous avons visités, sont sans nouvelles de leurs familles depuis les débuts de mars, et par conséquent livrés aux affres de toutes les suppositions ? Heureux terriens ! Il ne faudrait, pour délier vos bourses en faveur d'un navire d'assistance, que d'avoir goûté quelques instants l'amertume de leurs souffrances. »

Et parfois, malheureusement, le coup de « déprime », se traduisait sur le journal de bord par la mention « X.... disparu en mer », le désespéré s'étant jeté par dessus bord pendant la nuit.

Le rapport de mission de la **Ville D'Ys** pour la campagne 1938 revient sur ce problème de l'isolement, souvent dramatique, des voiliers :

« Nos derniers voiliers sans moteur font bien piètre figure à côté de la flottille neuve des Portugais. Au lieu de munir nos navires des derniers perfectionnements, moteur et T.S.F., on retourne en arrière : certains voiliers avaient la T.S.F., d'autres l'éclairage électrique, d'autres enfin des moteurs, tout cela a été enlevé et mis sur des caboteurs qui en ont, certes, moins besoin que nos pêcheurs.

*Il est à peine besoin de rappeler que l'année dernière, le trois-mâts **Salve Maria** est resté huit jours en perdition au Sud du cap Farewell, sans pouvoir demander du secours, puisqu'il n'avait pas la T.S.F. Son équipage fut secouru par le norvégien **Tabor** qui, par miracle, s'était dérouté par suite de mauvais temps. Cette année même, le trois-mâts **Capitaine Guynemer** est resté trois semaines avec la moitié de son équipage malade. »*

L'ère des chalutiers

Et puis, avec le début du siècle, apparurent les chalutiers.

On aurait pu penser que cette ère nouvelle allait apporter une amélioration spectaculaire aux conditions de vie de nos pêcheurs : locaux plus vastes permettant des aménagements décents, chauffage facile des postes, installation d'une cuisine correcte, de chambres froides et autres aménagements, déplacements rapides, T.S.F. etc....

Dans le domaine de l'alimentation, il ne pouvait y avoir que des progrès.

Les premiers chalutiers à vapeur chauffaient en effet au charbon, ce qui les obligeait à rallier la terre au moins une fois par mois. Ils allaient pratiquement toujours charbonner dans les ports canadiens d'Halifax ou si possible North Sydney, plus près des Bancs, mais qui restait « clavé » par les glaces jusqu'aux mois de mai-juin, et bien entendu à Saint-Jean de Terre-Neuve.

Ces escales étaient courtes, mais bien appréciées des équipages.

Elles permettaient, en principe, aux capitaines de renouveler leurs provisions de vivres, de vivres frais en particulier, de faire soigner leurs malades ou blessés, d'y réparer leurs menues avaries.

Bien sûr, cela faisait huit jours de perdus pour la pêche, en aller et retour. Pourquoi donc ne pas faire ce ravitaillement à Saint-Pierre, nettement plus proche des lieux de pêche ?

Il y avait plusieurs raisons à cela :

– le port de Saint-Pierre, à l'époque, était mal équipé pour recevoir des bateaux d'un certain tonnage, et en assurer les réparations.

– le charbon, lorsqu'il y en avait en dépôt, était beaucoup plus cher qu'en Nouvelle-Écosse, pays producteur, disposant de plusieurs ports abrités et bien équipés, Halifax et Sydney en particulier, cette province canadienne étant, par contre, un pays nettement plus « sec » en boissons alcoolisées, tant redoutées des capitaines, lors des escales à Saint-Pierre !

Finalement, ce ne fut pas du jour au lendemain que l'on vit apparaître sur nos chalutiers une sensible amélioration des conditions de vie, et c'est le rapport de mission de la **Ville D'Ys**, pour la campagne 1938, qui le constate :

« Les postes d'équipage avant, difficiles à entretenir, sont en général des taudis sans air et sans lumière. Le chauffage central des postes d'équipage n'existe que sur deux ou trois chalutiers. Tous les autres en sont encore au poêle à charbon traditionnel qui pollue l'atmosphère et chauffe insuffisamment.

Pour pallier à cet inconvénient, les matelots emploient la méthode des voiliers morutiers, c'est à dire qu'ils ferment complètement leur couchette avec des planches.

Ainsi cette couchette devient pour eux une sorte de « home », leur « cabane » où ils ramassent leurs affaires les plus personnelles.

Souvent, sous le matelas de paille, se cache toute une cave de bouteilles de cidre, auxquelles se mêlent parfois de vieux flétans en train de sécher, ou la livre de beurre ou le saucisson envoyés par la famille. Ces couchages sont très rarement propres et le plus souvent sordides »...

Il n'y a pas si longtemps, l'un de nous relevait en 1947, première campagne de la frégate **L'Aventure** à Terre-Neuve :

« L'hygiène, satisfaisante sur certains chalutiers modernes à moteur (**Islande**, **Groenland**) laisse encore à désirer sur les plus vieux des chalutiers à charbon, (**Patrie**, **Avant-Garde**) et est médiocre sur les cordiers[1] en particulier sur le **Foudroyant**, vieux cargo transformé pour la pêche à la corde. Lorsque la morue « donne », les pêcheurs travaillent d'arrache-pied facilement 16 heures par jour, il n'est pas question de propreté générale, ou même corporelle ».

La morue avait beaucoup donné cette année-là.

Et, sur cet antique cordier à vapeur, construit comme cargo trente ans plus tôt au Japon, les conditions de vie de l'équipage n'étaient guère différentes de celles du 19ème siècle !

Même son de cloche sur le rapport de mission de **L'Aventure** pour 1954, où il est noté que les postes sont le

1. Cordier : Navire pêchant à la ligne, « à la corde ».

plus souvent sales, humides, encombrés d'objets hétéroclites, et malodorants.

Ce même rapport souffle cependant un petit coup d'air frais :

« Le remplacement, sur certains chalutiers, des grands postes d'équipage par des petits postes de quatre hommes représente un progrès considérable...

L'alimentation est bonne, mais monotone. L'apport de vivres frais, achetés à Saint Jean de Terre-Neuve, est très utile...

*L'hygiène corporelle est en progrès. Sur tous les chalutiers, sauf l'****Angelus****, les hommes ont la possibilité de prendre une douche. Bien qu'ils ne le fassent pas aussi souvent qu'il le serait souhaitable, il existe un progrès indéniable, dont témoigne la disparition progressive des infections cutanées. »*

Pourtant, en 1965, le rapport de mission du **Commandant Bourdais** (Capitaine de Frégate DESMANTS) relevait encore :

« Certains chalutiers peu favorisés ne peuvent offrir qu'un litre d'eau par jour et par homme pour le lavage et la boisson. »

Et, tout à coup, en quelques années, le renouvellement rapide des chalutiers de Grande Pêche, l'apparition des « ponts-couverts », des « pêche-arrière », vint marquer un tournant décisif dans cette longue histoire.

En effet, l'arrivée des grands chalutiers-congélateurs améliora considérablement la vie des Terre-Neuvas.

Fini l'entassement dans une même « taudis », le poste le plus grand comportant dorénavant au maximum quatre couchettes, occupées par des hommes d'une même bordée.

Ont disparu l'obscurité et l'absence d'air, comme l'humidité permanente, presque tous les postes ouvrent sur l'extérieur par un hublot ou un sabord.

Les postes sont maintenant très propres, ce n'est plus le lieu où l'on mange, les marins ne se couchent plus tout habillés, ils peuvent entreposer leurs vêtements humides dans des vestiaires prévus à cet effet.

Chaque chalutier est équipé d'une buanderie, avec machine à laver, et même sèche-linge. Les vêtements peuvent donc être facilement lavés, et les couchages changés régulièrement.

Malgré tout, il fallait bien constater, ces dernières années encore, que la pêche restant la préoccupation essentielle, l'hygiène corporelle peut en souffrir.

Les chalutiers travaillant en « six-six », six heures de travail pour six heures de repos, sont les plus propres.

Leurs marins disposent en effet, de ce fait, de douze heures dans la journée pour se laver, laver leurs effets, se nourrir et se reposer, et même trouver un moment pour se distraire.

Que nous voilà loin de ces journées de travail des « bagnards » que nous racontait, il n'y a pas si longtemps, le Père YVON. !

L'alimentation, quant à elle, a grandement bénéficié des possibilités de conservation par le froid. Ainsi, les chalutiers peuvent stocker une importante quantité de vivres frais dans les chambres froides, de viandes dans les congélateurs, ce qui leur évite l'obligation d'escaler pour se réapprovisionner.

L'un de nous pouvait écrire, dans son rapport de mission de la campagne d'hiver 1986 : « La nourriture est toujours très abondante et de très bonne qualité ».

En fait d'ailleurs, cette alimentation, après avoir été pendant des siècles insuffisante, au moins en qualité, est devenue aujourd'hui trop abondante ; non seulement les pêcheurs peuvent disposer de quantités d'aliments impressionnantes, mais, en plus, ils ont la faculté de prendre quatre repas par 24 heures.

Le DUN[1] estime que « *la quantité consommée par un marin-pêcheur moyen varie de 5 000 à 7 000 calories. Les besoins, tels qu'ils peuvent être approximativement calculés, n'excèdent pas 4 600 calories, et moins pour certains postes de travail.* »

---

1. J.P. LE DUN, op. cit.

CONDITIONS DE TRAVAIL

La morue, on la pêche, et on l'« habille ».

Quelles furent donc les conditions de travail de nos pelletas pendant ces trois siècles des voiliers ?

Elles ont été, évidemment, liées à l'évolution technique de la pêche, des moyens de capture, puis de recherche du poisson, pour se terminer avec le passage de la ligne au chalut.

Nombreuses ont été les descriptions, très souvent colorées, sinon démesurées, de ces conditions de travail des marins de nos voiliers.

Il nous faut les rappeler brièvement.

La pêche à la côte.

C'était donc la pêche sédentaire, où les chaloupes débarquées des voiliers pour la saison allaient tendre le long des côtes du French Shore de longs filets que l'on hâlait ensuite à bord de l'embarcation.

Les morues capturées étaient alors débarquées sur les chauffauds, traitées (« habillées »), lavées puis mises au sel pendant quelques jours, avant d'être étalées à plat sur les « grâves ».

Une longue suite d'opérations, allant du premier au dixième « soleil », transformait la morue en un espèce de limande bien plate, apte à supporter, du fait de ce séchage très poussé après salage, de longs voyages vers les pays chauds où elle était très prisée.

On imagine la somme d'efforts que représentaient, pour les pêcheurs, le désarmement du navire, l'armement des chaloupes, la construction des chauffauds, des hangars, des cabanes, le mouillage, le relevage, le hissage à terre des filets, la manutention du poisson, sa préparation, son transport sur les galets des grâves ou sur des claies en bois, ses retournements successifs pour les fameux « soleils », l'empilage, le transport dans la cale du voilier, et enfin, le démontage – rendu obligatoire par les traités – de tous les établissements à terre à la fin de la campagne de pêche.

Il fallait effectivement des hommes jeunes et robustes pour assurer cet épuisant métier, où les accidents, fractures, contusions, et même noyades, étaient monnaie courante.

Et cette race de grâviers ne s'éteignit pas, en 1904, à la disparition du French Shore, car à Saint-Pierre-et-Miquelon, il y avait aussi des grâves.

En 1910, le Médecin de 1ère classe HULLOT, médecin-major du croiseur **Surcouf**, s'élève contre les conditions d'hygiène déplorables dans lesquelles vivent « *ces enfants en pleine période de croissance* » dont les repas consistaient, « *le midi en un plat de haricots et le soir une soupe à la morue.* » Il relève que, sur 147 grâviers venus de métropole à Saint-Pierre pour cette campagne 1910, 48 durent être admis à l'hôpital !

La pêche au banc.

C'était la pêche errante, elle se pratiquait, dans les premiers temps, directement du bord du voilier avec de longues lignes individuelles, chaque marin étant installé dans une barrique où il passait la journée entière, exposé à la pluie, aux embruns, à la neige, à l'eau glacée, qui accompagnait chaque poisson pris et remonté. Il tenait cette ligne, longue de 150 mètres en moyenne, lestée d'un lourd plomb de 4 à 5 kilos, suivi d'un hameçon boetté, en lui imprimant en permanence un mouvement de haut en bas pour attirer la morue.

Une fois crochée, il fallait la hisser à bord, lui couper la langue, chaque pêcheur faisant ainsi le soir la preuve de sa pêche, et la morue était alors traitée : la tête était coupée pour reboetter – ou faire la soupe –, le foie était retiré ainsi que les rogues[1], et le poisson, ébreuillé[2], tranché, énocté[3], soigneusement nettoyé et lavé, était alors jeté dans la cale pour être confié au saleur, opération majeure.

Ce fut un Dieppois, SABOT, qui eut en 1789 l'idée de remplacer cette pêche directe par le mouillage quotidien de lignes dormantes gréées de nombreux hameçons que les chaloupes allaient mouiller, « tendre » en éventail autour du voilier, auquel une bosse, long cordage, les retenait, l'autre bout de la ligne étant mouillé au large sur un corps mort.

Les lignes, dite « harouelles », étaient remontées dès avant l'aube, directement du bord, à la force du poignet d'abord, à l'aide des moulinets plus tard.

Cette méthode de pêche fut rapidement adoptée par tous les pêcheurs au banc, mais elle devint génératrice de nombreux accidents, de noyades en particulier, du fait des mouvements répétés des chaloupes, par tous les temps.

Pour limiter les dégâts, rappelle de LOTURE[4], le baron PORTAL, alors Ministre de la Marine, prescrivit, le 30 janvier 1831, l'emploi d'une ligne spéciale filée à la demande « de façon à relier constamment au navire les embarcations qui s'en écartaient pour les opérations de pêche, et leur assurer ainsi la certitude de rallier le bord en cas de brume ». Le baron n'avait certainement jamais « mis les pieds » sur les Bancs de Terre-Neuve !

Il recommandait, en même temps, à titre de précaution supplémentaire, l'usage des pierriers[5] pour l'émission, en

1. Rogues. Oeufs de poisson.
2. Ebreuiller : éviscérer.
3. Enocter : gratter à la cuillère pour éliminer les poches de sang le long de l'arête dorsale.
4. R. de LOTURE, op. cit.
5. Pierrier. Petit canon rustique en bronze, qui se chargeait par la gueule, et dont les détonations étaient supposées indiquer au doris la position de leur voilier dans la brume.

temps de brume, de signaux de ralliement aux embarcations à la mer.

Ces voeux pieux n'empêchèrent nullement les patrons des chaloupes de se libérer progressivement de cette entrave, cette ligne, qui les gênait fort pour aller « tendre » assez loin du bord, malgré les risques que cela comportait.

Une fois la morue décrochée de son hameçon, et lancée à la pique sur le pont du voilier, le compte des poissons pêchés était soigneusement tenu et noté par le second du bord, il fallait ensuite procéder aux opérations habituelles avant la mise en cale pour salage, tout le monde s'y mettant, même les mousses ; mais les dorissiers avaient encore à débrouiller des lignes parfois transformées en pelotes hérissées d'hameçons, les préparer de nouveau pour aller les tendre l'après-midi après les avoir reboettées.

Cette boette, était, au début, nous l'avons dit, du hareng, puis on en venait au cours de la saison, à l'encornet que l'on pêchait à la turlutte, au capelan capturé au filet, et surtout au bulot, appât très apprécié de la clientèle, mais il fallait briser la coquille, fort dure, à grands coups de pelles ou de sabots sur le pont.

Pour chaque doris, il y avait ainsi à préparer « 24 pièces » de lignes, le tout représentant une longueur de 3 kilomètres, sinon plus, avec un hameçon à chaque brasse – environ 1 m 60 –, soit à peu près 1 500 hameçons à vérifier et à regarnir chaque jour.

En fait, tous ces marins étaient à l'ouvrage avant l'aube jusqu'à la nuit tombée – et les jours sont bien longs sous ces latitudes entre mars et octobre – sans un seul jour d'arrêt, sauf le 15 août, et lorsque la mer était vraiment trop mauvaise pour mettre les doris en pêche ; ces jours presque bénis, les pelletas les baptisaient « marées d'aornie », « marée de paradis », ou encore « marée de cabanes » car chacun se cloîtrait dans sa cabane pour y dormir tout son soûl.

Bien entendu, tout l'équipage devait encore se précipiter, de jour comme de nuit, à la manoeuvre de la chaîne pour changer de mouillage lorsque les circonstances l'exigeaient, manoeuvre longue et particulièrement harassante.

Il fallait en effet compter, pour remonter la chaîne au guindeau, c'est à dire à la force des bras (s'il n'y avait pas de treuil à moteur ou s'il était en panne), deux à trois heures pour cinq maillons (150 m.) par fonds de 80 m.

Les chalutiers.

Les premiers chalutiers – et tous étaient de ce type après la dernière guerre – comportaient essentiellement, au-dessus de la cale à morue, un vaste pont destiné aux opérations de traitement du poisson, que l'on cloisonnait, avant l'arrivée sur les Bancs, par des grands panneaux verticaux en bois.

La mise à l'eau du chalut – énorme filet à gueule béante – que l'on affalait à tribord à partir de deux potences, était une opération délicate, nécessitant un synchronisme parfait entre les différents acteurs de cette opération : le capitaine sur sa passerelle, avec les treuillistes à ses pieds sur le pont, les marins occupant un poste bien défini sur l'avant du pont.

Le chalutier remettait alors en route à faible vitesse pour draguer le fond, et enfermer les poissons dans cette nasse, qu'il fallait ensuite remonter à bord, après ce « trait », avec le même synchronisme dans cette opération aussi délicate.

Le pont du bateau, très bas sur l'eau, pour faciliter les manoeuvres du chalut, était constamment inondé, dès qu'il y avait un peu de mer, alors que les « palanquées », plus ou moins abondantes, que remontait le filet, étaient directement déversées dans les parcs sur le pont.

Commençaient alors les différentes phases classiques de la préparation de la morue, avant que le saleur ne la prenne en charge dans sa cale ; piquage, ébreuillage, décollage, tranchage, énoctage, lavage et recueil des foies, qu'un homme – le gogotier – préparait spécialement pour en tirer cette précieuse huile de foie de morue, si chère à nos souvenirs de gamins.

Toutes ces opérations, bien entendu, se passaient à ciel ouvert, par tous les temps, pluie, embruns, neige, glaces, coups de vent, les mains en permanence dans une eau avoisinant 0°, et ceci sur un rythme lié aux résultats du trait de chalut.

Et il fallait souvent réparer le chalut avarié par des « croches » au fond sur des rochers, ou des épaves, lui remettre des pièces neuves entières, le renforcer, le réparer, le « ramender » en somme, et c'était le travail des ramendeurs, en permanence sur le pont, et en plein air, bien entendu.

Si l'on en croit le P. YVON[1] :

« tant que le poisson donne, ce sont les travaux forcés sans discontinuer. Et l'abondance du poisson est telle qu'elle ne laisse aux hommes que sept heures de repos par trois jours.

Aussi, n'est-il pas rare que ceux-ci titubent de fatigue et de sommeil, mais sans énervement ni murmure, la récréation ne sonnant que lorsque la mer se fâche, et qu'il n'y a plus le moyen de lui confier le filet sans être à peu près sûr qu'elle va le garder en emportant trois ou quatre hommes avec lui.

Dans la meilleure hypothèse, le travail ne durera que quinze heures par jour... »

Mais, quand même, on a du mal à croire l'auteur lorsqu'il affirme, à plusieurs reprises, que les hommes, y compris les petits mousses de 13, 14 ou 15 ans travaillaient 20 heures d'affilée, pendant 62 jours, consécutifs, sans repos hebdomadaire !

Tout près de nous, en 1978, de ROTALIER[2] confirme ces conditions de travail :

« Les marins se couchent tout habillés après d'épuisantes journées de travail. Le rythme de travail est

1. R.P. YVON, op. cit.
2. P. de ROTALIER, op. cit.

continu : en « bordées » de six heures, et, lorsque le poisson « donne », par tiers de douze heures de travail pour six heures de repos, sans dimanche, ni un jour de détente. »

Mais il y eut de bien belles pêches, dans les années qui suivirent la dernière guerre, juste récompense de dures années de labeur.

Un rapport de **L'Aventure**, en 1947, avance les chiffres suivants pour les salaires des marins d'un chalutier :

« 1/5 de la vente brut du produit de la pêche va à l'équipage, ce qui représente 10 millions de francs [1], à répartir entre 100 parts, soit 100 000 francs par part :

– 4 parts pour le second – 3 parts pour le chef ramendeur –

– 2 parts 75 pour le chef saleur – 2 parts 50 pour le lieutenant –

– 2 parts pour les spécialistes [2] – 1 part 50 pour les matelots –

– 1 part pour les matelots légers – 0,75 pour les novices et mousses.

Et le rapport termine : « les capitaines avouent rarement leur solde ; en général, celle-ci oscille entre 10 et 15 parts, celle du chef mécanicien étant de 6 à 7 parts, un peu moins que les radios. »

D'après la tradition, les capitaines disaient qu'en dehors d'eux-mêmes, seules trois personnes connaissaient leurs revenus : Dieu le Père, l'armateur et le percepteur.

Le progrès s'installe.

L'arrivée sur les Bancs, en 1962, du premier chalutier « pêche-arrière », le **Colonel Pleven II**, marqua une véritable révolution dans les condition de travail, dit le rapport de mission du **Commandant Bourdais** (Capitaine de Frégate WINTER) :

*« Sur le **Colonel Pleven II**, le chalutage par l'arrière n'exige plus de rouleaux de retour, ni de hissage en l'air des différents*

1. Francs anciens, bien entendu.
2. Spécialistes : trancheurs, ramendeurs, saleurs.

éléments du chalut, en particulier les ralingues ou cordes de la gueule, ni la présence de tout le personnel pour sa manoeuvre. Reste le problème des panneaux.

Le travail par machines-outils à l'abri donne un climat plus sain ; un détail : le poisson est lavé à la machine, les mousses n'ont plus à le faire dans de l'eau à zéro degré. »

A bord des chalutiers modernes.

En 1987, sur les quelques chalutiers qui restaient, le système des « 12-6 » 12 heures de travail pour 6 heures de repos existait toujours, mais heureusement la majorité pêchait en « 6-6 ».

La rentabilité du « 12-6 » n'est pas évidente : comment un homme qui travaille 12 heures sur sa machine, entrecoupées d'un bref repos, peut-il avoir la même attention, après cette activité répétitive et monotone ?

Le « 6-6 » permet au marin d'avoir, en 24 heures, 12 heures pour lui, car il lui faut manger et dormir, mais il peut consacrer plus de temps à son hygiène et à ses distractions : les jeux de cartes résistent difficilement à l'envahissement de la vidéo.

De plus, l'un de nous observait, dans son rapport de fin de campagne d'automne 1985, où les conditions météo avaient été particulièrement mauvaises, que le plus grand nombre d'accidents survenaient en fin de campagne sur les chalutiers où se pratiquait encore le « 12-6 ». La diminution des réflexes et de l'attention par la fatigue était certainement en cause.

Mais le véritable tournant avait bien été pris avec l'arrivée sur les Bancs, en 1962, du premier « pêche-arrière ».

Ici, la remontée du chalut se fait donc par une rampe arrière, en conséquence les superstructures du navire sont repoussée sur l'avant, et il n'y a plus besoin d'un pont très bas sur l'eau, exposé en permanence aux paquets de mer, et balayé par l'eau glacée.

Le travail du poisson ne se fait plus dehors, par tous les temps, mais à l'abri sous le pont, dans une immense salle, véritable usine, où travaillent des machines effectuant le travail qui était autrefois celui des pelletas, avec leurs piques, couteaux et autres instruments dangereux.

Mais on ne peut quand même pas assimiler ce travail à celui d'une usine à terre. Tout ceci se fait sur un bateau, qui bouge, douze heures par jour, sept jours sur sept, pendant près de trois mois, sans repos hebdomadaire.

En contrepartie, ce travail à l'abri a permis de continuer à pêcher avec des conditions météo plus dures, et les marées de paradis, espérées des pelletas sur les « classiques », sont devenues bien peu fréquentes.

Quant aux protections et sécurités sur ces machines installées dans cette véritable usine sous le pont, elles ont été sérieusement étudiées et les accidents y sont rares.

Le pont du bateau reste encore l'endroit le plus dangereux.

Certes, il est dégivré par l'intermédiaire du circuit à vapeur circulant en-dessous, mais il reste toujours glissant, à cause de l'eau qui y ruisselle, et des déchets de poissons qui y traînent.

La hantise des capitaines est la chute d'un homme à la mer par la rampe arrière, risque qui a été diminué par la mise en place de « portes » située au-dessus de la rampe, fermées pendant toutes les opérations de pêche, sauf lors du filage et de la remontée du chalut à bord.

Il y a encore, malheureusement, des chutes à la mer, avec le plus souvent disparition rapide du marin, dans cette eau dont la température est souvent à 0°.

Mais les moeurs évoluent, et nous avons pu constater sur certains chalutiers, lors de nos séjours à bord ces dernières années, que des hommes du pont, soucieux de leur sécurité, et motivés par un capitaine responsable, portaient la brassière de sauvetage, et même le casque.

Mer cruelle.

Les risques encourus par les marins de Grande Pêche étaient d'abord, c'est l'évidence, liés aux aléas de la navigation – navigation trans-atlantique d'abord, navigation sur les Bancs ensuite, et aussi vers les côtes inhospitalières de Saint-Pierre ou de Terre-Neuve, liés encore aux conditions de travail au French Shore comme sur les voiliers.

Les premiers mois, en particulier, étaient très durs : tempêtes fréquentes en Atlantique-Nord, en mars et avril, pendant une traversée qui pouvait durer de longues semaines, brumes épaisses bloquant fréquemment la navigation, risques d'abordage entre voiliers ou avec des vapeurs – c'est la ligne des paquebots et cargos entre Europe et Amérique du Nord – et, une fois mouillés en pêche sur les Bancs, les voiliers ne pouvaient faire aucune manoeuvre pour éviter une collision souvent fatale, risques d'abordage aussi d'épaves et surtout d'icebergs [1] ou de glaces à fleur d'eau, ou dérivant par le courant sur les Bancs et allant éventrer les voiliers immobiles.

Que de drames en mer ! Les exemples abondent ;

Le 29 mai 1826, le **Nathalie** coule par les glaces, avec seulement trois survivants, dont le second capitaine GAUDOUIST.

Ils restent 19 jours en dérive, sur une glace plate, pour finalement atterrir au hâvre du Fouché.

Et le second raconte :

« Avec 4 poules mortes et plein un chapeau de moules, nous avons soutenu notre existence pendant 19 jours au milieu de tous les tourments possibles. »

La même année, la **Belle Julie** sombre dans les mêmes conditions : 108 disparitions sur les 143 hommes qui étaient à bord.

---

1. C'est dans les parages des Bancs de Terre-Neuve qu'eut lieu la catastrophe du **Titanic**, le 15 avril 1912.

Et les remarquables « Éphémérides de Saint-Pierre-et-Miquelon »[1] sont émaillées, presque à chaque page, de la relation de ces tragédies.

Elles relèvent, par exemple, pour le 5 août 1873 :

« Terrible coup de vent : plusieurs goélettes de pêche, sur lesquelles se trouvaient de nombreux marins de la colonie, se perdirent corps et biens sur les Bancs. Sur les îles, une trentaine de petites goélettes furent jetées à la côte. On compte 260 victimes. »

La manoeuvre des voiles n'était pas, non plus, de tout repos.

L'aviso-transport **Indre** rappelle, en 1884, les incidents survenus durant les traversées, du fait du mauvais temps, traversées marquées par de nombreux jours en mer, et de multiples drames.

Après avoir signalé que plusieurs navires ont souffert d'avaries « *sans gravité, bouts dehors ou petits mâts d'hune cassés, embarcations et pavois enlevés* », le rapport poursuit :

*« Cependant, le **Saint-Pierre** et **Saint Paul** a été dématé le 2 avril et son équipage forcé d'abandonner le navire le 3, a été recueilli par le **César Jean**. Le **Duc** a cassé ses deux mâts d'hune, sa vergue du grand volant et son clin foc. »*

Le rapport énumère maintenant le nombre de jours qu'a requis la traversée : l'un a mis 58 jours, plusieurs de 56 à 50 et 45 jours, un seul a mis 31 jours.

1. Ephémérides des Iles Saint-Pierre-et-Miquelon. E. SASCO et J. LE HUENEN. Imprimerie du Gouvernement, Saint-Pierre 1970.

Quant aux victimes dont l'**Indre** a eu connaissance :

*« Le **Casimir Périer** a perdu un homme enlevé du clin foc, l'**Alcyon** un enlevé par une lame, la **Mignonne** trois enlevés par une lame, l'**Été** un enlevé du clin foc, la **Gabrielle** un novice enlevé par une lame, l'**Hélène** en a perdu trois par suite de la rupture du mât, la **Belle Brune** a eu trois blessés par paquet de mer, et les **Deux Empereurs** un homme qui s'est cassé la jambe en tombant du mât. »*

L'année suivante, en 1885, les glaces causent de nombreux sinistres : la **Cigale** de Saint-Malo aborde un iceberg haut de 30 mètres, dont le sommet tombe sur le pont et coule la goélette. Les hommes sont recueillis par une goélette américaine, qui les dépose sur l'**Agile** de Saint-Malo, dont le capitaine est très réticent pour embarquer ce supplément d'équipage ; la goélette **Young Prince** coule après abordage d'une banquise, son équipage de 32 hommes se sauve en embarcation puis vit en dérive 19 jours avant d'être recueilli par l'**Étoile des Mers**.

Mais l'une des tragédies les plus atroces avait été, en 1897, le naufrage du **Vaillant**, que rapporte encore LABARÈRE[1] :

*« Le brig goélette **Vaillant**, de 97 tonneaux, 27 hommes d'équipage, 45 passagers-grâviers, allant de Saint-Malo sur Saint-Pierre le 13 Avril, au Bonnet, heurte de nuit une glace et s'ouvre. Il met 45 minutes à couler.*

La première chaloupe mise à l'eau s'ouvre et coule, la deuxième s'éloigne du bord avec 22 hommes, le reste se répartit dans les onze doris. Un seul sera retrouvé. Ce doris, avec 7 hommes sans vivres ni eau, sans aviron, embarque, ses hommes passent la nuit à écoper. Au jour, il aperçoit un doris chaviré avec un homme dessus, qui tente de le joindre à la nage et se noie.

Le jeudi 15, un autre doris est en vue. Le capitaine PIERRE, le maître saleur, le mousse et deux matelots le montent, sans vivres et avec deux avirons.

1. LABARERE. op, cit.

Le capitaine encourage ses hommes, leur conseille la patience, le courage et la résignation. Il conseille de se disperser pour avoir des chances d'être retrouvé.

Le doris, avec ses 7 hommes faisant voile d'un sac éventré dérive vent arrière vers le Suroît. Le 15 au soir, un garçon meurt de froid et de faim, il est jeté par dessus bord. Le 16, un autre (19 ans) succombe, ses camarades réduits à la dernière extrémité décident d'en faire leur nourriture. Ils l'ouvrent afin de se repaître de son sang et de sa chair, ce qui les soutient.

Malgré cette affreuse alimentation, un matelot de 25 ans ne résiste pas, et succombe le 17. Rendus féroces par la soif, ses camarades fouillent jusqu'au coeur pour se désaltérer avec son sang.

Le 18, un navire en vue sauve les 4 rescapés, pieds gelés, dont 2 succomberont à l'hôpital.

Le brick **Amédée** *retrouvera la chaloupe avec 4 survivants... »*

Toutes ces goélettes avaient été neuves... souvent de longues années plus tôt.

Et la moindre tempête faisait cruellement souffrir les vieilles coques fatiguées par de longues campagnes ; alors, on réparait, on aveuglait tant bien que mal la voie d'eau, on pompait... et on évacuait après avoir incendié l'épave pour qu'elle ne devienne pas un risque pour la navigation.

LACROIX[1] explicite, pour certains de ces naufrages le terme « cacher » :

« Cacher se dit d'un navire coulé volontairement et frauduleusement pour en toucher l'assurance, de la coque et du chargement. Ceci ne se faisait que lorsque le navire était usé et que l'équipage était d'accord et certain de se sauver.

Cacher un navire constitue un acte de « baraterie », sévèrement puni dans tous les pays du monde, et si l'on prétendait qu'il y en a eu quelques cas aux Grandes Pêches c'était au cours de campagnes très mauvaises.

1. L. LACROIX, op. cit. (Personne n'allait s'en vanter, évidemment !)

Certains de n'avoir rien à toucher au retour, les hommes signaient sans difficultés un faux rapport, et touchaient, pour prix de leur complicité, une part du chargement fictif bien assuré.

Officiellement, je n'ai jamais trouvé dans les archives des cas de ce genre. »

Le Capitaine de Vaisseau (H) de LALANDE de CALAN, qui, lui aussi, « fit » Terre-Neuve, en 1933-34 comme Enseigne de Vaisseau sur la **Ville D'Ys**, nous a conté le drame d'un trois-mâts, le N..., perdu dans un champ de glaces par 66° Nord et 34° Ouest. L'équipage est sauf, heureusement, et est recueilli, « malheureusement » par le garde-côtes danois, qui le confie à la **Ville D'Ys** : « malheureusement », car le navire danois avait fourni un point précis et indiscutable du lieu du naufrage, qui le situait juste un degré plus au Nord que ne le prévoyait le contrat d'assurance.

C'était donc une catastrophe pour l'armateur, l'équipage, et bien entendu le capitaine, qui, désespéré, se pendit dans sa chambre d'hôtel une fois débarqué à Saint-Pierre.

Ces naufrages n'étaient pas toujours sans pertes humaines, et déjà en 1897, GAZEAU[1] écrivait :

« Il est d'autres causes de mortalité qu'une surveillance effective rendrait moins fréquentes : que des navires coulent à pic, par beau temps, faisant eau de toutes parts, par suite d'un âge avancé, auquel on est surpris de voir les compagnies d'assurances accorder leur garantie.

Les équipages se sauvent, le plus souvent, dans les embarcations mais, par gros temps, c'est un désastre. Des exemples de ce fait se produisent chaque année... »

Parfois encore, les voiliers mouillés en pêche sur les Bancs étaient tellement secoués par la mer en furie que la chaîne « écourtait » raide ou, pis encore, le guindeau qui la bloquait était arraché, emportant avec lui l'étrave du navire qui sombrait rapidement.

---

1. GAZEAU, op. cit.

LACROIX rappelle ainsi le naufrage du trois-mâts **Juliana** en 1908 ; alors qu'il étalait un véritable ouragan, il eut son écubier complètement scié par son câble d'acier, qui découpa ensuite toute la carcasse en bois, pourtant solidement renforcée, qui constitue ce qu'on appelle « les apôtres ». Personne ne fut sauvé.

Les dorissiers.

Mais il y avait aussi – surtout pourrait-on dire – les dorissiers.

Bien rares étaient ces marées « d'aornie » où ne retentissait pas, avant l'aube, le commandement « Croche » qui ordonnait la mise à l'eau des doris.

Et, alors qu'ils étaient loin de leur navire, le vent et la mer pouvaient se lever rapidement, et c'était bien souvent miracle de les voir rallier, après avoir jeté par dessus bord lignes et poissons pour s'alléger.

Autrement, ils rentraient chargés de morues, souvent à couler bas, le liston affleurant l'eau, un dorissier souquant sur les avirons et l'autre écopant à tour de bras.

Combien, malheureusement, lourdement chargés, ou surpris par un coup de vent avec trop de voilure, ont chaviré et disparu corps et biens !

Et pourtant, rien n'était plus redoutable que la brume, cette brume si fréquente sur les Bancs, au printemps, qui tombe brutalement « à couper au couteau » et dont l'originalité, à Terre-Neuve, est d'être souvent accompagnée d'un vent fort et d'une mer hachée.

Elle fut à l'origine de nombreux drames.

Perdus dans cette « purée de pois », exposés à l'abordage par des vapeurs naviguant sur ces routes très fréquentées, n'entendant ni la corne de brume, ni les coups de pierriers tirés de leur navire, nombreux furent les doris disparus à jamais dans cette brume maudite.

Et la première question que posait bien souvent le stationnaire, ou le navire-hôpital, à l'approche d'un voilier sur les Bancs, était : « Avez-vous des doris en dérive ? ».

Heureux encore furent ces dorissiers qui, après une errance de deux, trois jours, ou plus, apercevaient dans une brève éclaircie un vapeur, ou un voilier qui n'était pas forcément le leur, mais sur lequel ils étaient trop heureux d'embarquer avant de regagner leur bord... ou de terminer la campagne sur le navire sauveur.

Notre ami F. LEFEBVRE, courtier maritime et consul de Norvège à Saint-Malo, qui commença fort jeune sa vie maritime comme mousse à Terre-Neuve, nous a dit avoir navigué avec le patron Raphaël GOGER, de Saint-Pierre-de-Plesguen, qui, en 1923, partit en dérive sur son doris, du Bonnet Flamand, sur les Bancs, et ne fut recueilli que le 13ème jour, en vue des Açores !

GAZEAU parle encore de ces *« embarcations légères, douées de qualités nautiques remarquables et qui, par suite, sont moins à incriminer que l'imprudence des pêcheurs et l'indifférence des capitaines ».*

Il poursuit :

« Des règlements sévères prescrivent aux hommes qui s'éloignent en doris de leur bâtiment mouillé sur le banc, d'emporter avec eux non seulement un compas, mais de l'eau douce et des biscuits renfermés dans des boîtes en fer blanc parfaitement étanches, qui doivent leur permettre de rester, au besoin, deux ou trois jours sans communication, s'ils sont pris dans la brume.

Trop souvent, ces boîtes sont vides. Et quand ces malheureux, que le brouillard enveloppe, sont poussés au large par le mauvais temps, qu'ils ne peuvent rallier aucun point de la côte, ils sont exposés à mourir de faim et de froid. »

En 1929, le Commandant BELLOC notait sur son journal, le 29 juin :

« Le ***Philippe*** *a recueilli le doris de l'****Essor****, vide, retourné, les voiles en place, écoute tournée. On n'empêchera jamais les pêcheurs de mettre les voiles sur leurs doris qui ne sont pas faits pour cela. Celui-ci a chaviré par tellement beau temps, que l'on se demande s'il n'aurait pas été retourné par une baleine, car on en a vu plusieurs dans les environs. L'événement ayant eu lieu dans*

*la brume, on ne peut rien savoir. J'ai télégraphié la chose à l'**Essor** ; ce sont des commissions peu agréables. Le doris du **Bengali** a été retrouvé par le **Suffren**, dorissiers saufs. Je l'ai su par le même **Philippe**, qui l'avait appris d'un doris du voisin. Je me suis précipité pour l'annoncer au **Bengali** qui n'a pas la T.S.F.. En même temps qu'il perdait un doris, l'**Essor** perdait un autre homme le long du bord, une glissade en embarquant, probablement suivie d'un heurt à la tête. L'homme a coulé à pic sans se débattre. Le malheureux capitaine faisait peine à voir le soir. C'était son premier accident, depuis 28 ans qu'il commande. Les dorissiers avaient 36 et 40 ans, 3 et 4 enfants. Le troisième avait 19 ans.*

En 1933, c'est encore, par exemple, un doris de l'**Angelus**, trop lourdement chargé de morues, avec toutes ses voiles dessus, pour rentrer à bord plus vite, qui chavire et disparaît avec ses deux marins.

Statistiques.

Il y a un siècle à peine, les statistiques étaient déjà fort lourdes, énumérant les pertes d'hommes à la Grande Pêche. GAZEAU[1] et DUBOIS SAINT SEVRIN[2] nous en donnent des chiffres pour la fin de ce 19ème siècle :

	1894	1895	1896	1897
Décédés à terre (hôpital ou domicile)	50	42	16	35
Décédés à bord en mer	25	18	13	19
Disparus ou noyés	96	51	111	211
	171	111	140	265

– La mention « décédé à terre » désigne les décès des marins, métropolitains, comme Saint-Pierrais, survenus à Saint-Pierre ou sur le French Shore, mais pas en métropole.

1. GAZEAU, op. cit.
2. DUBOIS SAINT SEVRIN, op. cit.

Dubois Saint Sevrin ajoute que si le journal cosmos donne le chiffre de 15 pour 1 000 comme représentant la mortalité annuelle des pêcheurs de Terre-Neuve pour la saison de pêche – déjà très supérieure à celle de la mortalité à terre (6 pour 1 000 dans l'armée) – il faut encore la doubler, puisqu'elle ne porte que sur une période de 6 mois, sans compter les nombreux décès survenus en France, suite de maladies ou d'accidents contractés sur les Bancs.

Est-il nécessaire de continuer cette sinistre litanie ?

Les chalutiers eux aussi, ont payé leur tribut, tel le **Pacifique**, perdu sur une roche le 15 décembre 1928, quittant Saint-Pierre pour rallier la France ; on n'avait retrouvé qu'un homme dans un canot, à moitié dévoré par les oiseaux, sur un équipage de 44 marins.

Plus près de nous, il y eut le **Capricorne**, abordé et coulé sur les Bancs par le vapeur panaméen **Navigator** le 8 juillet 1947, équipage heureusement sauvé, le **Ginette Leborgne**, coulé en 1961 après abordage par un autre chalutier, et perte de 12 hommes, le **Ravenel** perdu corps et biens en 1962, année où disparut aussi le **Galantry**, mais l'équipage fut sauvé en entier.

Plus récemment, ce fut le **Victoria**, qui, en 1978, coula dans le Golfe du Saint Laurent ; les 51 hommes d'équipage furent tous recueillis.

Et si notre époque a vu s'améliorer progressivement les conditions de vie et de travail sur les morutiers, il n'en reste pas moins que l'Atlantique Nord sait, à l'occasion, rappeler qu'il est un des océans qui mènent la vie dure aux gens de mer.

Tels sont donc les risques multiples auxquels ont été affrontés les marins de Grande Pêche à Terre-Neuve pendant de longues générations.

LA PATHOLOGIE

La pathologie relevée chez les marins de Terre-Neuve a été, forcément, liée à leurs conditions de vie et de travail.

Et, en raison de leur dénuement quasi-total dans le domaine de l'assistance médicale, aux premiers temps de la Grande Pêche, ils ne pouvaient espérer aucun secours en cas de maladie ou de blessures sérieuses, aucune possibilité d'évacuation sur un hôpital, sauf à la rigueur pour les marins du French Shore.

L'amélioration, bien lente, de ces conditions moyenâgeuses vint donc, d'abord, de la présence obligée d'un « chirurgien » à bord des navires à partir d'un certain effectif.

On en vint ensuite à la « formation médicale » des capitaines, et à l'obligation d'embarquer un coffre à médicaments.

Mais l'assistance directe réelle n'apparaît qu'à la création, en 1763, de la Station Navale.

Elle prend de l'importance au cours des décennies suivantes, malgré les moyens modestes dont elle dispose pour les besoins : plus de 10 000 marins à Terre-Neuve, sur 300 ou 400 navires, pendant de très longues années.

Elle est enfin renforcée sur les Bancs par l'arrivée, à partir de 1895, d'un navire-hôpital armé par la « Société des Oeuvres de Mer ».

Nos grands anciens, médecins de la Marine ayant « fait » Terre-Neuve, ont abondamment décrit la pathologie observée au cours de leurs campagnes sur les Bancs. Ils ont particulièrement insisté sur les maladies de carence, les maladies contagieuses, les accidents liés au travail, et la pathologie spécifique.

Les maladies de carence.

On pense d'abord au scorbut, cette terrible maladie – la peste de la mer, disait-on – dont on sait qu'elle a fait perdre des batailles d'importance, et dont nous devons une étude approfondie au Médecin Général CARRÉ[1].

Il y rappelle le récit de cette tragique aventure, fait par le médecin de l'escadre, CHARDON de COURCELLES, à l'Académie de Marine, narrant l'agonie des 246 scorbutiques rapatriés avec lui, en 1746, sur la **Grande Amazone**, et dont il n'eut que deux survivants.

JARRY[2], de son côté, cite l'illustre LARREY, alors modeste médecin de Marine à Terre-Neuve en 1788 : « Les matelots destinés à la pêche à la morue furent d'abord attaqués du scorbut. »

En effet, les navires partant pour des expéditions lointaines embarquaient essentiellement des vivres à base de salaisons, totalement dépourvus de vitamine C, les rares vivres frais embarqués au départ étant rapidement épuisés.

Et pourtant LUCAS[3], en 1905, estimait que « *la pathologie de cet état morbide semble complexe et l'étiologie délicate à élucider* ». Il incrimine divers facteurs, les dures conditions de vie des pêcheurs, « *la monotonie de la nourriture d'ailleurs mal préparée par le mousse, la consommation excessive d'alcool.* »

Il y ajoute d'autres causes : travail excessif, longues heures passées hors du bord dans les brumes froides, la vie à bord dans des postes ruisselant d'eau et d'humidité, tout ceci « *affaiblissant la résistance naturelle de l'organisme aux maladies.* »

L'année précédente, BONAIN[4] avait fait une longue étude sur « les maladies de misère physiologique chez les

1. A. CARRÉ. Scorbut marin historique et biologie moderne. Compte-rendu du 104ème Congrès national des Sociétés savantes, Bordeaux 1979.
2. H. JARRY, op. cit.
3. LUCAS, Médecin de 2ème classe. Influence de l'hygiène et de la nourriture sur le développement du scorbut à bord des bâtiments pêcheurs de Terre-Neuve. Archives de Médecine navale. 1905.
4. BONAIN, op. cit.

pêcheurs de Terre-Neuve », à l'occasion desquelles il parle du scorbut :

« Les maladies de misère physiologique sévissent avec intensité chez les dix mille pêcheurs français exploitant les bancs de pêche de Terre-Neuve. L'occasion est rare de pouvoir en faire une étude approfondie : le court séjour des navires de guerre au milieu de la flottille, l'impossibilité fréquente, suite de brume ou de mauvais temps, de pouvoir communiquer avec les bateaux, dont beaucoup ne relâchent d'ailleurs pas en cours de campagne ,sont autant de causes empêchant d'établir une statistique et de déterminer la nature exacte des affections et des décès.

Les ports d'armement enregistrent, chaque année au retour des navires pêcheurs, des cas graves de scorbut ; le béri-béri a été soupçonné. Par ailleurs, les affections, très nombreuses, et très variées, sont classées sous des diagnostics assez vagues par les capitaines et caractérisées par des noms que la fantaisie des pêcheurs a bien voulu leur donner (mal de terre, mal de bois, etc.....) »

Il décrit de nombreux cas de scorbut à bord des différents navires, en particulier la **Mathilde**, de Granville :

« L'année 1899 a été marquée par le désastre survenu à bord de la ***Mathilde****, de Granville. Ce navire, après six mois de séjour sur le grand banc, a, pendant sa traversée de retour, la presque totalité de son équipage malade. Trois hommes succombent en cours de route et sont immergés ; un quatrième meurt à l'arrivée à Bordeaux : la plus grande partie de l'équipage se trouve dans un état très grave. Les symptômes sont, pour tous les cas, un oedème considérable du tronc et de la face. L'éruption pétéchiale est discrète, les douleurs en ceinture peu accusés.*

Le capitaine, rencontré à Granville, nous déclare que les matelots immergés après décès étaient monstrueusement gonflés. Tous s'étaient plaint de constipation opiniâtre.

Les lésions gingivales et l'éruption ayant fait défaut, il lui aurait été impossible de reconnaître le scorbut dans l'affection qui décimait son équipage ».

En réalité, il est permis de penser, à la lecture de tous ces documents, qu'on été classés sous le nom de scorbut, des maladies diverses à symptômes mal définis et, dit encore BONAIN, *« on comprend l'embarras des capitaines cherchant, d'après les données de leur notice médicale, à établir l'identité du scorbut »*.

Bien entendu, le mal frappait essentiellement les voiliers métropolitains. Ils partaient pour plusieurs mois sans ravitaillement en vivres frais, alors que les petites goélettes de Saint-Pierre, revenant chaque mois au port livrer leur pêche, s'y réapprovisionnaient régulièrement.

Chez les métropolitains, il semble que les Fécampois étaient moins touchés, car ils embarquaient au départ de France des tonneaux de choucroute, *« le seul aliment en réserve de vitamine C »*, dit CARRÉ[1].

Ayant donné, dans cette étude sur « les maladies de misère physiologique » la place N° 1 au scorbut, BONAIN affirme :

« A côté du scorbut plus ou moins défiguré, mais cependant reconnaissable, il existe à Terre-Neuve une forme spéciale, et la plus fréquente, représentée par un état de cachexie hydrémique ressemblant, à s'y méprendre, au béri-béri. »

Apparemment, scorbut, béri-béri, on finit par faire un amalgame baptisé « maladie des voiliers », ensemble de symptômes, souvent observés sous toutes les latitudes chaque fois que l'organisme est débilité par le surmenage, le climat, la nostalgie, une nourriture déficiente.

Quant aux grâviers du French Shore, ils échappaient en principe aux maladies de carence, se nourrissant, en plus des traditionnelles têtes de morues, de viande fraîche et de légumes cultivés sur place, ce qui les mettait à l'abri.

---

1. A. CARRÉ, op. cit.

La tuberculose.

S'il est une maladie qui faisait des ravages au cours des derniers siècles, parmi la population terrestre, c'est bien la tuberculose, et elle n'épargnait pas les gens de la mer.

En 1892, après une longue dissertation sur les bienfaits ou les méfaits des climats chauds ou des climats froids sur l'apparition et le développement de la tuberculose chez les marins, MARTINE[1] cite plusieurs cas de maladie apparus sur des navires de guerre de la Station Navale et continue :

« Sur la ***Clorinde****, 2 tuberculeux, 2 hémoptysies, poussées aiguës – sur la* ***Perle****, 2 tuberculeux, chez l'un, hémoptysie rebelle, chez l'autre poussée aiguë – sur le* ***Drac****, 1 tuberculeux, granulée, mort. Le tuberculeux de* ***Jan*** *lui-même a eu 2 hémoptysies accompagnées le soir d'une température fébrile. ... Et l'****Aréthuse*** *a laissé à l'hôpital de Saint-Pierre plusieurs hommes chez lesquels le brusque réveil de l'affection coïncida avec l'arrivée dans les parages de Terre-Neuve.*

Si, de la Marine de guerre, nous passons à la Marine marchande, les exemples se multiplient. Chaque année, dès le départ de la saison de pêche, la tuberculose occasionne de nombreuses entrées à l'hôpital de Saint-Pierre ; si nous consultons les archives du Conseil de Santé, elles nous apprennent que, le plus souvent, elle y prend la forme aiguë et emporte le malade à brève échéance.

Y-a-t-il lieu de s'en étonner ? Le froid, le vent, la pluie, les brumes épaisses, l'humidité, les variations brusques et considérables de température, les exercices, les privations, les fatigues, les imprudences inhérentes au métier de la marine, sont-elles des conditions à recommander à un phtisique ? Ses poumons peuvent-ils affronter impunément cette gymnastique respiratoire de tous les jours, de tous les instants ? »

---

1. MARTINE, Médecin de 1ère classe, médecin-major du croiseur **La Clocheterie**, Campagne 1892.

La pathologie mentale.

Curieusement, nos anciens ont eu à faire face à une pathologie particulière, « le mal d'aventure » ou « le mal nostalgique », décrits par les médecins de la Station Navale en 1824.

L'appelant encore mal du marin de conscription, ils l'attribuent au mal de mer, au train de vie monotone du bord, à la rigueur du climat, aux rudes travaux.

« L'ennui nostalgique semble porter sa préférence sur les viscères hypocondriaques. La nutrition s'altère, le malade dépérit. Le trouble nerveux concentré dans le cerveau se fait sentir dans toutes les fonctions, amène de nombreux désordres, le délire et les convulsions.

Nous avons vu deux jeunes gens nés à l'intérieur du Haut Languedoc succomber à l'ennui nostalgique. Le premier après trois mois de souffrances, le deuxième au bout de huit mois.

On avait l'espoir de sauver celui-ci, lorsque quelques chansons chantées dans l'idiome de son pays vinrent rappeler à son esprit tous ses souvenirs et ses regrets, et le plongèrent dans un état de langueur qui amena tous les désordres signalés. »

La pathologie chirurgicale.

Celle-ci a évidemment toujours été dominée, tout le temps des voiliers, par les panaris, véritables fléaux des Bancs, les phlegmons, les plaies et ulcérations des mains.

Ces panaris, dit GAZEAU[1] en 1897, sont d'une fréquence étonnante.

« La vérité est qu'il est fort difficile de préciser la lésion première qui a servi de porte d'entrée au germe infectieux, non que l'on puisse en déceler une, au contraire, à cause de la multiplicité des piqûres, des excoriations qui couvrent les doigts

1. GAZEAU, op. cit.

des pêcheurs. L'espace sous-unguéal, en particulier, est non seulement le siège de nombreuses piqûres, mais il recèle, en outre, un magma humide de matières septiques dont ces hommes ignorants ne se débarrassent jamais.

Ces panaris sont d'une fréquence étonnante à Saint-Pierre, sur la côte et sur le Banc. Et, partout, les causes sont les mêmes. Il n'est pas de bâtiment qui n'ait pas un ou plusieurs hommes porteurs de panaris. Toutes les variétés y sont observées : panaris cutané ou tourniole, panaris de la gaine des tendons, panaris périostique et, parmi les « punaises » signalées plus haut, nous avons parfois diagnostiqué, à la face dorsale des doigts, des panaris anthracoïdes.

Que de gens sont venus réclamer à bord un coup de bistouri, trop tard le plus souvent, et que de phalanges nécrosées ont suivi le pus, faute de soins donnés à temps. L'indifférence ou la timidité des capitaines a laissé ainsi bien des infirmités s'installer, qu'un peu de bonne volonté aurait suffi à éviter.

Les vastes abcès, les phlegmons diffus, si communs aussi, n'ont pas d'autre origine.

Heureux quand le blessé appartient au « French Shore » où il se trouve à portée d'un bâtiment de guerre. Plus souvent, il est loin de tout médecin ; le mal gagne, envahit tout un segment de membre ; des décollements s'étendent, une articulations se prend, et quand l'ouverture spontanée en arrête l'extension, la guérison est lente et ne s'obtient pas sans difformité, sans impotence fonctionnelle. Parfois même, la mort a été le terme de ces vastes suppurations. »

Il est évident que tout était bon pour provoquer un panaris des doigts, la moindre écorchure chez des gens vivant dans un état de saleté généralement permanent, la piqûre des hameçons, comme des nageoires ou des dents de poissons, les ulcérations des doigts par les frottements répétés sur la peau.

Mais l'ennemi le plus redoutable dans ce domaine était bien le bulot.

Pêché pour des « marées » de vingt jours, comme le rappelait DEMARTRES[1], pourri trois jours après, 1 500 ou 2 000 hameçons à boetter tous les jours avec cette pourriture, sans compter les éclats des dures coquilles écrasées à coups de pelles ou de sabots, tout était réuni pour déclencher le processus ; infection progressive, lymphangite, phlegmons des gaines synoviales, parfois invasion gangrèneuse et décès, lorsque le voilier était loin de tout secours médical.

L'enrichissement de la pharmacopée à notre siècle, l'apparition des sulfamides puis de la pénicilline et autres antibiotiques, la plus grande mobilité des navires, stationnaire comme pêcheurs, leur équipement progressif en moyens de transmission, en somme l'amélioration constante des moyens d'assistance sont heureusement venus, au cours de ces dernières décennies, transformer le pronostic de ce qui fut le vrai fléau des Bancs.

Il n'empêche que l'un de nous put encore voir, en 1985, l'un de ces panaris « historiques », avec début de phlegmon, et le brave pelleta pensait que cela se passerait tout seul, avec des bains plus ou moins répétés dans l'alcool ; opéré, rapatrié en France, sa campagne fut terminée.

La pathologie spécifique.

Un autre redoutable agresseur faisait aussi partie de la boette traditionnelle : l'encornet.

Très recherché pour appâter, une fois remonté à bord sur une ligne appelée turlutte, ce petit céphalopode crachait son « noir » – liquide visqueux et caustique qu'il secrète – au visage et sur les vêtements des pêcheurs, s'accrochant à la peau par ses tentacules, entraînant une véritable destruction de l'épiderme, avec brûlures par le liquide caustique, et ulcérations traînantes s'infectant souvent secondairement, comme les panaris.

1. DEMARTRES, op. cit.

Autre pathologie spécifique des Bancs : les « choux », ou « punaises » de Terre-Neuve, cousins des « fleurs d'Islande », ulcérations du type pemphigus, apparaissant aux poignets, par suite du frottement répété du ciré sur la peau humide, et dont les pêcheurs limitaient les dégâts en portant de larges bracelets de caoutchouc atténuant le frottement.

Cette affection, a d'ailleurs, été retrouvée tout au long de la vie des chalutiers « classiques » préparant, comme les anciens, la morue sur le pont avant salage.

Terminons ce chapitre par une autre affection, spécifique des dorissiers celle-là, et qui semble avoir été rarement signalée pour Terre-Neuve, alors qu'elle était connue depuis fort longtemps en Bretagne[1]. Il s'agit de l'hygroma pré-rotulien du genou – connu à terre sous le nom de maladie des bonnes soeurs, ou des couvreurs, professions exposées à la position agenouillée prolongée – que l'un de nous a été appelé à soigner en 1947.

Le pêcheur remontant ses lignes prend appui du genou sur le liston de son doris, opération renouvelée tous les jours pendant des heures.

Cette irritation quasi-permanente donne un tuméfaction douloureuse et invalidante de la bourse séreuse pré-rotulienne, pouvant appeler une intervention chirurgicale.

Plusieurs médecins des Bancs ont également décrit un accident qui, parait-il, n'était pas rare sur les voiliers.

Le pierrier était un engin qui se chargeait par la bouche, avec une dose de poudre assez approximative. (60 kilos de poudre étaient habituellement embarqués pour la campagne).

Parfois, la dose était généreusement calculée (« trop fort n'a jamais manqué ») et le canon éclatait, entraînant des blessures souvent graves à ses canonniers d'occasion ou encore la poudre prenait feu prématurément, avec feu d'artifice traumatisant.

---

1. L'hygroma professionnel du genou chez les marins goémoniers. LE BOURGO et CUEF. Archives de Médecine et de Pharmacie navales. 1944.

L'évolution de la pathologie.

Bien entendu, la pathologie a aussi évolué, dans l'histoire de la pêche à Terre-Neuve, avec les différentes étapes qui ont marqué cette histoire au fil des années.

On a cependant retrouvé, sur les chalutiers classiques, la pathologie chirurgicale générée par les différents instruments servant à « habiller » la morue.

En 1988, quand on étudie les chapitres médicaux des rapports des dernières missions, on voit que la pathologie chirurgicale et traumatique représente la majeure partie des consultations. Ceci peut s'expliquer par la dureté du travail sur le pont et ses risques, pour les marins qui y ont encore leur poste.

La mécanisation progressive des différentes étapes du traitement du poisson à bord, qui allait aboutir aux machines sophistiquées des chalutiers-usines, ne se fit pas non plus sans l'apparition de nouveaux risques.

En 1967 par exemple, le **Commandant Bourdais** signale « *La décolleuse Bader est encore, cette année, responsable de plusieurs accidents dont certains, très graves, ont nécessité des amputations* ».

L'autre volet important des demandes de consultations est celui des maladies des voies respiratoires, le climat en étant évidemment le principal responsable, mais le tabac est certainement un facteur favorisant : les Terre-Neuvas sont souvent de gros fumeurs. Il s'agit là d'un facteur morbide d'apparition récente, car, au temps des voiliers, les pêcheurs n'avaient guère le temps ou la possibilité de rouler leur cigarette : la chique était omniprésente, et le coopérateur du stationnaire devait renouveler le stock régulièrement.

Ainsi, sur les 148 consultations du **Malabar** au cours de l'automne 1985, 75 d'entre elles étaient consécutives à des traumatismes, ou demandaient un traitement chirurgical, depuis la simple contusion ou fracture de côtes, jusqu'à l'écrasement de la main dans un treuil, ou l'entorse grave du genou.

Les 19 hospitalisations, soit à bord du **Malabar**, soit à l'hôpital de Saint-Pierre, étaient toutes motivées par des problèmes chirurgicaux.

De même, pour la première mission du **Tenace** en 1986, sur les 177 consultations données aux pêcheurs, 65 étaient également de nature chirurgicale.

LE SERVICE MÉDICAL A BORD

Le coffre à médicaments - le « médecin de papier »

Le premier pas avait été franchi, avec l'obligation que fit l'Ordonnance de COLBERT en 1681 d'embarquer un chirurgien, et il était dit :

« Les propriétaires des navires seront tenus de fournir le coffre du chirurgien, garni de drogues, médicaments, onguents et autres choses nécessaires pour le pansement des malades pendant le voyage, et au chirurgien les instruments de sa profession ».

Il fallut attendre une Ordonnance royale du 4 août 1819 pour voir imposer un coffre à médicaments « à bord de tout navire ayant huit hommes d'équipage, non compris les mousses et ne comportant pas nécessairement de chirurgien ».

Ce coffre était évidemment rudimentaire dans sa composition, souvent fantaisiste ; un Décret du 11 février 1869 vint arrêter son contenu.

Les commentaires de SISCO en 1896[1] sont cependant assez sévères sur ces coffres « améliorés » :

« Tous les rossignols d'une pharmacopée fossile semblent s'être donné rendez-vous dans cette relique antédiluvienne... »

Un nouveau coffre avait cependant été rendu obligatoire en 1893, plus complet, plus pratique, muni

1. SISCO, Médecin de 2ème classe de la Marine, médecin-major de l'aviso **La Manche** en 1896. Archives de Médecine navale, 1898.

d'Instructions sérieuses, suivant en cela les recommandations du Docteur DUBOIS SAINT SEVRIN, humeur de brumes chevronné.

Le nomenclature en était longue, et comportait en particulier des « substances ne devant être utilisées que par un médecin ».

L'idée était essentiellement, en fait, de mettre à la disposition des médecins appelés à bord des navires des médicaments et instruments qu'ils avaient ainsi sur place, sans pour autant risquer de dégarnir leur propre pharmacie.

Quant au « mode d'emploi », ce fut donc l'Instruction créée par Ordonnance royale du 4 août 1819, rédigée par une commission médicale présidée par le Docteur AUDREN, et qui a conservé à travers les âges, comme à travers ses mises à jour, le nom de « Médecin de papier ».

Reprises au début du siècle par la Loi du 17 avril 1907, qui prévoyait l'organisation du service médical à bord, la composition des coffres et l'Instruction furent, au cours des années, sérieusement dépoussiérées, notamment par l'Arrêté du 3 juin 1980 qui fragmente le coffre en « Boîtes de premier secours » « Boîtes complémentaires » et « Unités médicales », dont l'embarquement est fonction de l'effectif du navire et de la durée du voyage.

Quant aux petites goélettes de Saint-Pierre, elles avaient droit à une dérogation, simplifiant pour elles la composition du coffre.

Personne d'ailleurs, dans l'Archipel, ne se faisait d'illusion sur l'efficacité de la visite du coffre prescrite au « Bureau de la Marine », au moment de l'armement des goélettes, parfois deux cents en même temps.

C'est ce que raconte GAZEAU[1] en 1897 :

« Chaque patron arrive avec sa boîte à médicaments, mais il néglige de dire qu'il vient de l'emprunter à un collègue et que, dans quelques instants, il la passera à un troisième et ainsi de suite.

1. GAZEAU, op. cit.

Le fonctionnaire préposé à cette visite voit passer sous ses yeux, un nombre incalculable de fois, la même boîte car, sortant de chez le même pharmacien, elles ont toutes le même aspect, extérieur et intérieur ».

En métropole par contre, toutes les précautions étaient prises pour que le coffre visité, au moins trois jours avant le départ, à la Marine, par une commission composée d'un médecin, d'un pharmacien et d'un commissaire de la Marine, qui s'assurait de sa conformité aux règlements, soit ensuite mis sous scellés, que le capitaine ne pouvait lever qu'après l'appareillage, et la clé de « l'armoire à poisons » (médicaments toxiques) devait rester en permanence dans sa poche.

Aujourd'hui, les chalutiers modernes ont une infirmerie, où tout le matériel médico-pharmaceutique est entreposé dans des armoires fermant à clé, clés normalement détenues par le capitaine. Il existe en plus, dans un coin de la passerelle, un placard contenant des médicaments et du matériel de première urgence.

La composition de cette pharmacie a été revue récemment, et fixée par l'Arrêté du 27 décembre 1984.

Ainsi, les navires de pêche, plus de 24 heures à la mer, et à plus de 100 milles d'un port français, de 26 hommes et au-delà – et c'est le cas des chalutiers de Grande Pêche – doivent posséder deux Unités médicales n° 2 et une Unité n° 3.

Ces unités comprennent tous les médicaments d'usage courant (antibiotiques, antalgiques) mais aussi des médicaments d'urgence, du matériel à pansements, des désinfectants et désinsectisants, du matériel médical (aiguilles, seringues, gouttières d'immobilisation des membres...) et des boîtes de petite chirurgie.

Le capitaine, pour délivrer ces médicaments ou prodiguer ses soins, est toujours assisté du fidèle « Médecin de papier », appelé officiellement « Guide médical de bord pour les navires de la Marine Marchande sans médecin ».

Le guide a lui aussi, été revu récemment, il est présenté sous forme d'un classeur, il permet la correction ou la modification des feuillets, ce qui évite la réédition éventuelle d'un nouveau guide à chaque modification.

Il a été mis au point par les professeurs agrégés de l'École d'application du Service de Santé de la Marine et les spécialistes du Service de Santé des Armées, donc par des médecins conscients des problèmes, des risques, et des maladies les plus courantes spécifiques à la vie embarquée, ainsi que des conduites à tenir, pratiques et simples, qu'un homme, médecin ou non, placé devant un malade ou un blessé, dans une situation de total isolement, et souvent loin de toute structure médicalisée, peut être amené à prendre.

On trouve, en annexe, un guide de consultation médicale par radio, en français et en anglais, un lexique des principaux termes médicaux, également en deux langues, des grilles pour la localisation des symptômes suivant la région du corps.

Nos capitaines des voiliers morutiers portaient donc toute la responsabilité de l'état sanitaire de leur équipage, responsabilité d'autant plus lourde que, pendant de longs mois, ils étaient généralement isolés, leur instruction étant, le plus souvent, plutôt sommaire.

En 1896, GAZEAU établit la hiérarchie suivante :

« Nous rangeons les capitaines en trois catégories :

– les uns, en petit nombre, consciencieux et humains, faisant preuve d'intelligence et de bonne volonté, après avoir lu attentivement l'Instruction médicale, se sont efforcés de faire bénéficier les pêcheurs des moyens de traitement à leur disposition. On ne saurait trop les féliciter.

– d'autres, et c'est je le crains, la majorité, affectent un profond mépris pour l'homme qui cesse son travail. Pour eux, la maladie qui ne se voit pas n'est que de la paresse. Et, quand elle frappe les yeux (panaris, abcès, phlegmons, blessures, etc...) ils encouragent les hommes à travailler quand même parce que « ça se passera » ; que d'hommes perdent une phalange, faute d'un coup de bistouri donné à temps, que de phlegmons sont la conséquence d'une

excoriation non pansée convenablement, que d'infirmités pour la vie et de complications plus graves parfois !

Ceux-là n'admettent pas les malades.

– enfin, il en est un certain nombre qui n'ont pas confiance, qui n'osent pas se servir des médicaments qui leur sont délivrés ; les objets de pansement et l'eau phéniquée ont cependant trouvé grâce devant eux. C'est quelque chose déjà, étant donnée la nature des lésions qu'ils ont le plus souvent à traiter. Mais leur coffre, modèle d'arrimage, retourne en France tel qu'il en est parti... »

On en vint, il y a un siècle, à cette formation, sommaire mais indispensable, des capitaines investis d'aussi lourdes responsabilités.

En février 1896, le ministre de la Marine ordonna qu'un médecin aille donner des conférences aux pêcheurs dans les trois principaux ports d'armement pour Terre Neuve : Saint-Malo, Granville et Fécamp.

Ce n'était pas un luxe, car les médecins des stationnaires durent parfois attirer l'attention de capitaines trop zélés qui, au lieu par exemple, de diluer leur eau phénique dans les proportions indiquées, l'utilisaient pure, espérant un effet radical mais ils assistaient à la nécrose rapide du doigt concerné !

La Loi du 7 avril 1907 rendit obligatoire des cours d'hygiène et de soins médicaux dans les Écoles d'Hydrographie, mesure qui devint effective en 1910.

De son côté, la Société des Oeuvres de Mer avait entrepris de donner aux capitaines, pendant l'hiver, des conférences avec démonstration sur l'usage des coffres et les premiers soins aux malades blessés.

Les moyens modernes de transmission sont heureusement venus, dès avant la dernière guerre, rompre cette solitude des capitaines devant leur angoisse.

Certains voiliers furent équipés de la T.S.F. et ceux qui en étaient démunis faisaient relayer leur appel par un navire mieux loti.

Le P. Yvon a longuement raconté les tribulations de « Radio-Morue », poste émetteur qu'il avait pu installer en

1936, sur le **Saint-Yves**, et dont les émissions pouvaient en principe être reçues par les voiliers munis d'un poste à galène.

Cette émission, bien que fonctionnant à sens unique, permettait de transmettre à ces voiliers des messages des armateurs et des familles, le bulletin météo du cap Race, et, bien entendu des émissions religieuses : à tout Seigneur, tout honneur !

Mais les voiliers ne pouvaient pas l'appeler pour demander l'assistance.

Aujourd'hui, les capitaines suivent une formation médicale au cours de leur préparation au brevet de capitaine de pêche.

Cet enseignement, dispensé par les Médecins des Gens de Mer, comprend, bien sûr, le traitement des principales urgences que ce futur capitaine peut rencontrer à bord, mais aussi la séméiologie et le traitement des affections courantes, des notions d'hygiène et surtout de travaux pratiques : désinfection, confection d'un pansement, immobilisation provisoire d'une fracture, injections, etc...

En fait, c'est « sur le tas » que beaucoup de ces capitaines apprendront leur métier d'« infirmier spécialisé » et, après dix ou quinze ans de pratique, ils possèdent une solide connaissance dans ce domaine.

Par exemple, l'un de nous, ces dernières années, n'a eu que très peu de sutures à faire sur les Bancs, alors qu'il y a tant d'occasions, en opérations de pêche, de se couper. La plupart des sutures avaient été faites par les capitaines mais ceux-ci préfèrent quand même poser des agrafes, c'est plus rapide.

Pour une meilleure efficacité, et un bon résultat esthétique, ce fut à l'occasion de séjours prolongés du médecin à bord des chalutiers, que les officiers apprirent à se servir du fil et des pinces, sur des beefsteacks, « pour exercice » !

PRÉSENCE DE LA MARINE DE GUERRE

La Station Navale

Ce fut donc en 1763, au lendemain du triste Traité de Paris, qui nous vit perdre le Canada et la quasi-totalité de nos possessions nord-américaines, que fut décidée la création de cette Station Navale de Terre-Neuve, destinée à assurer la protection des marins en pêche sur les Bancs comme à terre au French Shore, et à faire respecter nos droits reconnus par les Traités et Conventions.

L'intervention de nos navires de guerre est rapportée par de LOTURE[1] :

« *Après les nombreux incidents qui marquèrent, en 1764, la reprise de la pêche au French Shore par les Français, reprise violemment contestée par les habitants de Terre-Neuve : chaloupes saisies au rivage et brûlées par ordre du commandant de la frégate anglaise* ***Terpsichore****... les armateurs de Saint-Malo, Granville, Bayonne et Saint-Jean-de-Luz sollicitèrent du gouvernement de Louis XV une intervention énergique.*

Il fut donné suite à leur requête. L'année suivante, la flotte des morutiers arriva à Terre-Neuve, sous l'escorte de deux frégates du Roi, qui se maintèrent en croisière à la côte du French Shore pendant toute la durée de la pêche.

---

1. de LOTURE, op. cit.

Ce fut l'origine de la Station Navale de Terre-Neuve, dont le fonctionnement ne devait jamais être interrompu par la suite, sauf en certaines périodes de guerre maritime. »

En 1784, ce furent, d'après LA MORANDIERE[1], deux frégates, la **Nymphe** et la **Belette**, sous le commandement de Monsieur de GRANDCHAIN qui formaient la Station Navale, et son commandant affirma, en fin de campagne, que :

« *la protection et la police de la pesche française à Terre-Neuve exigent absolument la présence de trois bâtiments de guerre, stationnés sur la côte, à savoir une frégate de la plus grande force, une autre frégate de 2° ou 3° rang, et une petite corvette.* »

Après une longue éclipse due aux soubresauts de la Révolution, puis aux guerres napoléoniennes, la Station Navale est enfin rétablie officiellement en 1817, et, le 5 mai, le Capitaine de Vaisseau COURSON DE LA VILLE HÉLIO prend le commandement de cette division, avec la frégate **Duchesse de Berry**, les brigs **L'Olivier** et **Le Railleur**, et la goélette **Le Goéland**, que commande l'Enseigne de Vaisseau DU PETIT-THOUARS, qui font voile de Lorient pour Terre-Neuve.

Et si cette Station Navale, devenue Station Navale de Terre-Neuve et d'Islande, s'étoffa rapidement pour comporter, à la fin de ce 19ème Siècle, des navires de guerre imposants, dont des croiseurs du type **Isly** – environ 4 500 tonnes, effectif de près de 400 hommes –, c'est qu'il fallait faire pièce par cette présence aux croiseurs de même importance de la Division Navale anglaise qui, de son côté, apportait aide et protection aux pêcheurs terre-neuviens, sujets de Sa Majesté britannique.

Le peuplement progressif et intensif de l'île par des colons anglais amenait ceux-ci, sédentaires et donc résidents permanents, à essayer de rétrécir par tous les moyens les zones de pêches du French Shore, fréquenté par nos

---

1. C. de LA MORANDIERE, op. cit.

pêcheurs, qui, eux, arrivaient à la fin de l'hiver pour s'y installer, et pliaient bagage à l'automne pour rentrer au pays.

Il fallait donc s'y imposer en force pour les protéger, et, de plus, il y avait lieu d'assurer sur place le contrôle du respect de toutes les prescriptions de sécurité, d'hygiène, d'assistance sanitaire qui conditionnaient l'attribution aux armateurs des primes destinées à encourager l'armement à la Grande Pêche, sans compter le règlement des litiges franco-français, franco-anglais, les enquêtes sur les accidents et événements de mer, les sanctions disciplinaires éventuelles.

Et l'action de l'autorité navale chargée de ces missions s'exerçait dans les deux domaines bien distincts dont nous avons parlé plus haut : la pêche à la morue séchée et la pêche à la morue verte.

De la Division Navale dépendaient également de petits navires, essentiellement des goélettes, composant la Station Navale de Saint-Pierre-et-Miquelon.

A partir de 1859, on voit apparaître le nom de « Station Navale des Antilles », laquelle Station détachait alors un ou plusieurs navires sur Terre-Neuve.

En 1884, la Station Navale de Terre-Neuve dépend de la Division Navale de l'Atlantique, que commande un contre-amiral, et en 1893, elle devient la pièce essentielle de la « Division Navale volante et d'instruction », mais reprend en 1896 le nom de Division Navale de Terre-Neuve.

A titre d'exemple, celle-ci était composée en 1900 du croiseur de 2ème classe **Isly**, du croiseur de 2ème classe **Troude**, et de l'aviso-transport **La Manche**, sans compter les goélettes de Saint Pierre.

En 1907 – alors que le French Shore avait cessé de vivre en 1904 –, la Division Navale est supprimée à la demande pressante de la Grande Bretagne. Entente cordiale oblige !

C'est alors un croiseur, le **D'Estrées**, qui est détaché de l'escadre de l'Atlantique pendant la campagne de pêche « pour assurer dans les mers voisines de Terre-Neuve la surveillance de la pêche et l'assistance et la protection des pêcheurs morutiers ».

Reformée à l'issue de la Grande Guerre, la Station est de nouveau scindée en deux Stations indépendantes, l'une de Terre-Neuve avec la **Ville D'Ys**, l'autre d'Islande avec l'aviso **Quentin Roosevelt**.

Pendant la Guerre 14-18, malgré la réquisition des chalutiers, la mobilisation des pêcheurs, les risques de la guerre sous-marine, la pêche avait continué à Terre-Neuve, tant bien que mal.

On avait installé à bord des voiliers une pièce d'artillerie légère ; on créa, en 1917 une « escadrille de Terre-Neuve » pour l'escorte des navires de pêche en convoi et leur protection sur les Bancs.

Elle était constituée de huit schooners armés en Amérique, navires de 2 200 tonnes, portant des pièces de 100 et de 75.

Bien entendu, au cours de ces longues décennies, il y eut toutes sortes de navires dans ces Stations Navales, depuis les premières « goélettes de l'État » à voile jusqu'aux corvettes à vapeur, aux frégates et avisos-transports à voile, puis mixtes, puis à vapeur seule, même à roues (l'**Estafette** en 1870), aux canonnières, pour en arriver aux majestueux croiseurs de la fin du 19ème Siècle, et enfin aux modestes avisos **Ville D'Ys** et **Antares**, et même à l'aviso colonial **D'Entrecasteaux** en 1939.

Après la dernière guerre, ce fut la corvette **Lobelia**, pour une courte campagne en 1946, mais surtout la frégate **L'Aventure** (1947-1961), l'aviso-escorteur **Commandant Bourdais** (1961-1972), Les B.S.L.[1] **Loire** ou **Rhone** (1972-1979), dont la relève fut prise et est toujours assurée par les R.H.M.[2] **Centaure**, **Malabar** et **Tenace**, après un bref intermède par l'aviso **Commandant Detroyat** en 1979.

1. B.S.L. Bâtiments de soutien logistique. Deux de ces navires, la **Loire** et le **Rhone**, furent chargés d'assurer, à tour de rôle, l'assistance à partir de 1973.
2. R.H.M. Remorqueurs de haute mer. Ils prirent la relève des B.S.L., et continuent...

On peut donc assurer qu'à travers les missions de nombre de ses navires, la Marine de guerre française a bien été présente à Terre-Neuve depuis des siècles, au service des marins de la Grande Pêche, et que des milliers de « marins de l'État » ont servi sur les Bancs.

L'Amiral Marcel DUVAL, qui commanda **L'Aventure** en 1955, a bien voulu nous confier le document qu'il avait rédigé à l'époque, à partir des archives de l'Inscription Maritime de Saint-Pierre, donnant, en particulier, la liste fort impressionnante de tous ces navires qui ont ainsi « servi » à Terre-Neuve depuis le 17e Siècle.

MARINE NATIONALE
Escorteur « **L'Aventure** »

Notes sur la Station Navale de TERRE-NEUVE
pour Monsieur le Capitaine de Frégate LABARERE

I. Documents consultés.

L'Inscription maritime à SAINT-PIERRE a communiqué à **L'Aventure** plusieurs liasses de documents. Les archives de SAINT-PIERRE sont, parait-il, en désordre et il est probable que les documents intéressant l'histoire de la Station Navale de TERRE-NEUVE se trouvent aussi bien dans les archives du Gouvernement que dans celles de l'Inscription Maritime.

Les documents communiqués se composaient de :
– lettres entre le Commandant de la Station Navale et le Gouverneur.
– Invitations.
– Notes de service à propos du courrier.
– Avis d'arrivée ou prévisions de mouvements communiqués par le Commandant de la Station Navale au Gouverneur.
– Copie de marchés et factures concernant des achats faits à SAINT-PIERRE par la Station Navale.
– Plusieurs rapports d'expertise demandés à des officiers de la Station Navale.
– Documents relatifs au fonctionnement du service de Commissariat de la Marine et du service de l'Inscription Maritime à SAINT-PIERRE.
– Nombreux documents relatifs à la Station locale de SAINT-PIERRE (composée de goélettes) et en particulier : rapports de visite des bâtiments, et feuilles de notes des officiers commandant les Goélettes.

Le nombre et l'intérêt de ces documents sont très variables avec les années. Bien des années ne sont représentées par aucun document. C'est d'ailleurs ce qui permet de supposer qu'il y a à SAINT-PIERRE encore beaucoup d'autres documents.

II. Nom de bâtiments ayant appartenu à la Station Navale de Terre-Neuve ou à la Station locale de Saint-Pierre

Cette litanie – plus d'une centaine de noms – est aussi longue que pittoresque.

Y figurent, en effet, des navires de types très divers, portant des noms connus... ou moins connus :

– croiseurs **Isly, Surcouf**.

– frégate **Pomone, Iphigénie**.

– corvettes à voiles : **La Brestoise, Philomène**, ou à vapeur : **Le Veloce**.

– avisos à hélice : **Adonis, La Mégère**, ou à roues : **L'Estafette**.

– bricks : **Le Cuirassier, Le Caméléon**.

– canonnières : **Le Crocodile**.

– avisos-transports : **La Caravane, La Manche**.

– goélettes : **La Fauvette, La Gentille, La Mouche**.

Le dernier en date étant, avant la Grande Guerre, le croiseur de 3° classe **D'Estrées**.

Certains de ces navires ont fait une longue carrière à Terre-Neuve : la frégate **Clorinde** de 1880 à 1887, le croiseur **La Clocheterie** de 1888 à 1898 par exemple, et la plupart des goélettes y ont « vécu » toute leur vie, basées de longues années à Saint-Pierre-et-Miquelon.

III. Faits notables.

La plupart des documents consultés ne traitent que des questions de service d'un intérêt très médiocre. La Division Navale ne rendait pas de compte à Saint-Pierre. On ne trouve donc souvent que des allusions à des événements survenus dans la Division Navale.

1826 – La première affaire intéresse d'ailleurs la Station locale. M. Borius, Commandant et Administrateur du Roi aux Îles Saint-Pierre-et-Miquelon refuse au Commandant de la goélette **La Brestoise** une augmentation de traitement de table à laquelle celui-ci prétend. Le commandant de la goélette déclare qu'il portera l'affaire devant le Commandant de la Station Navale.

1852 – Les malheurs du Brick **Le Pourvoyeur**, dont on ne sait s'il appartient à la Division Navale ou à la Station locale, font l'objet d'une correspondance abondante entre le colonel commandant les Iles SAINT-PIERRE-et-MIQUELON et le Commandant du **Pourvoyeur**, le Lieutenant de Vaisseau PRADIER. Cette correspondance est très curieuse.

Le Lieutenant de Vaisseau PRADIER s'y révèle comme un homme au tempérament bizarre, d'une nervosité maladive. Ses rapports sont adressés au Commandant de SAINT-PIERRE, qu'il ne parait pas connaître particulièrement, sous forme de lettres personnelles, écrites sur papier bleu, dans lesquelles il l'appelle « Mon bon Colonel ».

Le **Pourvoyeur** se rendait de SAINT-PIERRE à SYDNEY lorsque le fourrier du bord tombe tout à coup gravement malade (méningite ?) **Le Pourvoyeur** cherche à atteindre SYDNEY aussi vite que possible mais, pris dans la brume, manque de se mettre à la cote sous INGONISH. Il entre de nuit, sans pilote, à SYDNEY, tentative d'une audace exceptionnelle, déclare PRADIER. « Le fourrier meurt, il est enterré en grande pompe à SYDNEY devant un grand concours de peuple, avec des discours. »

Les missions

GAZEAU[1] avait fort bien résumé, en 1897, l'ensemble des missions :

« Tous les pêcheurs, sans exception, peuvent en outre trouver des secours à bord des bâtiments de guerre de la Station Navale qui croisent pendant toute la durée de la saison sur les côtes de Terre-Neuve, dont ils visitent tous les hâvres habités, et sur le banc.

La mission qui incombe au chef de Division est éminemment complexe.

Envisagée au point de vue spécial qui nous occupe[2], elle consiste à venir en aide aux pêcheurs ; à leur procurer, dans la

1. GAZEAU, op. cit.
2. L'assistance, y compris aux pêcheurs étrangers et aux « indigènes » de Terre-Neuve.

mesure du possible, ce qui peut leur manquer en cours de saison ; à recueillir même ceux d'entre eux dont l'état est jugé assez sérieux pour nécessiter des soins qu'ils ne sauraient trouver à leur bord, enfin à les transporter, au besoin à Saint Pierre pour les hospitaliser.

Par contre, le chef de Division a le droit de s'enquérir de l'état sanitaire, de s'assurer que toutes les prescriptions ministérielles sont strictement observées, que les navires et les établissements à terre sont convenablement tenus, que les vivres sont de bonne qualité et en quantité suffisante, qu'il existe des moyens d'isolement en cas de maladies épidermiques et contagieuses ; enfin que chaque bâtiment armé, chaque établissement à terre est bien pourvu du coffre à médicaments réglementaire et de la série prescrite, ainsi que de l'instruction médicale qui doit l'accompagner. »

Rôle et attributions des navires de guerre

Voici donc en route, à partir de 1763, ces navires de guerre de Sa Majesté, qui vont former la Station Navale de Terre-Neuve.

Quel était donc leur rôle, quelles étaient leurs attributions, qui étaient ces navires ?

Depuis ce 17ème siècle qui vit la création de cette Station Navale, leur mission première a suivi une évolution assez sensible :

– Pendant plus d'un siècle et demi, ce fut essentiellement, nous l'avons vu, un rôle d'escorte et de protection.

– Dans la seconde partie du 19ème siècle, et ce jusqu'à la dernière guerre mondiale, on peut parler de « surveillance » et d'« assistance ».

Et, depuis un demi-siècle, le maître-mot est devenu : « assistance ».

Bien entendu, il n'y avait là rien d'exclusif, et déjà en 1556, le **Saint Ciel**, premier navire de guerre armé par les Malouins pour défendre leurs morutiers, avait à son bord un chirurgien qui dispensait ses soins aux pêcheurs.

Et, au siècle suivant, le Gouverneur de Louisbourg, capitale de l'Isle Royale, détachait un garde-pêches pour la protection des pêcheurs autour de Terre-Neuve, sur lequel il embarquait le chirurgien-barbier des escadres royales, qui avait été mis à sa disposition.

Quant à la « surveillance », il dérive du mot lui-même une notion évidente d'assistance, assistance sanitaire en particulier qui, bien souvent, prit le pas sur la surveillance au sens strict du terme.

J. d'ORNANO[1] a parfaitement résumé la position du « stationnaire » de Terre-Neuve, telle qu'elle a été définie par le nombreux textes, vis à vis des bâtiments de pêche :

« Dans l'accomplissement de sa mission d'assistance et de surveillance, le Commandant du stationnaire risquerait d'être sans pouvoir si, par principe général, le bâtiment de guerre français n'avait une autorité particulière vis à vis des bâtiments de commerce français, si aussi une Réglementation Marine Marchande, plus spéciale, ne conférait elle-même au stationnaire une autorité étendue sur les bâtiments de Grande Pêche...

***L'autorité spéciale**. Un arrêté de la Marine Marchande, dont la dernière notification est de 1937, décide : ... « des inspections seront faites à bord des bâtiments de Grande Pêche, soit au mouillage, soit sur les lieux de pêche, par les officiers de marine délégués à cet effet par les commandants des stationnaires ou autres bâtiments de la Marine Nationale chargés de la surveillance de la pêche dans les eaux de Terre-Neuve ou du Groenland, dans les mers d'Islande ou dans la Manche et la mer du Nord...*

... Enfin, et ce n'est pas le moins important, l'assistance médicale est facilitée par des dispositions réglementaires. Seul médecin désigné par l'autorité maritime et présent sur les lieux, le médecin du stationnaire a, de ce fait en application du Code du Travail Maritime, pouvoir de faire débarquer un homme. Et qui peut le

---

1. J. d'ORNANO. Commissaire de la Marine. Le stationnaire de Terre Neuve et du Groenland. La Revue Maritime, Septembre 1950.

plus peut le moins : un texte déjà ancien lui confère aussi autorité pour établir des certificats d'origine de maladie ou de blessure, et le stationnaire, à cette fin, tient un registre des certifications. »

Et P. de ROTALIER[1], récemment, a mis l'accent sur l'intérêt militaire de cette assistance aux pêches, rappelant que les campagnes se passent généralement en mer de Barents, à la frontière des eaux d'Union Soviétique et de Norvège, à peu de distance de grands ports militaires, et que cette zone serait, en cas de tension internationale, une zone « chaude » pour toutes les Marines.

il ajoute :

« D'ores et déjà, la Marine Nationale et son Service de Santé doivent connaître la pathologie propre à ces climats rudes, à cette vie particulière, et mettre au point, dès le temps de paix, les moyens d'y faire face dans des conditions les plus proches possible de celles d'une crise éventuelle.
Le dragage des mines, le remorquage sont peu différents du chalutage, tant dans leur principe que dans les contraintes qu'ils imposent aux hommes. On pourrait comparer des patrouilles prolongées, sous ces durs climats, aux 135 jours de mer consécutifs prévus par les conventions collectives des syndicats de marins-pêcheurs. »

En réalité, l'« Instruction permanente » que reçoit chaque année, avant son départ en campagne, le commandant du stationnaire, et dont l'objet est bien dans l'ordre : « assistance et surveillance de pêches dans l'Atlantique Nord », définit depuis fort longtemps, et avec précision, les missions et responsabilités du stationnaire de Terre Neuve :

Mission principale. – Assistance aux pêcheurs français – et éventuellement étrangers – sous toutes ses formes : médicale, matérielle, juridique, courrier, informations

---

1. P. de ROTALIER, médecin de la Marine. L'assistance médicale à la Grande Pêche. Médecine et Armées, 1978. En collaboration avec J. COLIN et J. RODIER, Médecins principaux, Hôpital de Saint-Pierre-et-Miquelon.

d'ordre nautique, transport de personnels, de matériels, menus dépannages en combustibles, accès aux coopératives.

– Surveillance des pêches, visite et inspection des navires, contrôle de l'application des règlements professionnels et sanitaires, prévention des incidents entre pêcheurs français et étrangers, interventions éventuelles auprès des autorités des pays riverains, police des pêches dans la zone de Saint-Pierre-et-Miquelon.

Quant aux **missions secondaires**, elles sont de plusieurs types : renseignement, hydrographie, hydrologie, météorologie, représentation dans les ports étrangers.

La vie à bord des bâtiments de guerre.

Il est évident que les marins de l'État bénéficiaient à bord de conditions de vie autres que celles des pêcheurs : logements décents, alimentation suffisante et bien surveillée, escales relativement fréquentes, personnel en nombre suffisant pour la bonne marche du navire, même si les premières goélettes à voile de la Station Navale connaissaient des conditions de vie proches des navires-pêcheurs de Saint-Pierre-et-Miquelon.

Il n'en est pas moins vrai que de lourdes contraintes pesaient parfois sur ces navires qui, en plus de leur rôle essentiel de surveillance-assistance, restaient d'abord des navires de guerre, c'est-à-dire soumis à un entraînement permanent : exercices de tir, de postes de combat, entretien des pièces d'artillerie souvent nombreuses, et autres matériels de guerre, corvées régulières de charbon, changements brutaux de climat pour certains de ces navires : Antilles - Terre-Neuve, ou vice-versa en quelques jours.

En 1890, JAN [1] estimait cependant que les conditions de vie à bord du croiseur **Lapérouse**, croiseur à barbettes

1. JAN, Médecin de 1° classe de la Marine. La Division Navale de Terre-Neuve dans l'année 1890. Archives de Médecine navale, 1891.

construit en 1877, de la Division Navale dont il était le médecin-major, étaient satisfaisantes :

« Si l'on envisage les conditions particulières de la campagne de Terre-Neuve, au double point de vue de la navigation et du climat, peut-on dire qu'un croiseur tel que le **Lapérouse** *soit un type très apte à accomplir cette campagne ?*

Cette question a été longtemps discutée, quand, aux navires à batterie couverte où les hommes trouvaient un abri, suffisamment aéré, contre les intempéries, et dont le **Clorinde** *fut le dernier spécimen, succédèrent les croiseurs en bois ; et je n'ignore pas qu'à ce moment-là, des voix autorisées s'élevèrent en faveur de la construction d'un navire réalisant certains perfectionnements en rapport avec les besoins d'un séjour à Terre-Neuve.*

Mais l'État n'ayant pas donné suite à ce projet, et ne disposant pour cette campagne que de croiseurs en bois, un bâtiment tel que le **Lapérouse** *me semble être au point de vue qui nous occupe, dans des conditions hygiéniques très satisfaisantes.*

Les circonstances climatiques de Terre-Neuve sont au reste assez variables.

Après un hiver exceptionnellement rude, et qui eut pour conséquence le retard du printemps, elles passent pour avoir été, cette année, ce qu'elles sont normalement, et, en aucun jour de la campagne, les logements n'ont été défectueux en ce qui touche la température et l'aération.

L'équipage, disséminé dans le faux pont et sous la teugue, se trouve certainement à l'étroit dans ces postes de couchage. Mais la ventilation est largement assurée par des panneaux dans les endroits qu'il occupe. »

Il étudie ensuite les conditions de vie à bord de l'aviso-transport **Indre**, navire en bois construit en 1864, vétéran des Bancs, et les trouve convenables. Son médecin-major, le Médecin de 2ème classe MALESPRINE, en dit que « malgré son grand âge, il possède des fonds et des cales en parfait état de conservation, et présente, par suite, des conditions d'hygiène très satisfaisantes. »

L'hôpital était installé dans un espace de 5 mètres sur 2, situé dans le faux pont avant et qui contenait, en plus des armoires, étagères et coffres, quatre lits qu'il avait fallu fixer à la cloison, vu la faible surface du local.

Il est vrai qu'en plus, on installait à la demande, dans le faux pont, des chambres en toile destinées aux passagers et aux malades.

« *A la mer,* poursuit JAN, *une bordée, c'est-à-dire la moitié de l'effectif, (équipage et passagers) était constamment sur le pont, l'encombrement n'était donc pas à redouter par beau temps ; mais, pendant les jours de pluie ou de froid, on a dû réduire au strict minimum le nombre des hommes exposés à l'extérieur.* »

L'alimentation parait variée, et relativement équilibrée, elle comporte un solide contingent de choucroute – toujours la hantise du scorbut – et l'auteur note l'intérêt de débarquer, toutes les fois que cela est possible, les boeufs embarqués sur pied, pour les faire paître à terre « *et leur donner de l'exercice* ».

Relatant la campagne 1900 du croiseur **Isly**, la Revue « Armée et Marine » note que le croiseur a fait, comme tous les navire de la Division, de nombreux déplacements :

« *Dans ces cinquante traversées, il a parcouru 8 500 milles environ, dont la moitié dans les parages de Terre-Neuve et pour la surveillance de la pêche...*

Et quelles sont, dira-t-on, les distractions qui reposent les officiers de leur très pénible service, pendant la surveillance de la pêche et de la navigation, presque constamment dans la brume ?

Quelques jolies promenades à Birchy Cove, à Bonne Baie et à Sydney, la rencontre des navires et des camarades anglais, infortunés compagnons de leur détresse ; à Terre-Neuve, très peu de chasse, mais de magnifiques occasions de pêcher la truite pour ceux qui ne craignent pas d'être défigurés par les moustiques : on ne peut aller à la pêche sur le French Shore que la tête et les mains enfermées dans des étoffes de gaze noire, sans quoi l'on risque de rentrer à bord avec une figure ressemblant à une passoire et quelques heures plus tard à un potiron. »

Il est d'ailleurs curieux de noter que cette nuisance, les « maringouins », n'ait jamais été relevée chez les pêcheurs de ce French Shore. Il est vrai qu'avec la couche de crasse qui les cuirassait...

Sur l'aviso **La Manche** en 1902, il est noté par le médecin ;

« Le temps avait été si humide que les hommes n'avaient pas un vêtement sec, et que la moisissure poussait sur tous les effets à bord. Il y avait 17 malades sur l'équipage de 160 hommes ».

Le rapport du commandant du **Lavoisier** signale, le 15 septembre 1905, *« les changements brusques de température, la brume, la pluie, le surmenage de ces deux derniers mois ont beaucoup augmenté le nombre de nos malades. »*

Le Médecin de 1ère classe CASTAING, médecin-major du croiseur **D'Estrées**, relève que, pour la première partie de la campagne 1907, *« l'état sanitaire a été moins bon que depuis mon dernier rapport d'inspection générale... Le nombre de milles parcourus depuis notre départ de France est de 25 800, dont 18 125 entre septembre 1906 et juillet 1907 », le bâtiment ayant, entre temps, séjourné aux Antilles, et il note « une certaine fatigue de l'équipage, sans compter les atteintes de paludisme. »*

Certains de ces lourds croiseurs n'avaient pas une bonne cote :

En 1910, le croiseur **Surcouf** ne repartira pas sur les Bancs. Les machines sont à bout de bord, il offre peu d'abri et de repos pour l'équipage, et on lui reproche ses roulis désordonnés, même par mer presque calme !

Après la Guerre 14-18.

L'aviso **Ville D'Ys**, stationnaire entre les deux guerres, disposait apparemment d'installations de logement satisfaisantes pour l'époque, et de locaux hospitaliers bien adaptés à la mission du navire.

L'opération « charbonnage » sur ce navire n'était cependant pas une opération de tout repos pour l'équipage, le P. YVON[1] raconte l'un de ces ravitaillements en combustible à GODTHAVEN, au Groenland.

« C'est une rude corvée pour l'équipage. Le charbon y a été transporté par les soins du gouvernement danois, mais il a été déchargé sur un rocher que la ***Ville D'Ys*** *ne peut accoster a cause de l'insuffisance de profondeur du port.*

Les hommes doivent d'abord les charger dans des sacs, puis dans deux chalands qu'ils tirent en va-et-vient à l'aide d'une corde reliant en permanence le navire au rocher. C'est un moyen expéditif, et c'est le seul, pour mettre à bord quelques centaines de tonne de charbon.

L'approvisionnement en eau ne se fait pas avec moins de difficultés. Il se fait avec d'immenses outres qu'il faut aller remplir à un mille. Elles flottent dans l'eau et les vedettes les traînent près du navire, dont les pompes la font monter dans les charniers[2]. »

En 1937 et 1938, la **Ville D'Ys**, montée au Groenland pour accompagner chalutiers et voiliers dans ce long déplacement, fut relevée pendant son absence à Terre-Neuve, par l'aviso colonial **D'Entrecasteaux**, mission dont le Commandant ne semble avoir guère apprécié les charmes : « *quelques rencontres, souvent malaisées, avec des chalutiers et des voiliers dans une brume épaisse et persistante* ».

N'est pas « humeur de brume » qui veut !

La corvette **Lobelia** fit une brève campagne à la reprise de l'assistance en 1946, mais ce petit bâtiment ne disposait pas des installations suffisantes pour jouer le rôle de stationnaire.

L'Aventure prit la relève en 1947. Frégate de construction britannique, assemblée en quelques mois en 1943 pour renforcer, comme des dizaines d'autres, les dures

1. R.P. YVON, op. cit.
2. Charniers. Réservoirs d'eau à bord des navires.

escortes de convois dans l'Atlantique, c'était un navire robuste, très marin, supportant convenablement le mauvais temps. Son grand rayon d'action, la robustesse de ses machines le qualifiaient « pour le service de garde-pêche à Terre-Neuve », disait en 1948 son Commandant, le capitaine de Frégate SAUNOIS.

Sans être spartiates, les conditions de vie à bord étaient celles de ces escorteurs rustiques, construits rapidement pendant la guerre, préférant un solide armement et de bons engins de détection à un confort poussé : logements étroits pour l'état-major comme pour l'équipage, ponts très encombrés par l'armement, le tout demandant des travaux d'entretien permanents en raison des conditions hâtives de construction.

Coïncidence : les deux stationnaires totalisant les plus longues années de service sur les Bancs, 19 ans pour la **Ville D'Ys**, 14 ans pour **L'Aventure** étaient tous deux d'origine britannique, construits tous les deux comme escorteurs [1].

Mais l'arrivée de **L'Aventure** sur les Bancs en 1947 a marqué un tournant décisif avec son Radar, qui lui assurait une énorme sécurité personnelle par rapport aux précédents stationnaire, et renforçait considérablement l'efficacité de sa mission d'assistance, pour la recherche des morutiers dans la brume, par exemple.

Les locaux hospitaliers, très réduits à l'origine, avaient été rapidement améliorés, et le bateau disposait d'un hôpital de huit lits, suffisants pour sa mission.

L'alimentation à bord ne posait guère de problèmes, et les nombreuses escales à Saint-Pierre ou à Saint-Jean permettaient un ravitaillement facile, que venaient renforcer les morues-cadeaux et autres pâtés de flétan provenant des morutiers.

Le 1er novembre 1947, en cette fin de campagne, le rapport médical relevait cependant « *une certaine fatigue de*

1. **L'Aventure** était l'ex-HMS **Braid**, construit en Grande-Bretagne en 1942, comme la **Ville D'Ys** était l'ex-HMS **Andromède**, construit en 1917.

l'équipage, avec un amaigrissement moyen de un à deux kilos par homme, conséquence probable du service intensif que dut assurer la frégate pour sa première campagne à Terre-Neuve. »

En 1957, le Commandant relève, dans son rapport de fin de mission :

« *La campagne a été austère,* ***L'Aventure*** *a assisté sans interruption ; les seuls moments passés loin des chalutiers, en traversées ou en visites indispensables du matériel, n'ont pas permis au personnel de se détendre comme il pouvait le faire lors des escales de* ***L'Aventure*** *aux États Unis ou au Canada français, ou à l'occasion des séjours à Brest de* ***L'Ailette****, puisque nous la remplaçons partiellement.*

154 jours de mer sur 220 d'absence[1]...

Le **Commandant Bourdais** était, lui, un aviso-escorteur de construction française toute récente lorsqu'il prit la relève en 1962. D'un tonnage plus important, doué d'une bonne vitesse, il était muni des appareils de détection les plus perfectionnés.

Les conditions de vie à bord étaient nettement supérieures à celles de **L'Aventure**, du fait de la climatisation en particulier, et de locaux hospitaliers plus modernes.

L'un de ses commandants signalait cependant en 1957 :

« *Le* ***Bourdais*** *est un aviso-escorteur et non un navire brise-glace, ce qui a pu être contraire à sa mission, lorsqu'il y avait encore des glaces compactes sur les Bancs à la mi-avril.* »

Et, le 16 mai :

---

1. Il n'en reste pas moins que cette campagne de Terre-Neuve a toujours été, pour les officiers, comme pour le reste de l'équipage du navire de guerre, une remarquable école de formation à la mer.
Et l'Amiral M. DUVAL nous rappelait récemment qu'après sa campagne de 1955, il avait insisté auprès du Ministre pour que soient embarqués, chaque année, quatre à six jeunes officiers sortant de la **Jeanne D'Arc**, embarquement qui ne pouvait qu'apporter une précieuse contribution à leur formation au métier de marin.

« Appareillé de Saint Pierre pour Saint Jean, navigation difficile au milieu d'iceberg et de growlers[1]. »

Il faut croire que l'hiver avait été particulièrement rude cette année-là.

Les B.S.L. prirent en 1973 la relève du **Bourdais** jusqu'en 1980.

Ils présentaient apparemment de nombreux avantages pour cette particulière mission d'assistance aux pêcheurs : une vaste infirmerie avec 14 lits, un petit bloc chirurgical, un cabinet dentaire bien agencé, des magasins spacieux, permettant le stockage de matériels de dépannage pour les chalutiers, et des engins de manutention lourds.

Et le « nec plus ultra » : un hélicoptère.

C'était évidemment la solution idéale pour l'assistance, en particulier médicale, « à domicile ». Malheureusement, les conditions météo : mer mauvaise, vent violent, brume épaisse étaient un obstacle fréquent à la mise en oeuvre de l'engin.

De plus, les B.S.L. avaient une vitesse relativement lente, 15 Noeuds maximum, ils requéraient un personnel nombreux, 135 hommes, et, par mesure d'économie, la population maritime française s'amenuisant par ailleurs sur les Bancs chaque année, la Marine nationale destina aux Bancs des navires plus modestes.

Et, depuis 1980 essentiellement, c'est l'ère des R.H.M.

Les Remorqueurs de Haute Mer, **Centaure**, **Malabar** ou **Tenace** effectuent donc maintenant, à tour de rôle, les missions d'assistance à la Grande Pêche.

D'un tonnage de 1 045 Tonnes, longs de 51 m., ils ont une vitesse de 15 Noeuds avec un effectif de 42 hommes. Bâtiments très marins, ils sont d'un coût d'utilisation modéré.

Leur infirmerie ne comporte que quatre lits, ce qui est suffisant pour les évacuations sanitaires, les chalutiers pêchant de plus en plus près de Saint-Pierre.

---

1. « Growlers ». Glaces flottant en surface, et qui, en se heurtant du fait de la houle, produisent une sorte de grognement (de l'anglais growl : gronder, murmurer).

Nous sommes évidemment loin des croiseurs de 4 000 Tonnes du début du siècle.

En fait, les R.H.M. paraissent bien adaptés aux conditions d'assistance actuelles : leur coque renforcée (classification Glace II) leur permet d'accompagner les chalutiers dans les glaces ; ils ont une autonomie importante en vivres, et leur réserve de gazole leur autorise plus d'un tour du monde sans ravitailler.

Enfin, atout précieux, ils ont une grande aptitude à tracter, et l'ont démontré au bénéfice de chalutiers ces dernières années.

Ils présentent cependant un double handicap : leur faible vitesse, 15 N. au maximum, et ce sont des navires qui roulent beaucoup, ce qui ne rend pas toujours facile le travail du médecin ou du dentiste, surtout lors des petites interventions chirurgicales.

Les difficultés de l'assistance.

Bien entendu, au cours de ces deux derniers siècles, les risques encourus par les navires de guerre ont été à la mesure des mers fréquentées et des missions qui leur étaient confiées.

Risques de navigation en premier lieu, au cours de la traversée de l'Atlantique d'abord, à l'arrivée sur les Bancs ensuite, au cours des nombreux mouvements sur les lieux de pêche, ou sur Saint-Pierre, ou sur Saint-Jean et l'île de Terre-Neuve, surtout à la grande époque du French Shore.

Les Éphémérides[1] ne manquent pas de relations tragiques de ces événements de mer ; en voici quelques extraits :

– Le 31 août 1818. Coup de vent d'Est d'extrême violence. Alors qu'ils allaient être jetés à la côte et démantelés, la frégate **Duchesse de Berry** et le Brick de guerre **Huron**, mouillés en rade de Saint-Pierre, sont obligés

1. Éphémérides, op. cit.

de couper, l'un son mât d'artimon, l'autre ses deux mâts, pour être sauvés in extremis.

– Le 6 octobre 1841. Le brick de guerre **Vedette** se perd corps et biens, par grand coup de vent de Sud-Ouest sur les rochers Les Veaux Marins, près de Miquelon.

– Le 11 novembre 1850, la goélette d'État **La Fauvette** sauve l'équipage de la goélette **Caledonia**, jetée à la côte à Saint-Pierre, et récidive le 30 avril 1855, en sauvant l'équipage de la goélette **Courrier de la Rance**, également jetée à la côte.

– Le 22 septembre 1866, violent coup de vent d'équinoxe, le transport d'État **Abondance** est jeté à la côte à Saint-Pierre, mais l'équipage est sauvé, à part trois hommes. C'est un chien de Terre-Neuve, en portant à terre une amarre enroulée autour du cou, qui, le premier, a contribué au sauvetage de l'équipage.

– Le 31 mars 1917, le patrouilleur **Atlas**, commandé par le Lieutenant de Vaisseau MAHEAS, est abordé par un vapeur espagnol, coupé en deux, et disparaît avec son commandant, resté le dernier à bord.

Pour tous, c'est le pain souvent quotidien : une mer peu aimable, des coups de vent, des tempêtes et des adversaires redoutés : la brume, les glaces.

Dans son compte-rendu d'enquête sur l'abordage de deux chalutiers français dont l'un disparut rapidement avec plusieurs marins, le 23 mai 1951, dans une brume épaisse, le commandant de **L'Aventure** résume bien ce problème de la navigation à Terre-Neuve :

« La navigation par temps de brume est un événement que l'on subit rarement sur les côtes de France. Cela dure en général peu de temps. Tout les monde est sur le qui-vive. Les panneaux sont fermés, on veille, dans un état de tension nerveuse qui permet de percevoir le moindre bruit, l'ombre la plus légère.

A Terre-Neuve, la brume est la normale. Elle sévit des jours, quand ce ne sont pas des semaines, durant.

On s'y accoutume, on vit avec elle. Les précautions réglementaires sont prises, un homme au bossoir, sifflet ; mais on continue la pêche. On ne saurait faire autrement, car le nombre de jours de brume est tel que si l'on devait se limiter aux jours clairs, l'opération ne serait plus rentable...

Il faut avoir vécu sur les Bancs pour considérer la brume comme un événement normal. Il ne faut pas juger d'après des règles établies pour des pays où elle est l'exception. »

La mer mauvaise... le vent... la brume... les glaces...

Le Capitaine de Frégate TESTARD, commandant le croiseur **Rigault de Genouilly**, rapporte, le 5 août 1894 :

« Le 21 juillet, au commencement de la nuit, la brume devenant plus dense et blanche, et ne nous permettant presque plus de distinguer les lueurs des glaces qui se confondaient avec elle, je donnais l'ordre de diminuer progressivement la machine de 62 jusqu'à 45 et 40 tours, allure qui correspondait à une vitesse moyenne de 5, 5 à 6 Noeuds.

J'avais d'ailleurs ordonné toutes les précautions d'usage en pareil cas : la machine était aux postes de manoeuvre, l'officier de quart d'un côté de la passerelle, l'aspirant de l'autre bord ; enfin, j'avais fait renforcer le service ordinaire de surveillance aux bossoirs par un maître chargé.

Malgré tout, vers 9 heures 25 du soir, avant que personne n'ait pu la distinguer, alors que nous étions littéralement dessus, nous sommes venus frôler une énorme glace qui a défilé le long du bord, à tribord, alors que l'officier de quart faisait stopper... »

Cinq ans plus tard, le 29 juillet 1899, l'aviso **La Manche** ne se contente pas de « frôler » la glace.

Par brume épaisse, il l'aborde, subit une voie d'eau inquiétante et le bâtiment est heureusement sauvé par la mise en place d'un « paillet Makaroff »[1] ce qui lui permet de

1. Paillet Makaroff. Sorte de grand matelas, gréé à chaque angle de plusieurs brins de cordages, et que l'on fait glisser, par l'extérieur, le long de la coque du navire, afin de le mettre en place sur la brèche, l'eau faisant pression sur ce matelas, qui colle étroitement à la coque, une fois les brins raidis. Un pansement occlusif en somme, qui permet au navire avarié de rallier, à petite vitesse, le port le plus proche pour réparation définitive.

gagner Saint-Jean, où il devra rester immobilisé deux semaines pour réparations.

Plus près de nous, en 1923, l'aviso **Regulus**, « clavé » dans la banquise, avec son hélice engagée par les glaces, ne dut son salut qu'à ses voiles de cape.

Le Capitaine de Frégate BELLOC, qui commanda la **Ville D'Ys** en 1928-1929, raconte une journée de la traversée entre Terre-Neuve et l'Islande :

« Le navire est à la cape dans la tempête depuis deux jours. Vendredi 26 avril. Un deuxième hublot est cassé cette nuit à tribord avant ; ce matin, la baleinière babord a été emportée, bientôt suivie de celle de tribord. Le youyou sur le pont a commencé à se balader et le canot à moteur sur le pont arrière. A quatre heures au jour, je vois de mon hublot une mer courte d'une douzaine de mètres de creux, des lames qui s'avancent lentement, majestueusement, comme si elles voulaient vous avaler. Le bateau les attend jusqu'à la dernière seconde, puis monte dessus, sans secousse, généralement du moins. Mais, quand il y a secousse, elle est solide, à croire que tout va casser.

Enfin, le temps ayant un peu molli à 17 heures, et un vague point par méridienne et relèvement radio de Wick me plaçant suffisamment Nord pour que je puisse capeyer par vent arrière, je tourne le dos au vent, ce qui a pour effet de calmer le bateau, instantanément.

Instantanément aussi, le condenseur en profite pour faire des siennes : deux tubes crevés. J'attendais cela depuis hier. Tant pis, impossible de stopper, on marchera à l'eau salée. Seulement, après cela, il faudra laver les chaudières, et en voilà pour quinze jours. »

Et la page de cette journée se termine par une note désabusée :

« *Les pêcheurs attendront. Mais je ne sais pas pourquoi on m'a envoyé ici dans ces conditions* ».

Le 15 août suivant, dans ce même journal, on relève encore :

« La brume, toujours la brume... Quant aux visites de voiliers, elles ne marchent pas, on n'y voit rien... Par instants, une légère

éclaircie, on se précipite sur un bateau entr'aperçu... On le rate pour être passé à 1 000 mètres, et on tombe sur un autre. »

Comme on peut le penser, tous les rapports de mission des stationnaires, depuis de longues décennies, contiennent des pages et des pages décrivant ces journées épuisantes de gros temps, de mer déchaînée, de brumes mortelles, car si les navires ont fait bien des progrès au cours des siècles, l'Atlantique Nord, lui, n'a pas changé de chemise.

Le Capitaine de Vaisseau LECOINTRE, raconte [1] son expérience de commandant de l'aviso **Commandant Détroyat**, chargé de l'assistance par intérim en février-avril 1979.

Au cours de cette mission, il a été confronté, dit-il, aux diverses conditions qui sont présentées dans les quatre exemples suivants :

– fort givrage par mauvais temps,
– franchissement d'un pack serré,
– traversée d'une barrière de vieille glace,
– navigation derrière un brise-glace.

Et il poursuit :

« Le 17 février, le ***Détroyat*** *rallie le chalutier* ***Névé****, les conditions météo (vent WNW force 7, mer 5), interdisent de mettre le zodiac à l'eau et les deux bâtiments font route vers Saint-Pierre.*

Dans la soirée, le vent force (W force 10) et la mer se creuse (force 6) ; le ***Détroyat*** *mouille beaucoup et la vitesse est réduite à 8 noeuds pour limiter l'embarquement d'eau qui gèle rapidement. A minuit, l'officier de quart signale un givrage très intense, les conditions météo sont alors : vent W, force 10, mer force 6, température de l'air – 18° C, température de l'eau – 1,5° C ; l'avant s'alourdit rapidement de glace. Compte tenu de notre réserve de stabilité, je décide de faire route au Nord pour chercher l'abri de Saint-Pierre...*

Deux heures de travail permettront de dégager les apparaux de manoeuvre (gelés) pour accoster à Saint-Pierre. L'équipage

1. « MARINE ». Revue périodique de l'ACORAM (Association centrale des officiers de réserve de l'Armée de mer). 1966.

Frégate (puis croiseur ?) La Clorinde. *Construite à Cherbourg. 1845-1914. Déplacement 1 853 t. Longueur 51 m. Largeur 13 m. Voile et vapeur. 1 machine 563 cv. Vitesse 8,8 nœuds. Armement : 12 pièces de 160 m/m, 4 pièces de 140 m/m. (Cliché Musée de la Marine).*
(A noter que plusieurs de ces bâtiments ayant servi à Terre-Neuve ont subi, au cours d'une carrière parfois très longue — 70 ans pour cette frégate — des changements d'appellation, ou des modifications souvent importantes de leur armement).

Croiseur La Clocheterie. *Construit à Cherbourg. 1872-1901.*
D. 1 916 t. L : 78 m 60. l : 10 m. 90 - Voile et vapeur.
1 machine 450 cv. V. 13 N. Armement 10 pièces de 140.

Canonnière le Crocodile. *Construit à Cherbourg. 1874-1922.*
D. 460 t. L : 43 m 20. l : 7 m. 30. Voile et vapeur.
Armement : 1 pièce de 190.

(Clichés Musée de la Marine).

Aviso-transport Le Drac. *Construit à Toulon. 1878-1894.*
D. 1 597 t. L : 64 m. l : 10 m. 50
Voile et vapeur. 1 machine 632 cv. V. 10 N.
Armement 5 pièces de 140. (Cliché Musée de la Marine).

H.M.S. Pelican, *sloop (Aviso) à hélices de la Royal Navy. Construit à Devonport, 1877-1901. D. 1 130 t. L : 59 m. l : 11 m.*
Voile et vapeur. 1 machine 1 056 H.P.. V. 12 N 24.
Armement : 2 canons de 6 pouces et 6 de 5 pouces. Effectif : 140 à 150 hommes. (Cliché British Museum).

Aviso-transport la Manche. *Construit à Cherbourg. 1890-1922.*
D. 1 625 t. L : 64 m. l : 10 m. Voile et vapeur.
1 machine 175 cv. V. 10 N 7. Armement : 6 pièces de 140, 2 de 90.

Croiseur, (puis aviso), le Surcouf. *Construit à Cherbourg. 1888-1921.*
D. 1 850 t. L : 95 m. l : 9 m. Voile et vapeur.
2 machines 6 000 cv. V. 20 N.
Armement 4 pièces de 138, 9 de 47, plus torpilles.

(Clichés Musée de la Marine).

Croiseur de 2e classe Isly. *Construit à Brest. 1891-1914.*
D. 4 300 t. L : 108 m. l : 13 m. 30
Voile et vapeur. 2 machines 8 200 cv. V. 19 N.
(L'effectif des croiseurs allait de 200 à 400 hommes suivant leur tonnage).

Croiseur (puis aviso) D'Estrees. *Construit à Rochefort. 1897-1924.*
D. 2 450 t. L : 95 m. l : 12 m.
Voile et vapeur. 3 machines, 8 500 cv. V. 20,5 N.
Armement 2 pièces de 138, 4 de 100, 8 de 47.

(Clichés Musée de la Marine).

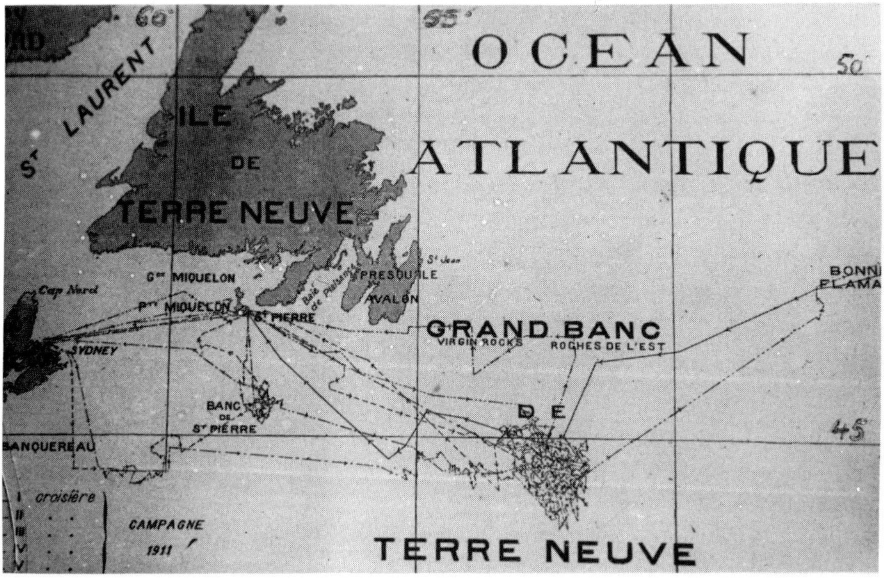

Les bancs de Terre-Neuve avec les routes du navire-hôpital en 1911.

(Cliché Œuvres de Mer).

Le Saint-François d'Assise *et son iceberg.*

Le navire-hôpital Saint-François d'Assise.

(Clichés Œuvres de Mer).

LE LITTORAL
(Seine-Inférieure)
L. J.

75. FECAMP – Un navire Terre-Neuvier

Les doris quittent le trois-mâts pour aller tendre leurs lignes.

Départ d'un doris qui va tendre ses lignes.

(Clichés Œuvres de Mer).

Le trois-mâts Cancalais *en route.*

Par beau temps, les doris amarrés sur la sabaille à l'arrière du trois-mâts.

(Clichés Œuvres de Mer).

Le Docteur Lucas, Médecin de 2e classe de la Marine, détaché à bord du Saint François d'Assise.

La provision de capelan avant de repartir en pêche.

(Clichés Œuvres de Mer).

A bord du navire-hôpital, on sonde.

A bord d'un trois-mâts banqué, visite de l'aumônier du navire-hôpital.

(Clichés Œuvres de Mer).

Un blessé grave est amené à bord.

(Cliché Œuvres de Mer).

Le navire-hôpital Notre Dame de la Mer.

Le navire-hôpital Sainte Jeanne d'Arc.

(Clichés Œuvres de Mer).

Deux midships de la Ville d'Ys *s'entraînent à l'aviron dans le Barachois à St-Pierre.*

(Cliché Œuvres de Mer).

Le quatre-mâts Zazpiakbat, *dans les années 1930. (Cliché La Palette Bretonne, St Malo).*

Doris regagnant leur bord, par mer calme, heureusement, après la relève de leurs lignes. (Cliché Bibliothèque municipale, Saint-Malo).

Goélettes à Saint-Pierre-et-Miquelon au début du siècle

(Cliché J. Le Huenen, St-Pierre-et-Miquelon).

L'une des nombreuses épaves qui meublent les côtes de Saint-Pierre-et-Miquelon.

(Cliché Briand, St-Pierre).

L'aviso Ville d'Ys *sur rade à Saint Pierre.*

(Cliché Briand, St-Pierre).

Saint-Pierre ; quelques doris au sec.

La pêche au capelan, sur la côte de Saint-Pierre, 2e lune de juin.

(Clichés Briand, St-Pierre).

1947. L'Aventure *arrive pour la première fois à Saint-Pierre-et-Miquelon.*

(Cliché Briand, St-Pierre).

L'Aventure *mouillée sur le Platier, près de l'un des derniers trois-mâts de St-Malo le* Capitaine Louis Richard, *(ou le* Lieutenant René Guillon*).*

1947. L'Aventure *approche du* Clairvoyant *par beau temps.*

(Clichés A[t] Jacquinot de Presle).

Un doris du René Guillon *regagne son bord après une visite à la coopérative de* L'Aventure.

(Cliché A' Jacquinot de Presle).

1947. Le médecin-major de L'Aventure *rentre à bord de son doris après une pêche au capelan sur les rivages de Terre-Neuve, à Corner Brook.*

(Clichés auteurs).

1947. Québec. Hommage à Jeanne d'Arc.

(Cliché auteurs).

1949. Approche d'un chalutier.

Un voilier portugais sur les bancs

(Clichés Dr Mayolle).

L'Aventure *sur les Bancs. vue d'un chalutier. (Cliché Dr Mayolle).*

L'Aventure *et son iceberg (peut-être le même que celui du* Saint-François d'Assise *un demi-siècle plus tôt !). (Cliché Al M. Duval).*

Un coup de chalut

(Cliché Dr Mayolle).

Le travail du poisson dans les parcs, sur le pont en plein air.

(Cliché Dr Mayolle)

A bord du René Guillon, *on met les doris à l'eau. (Clichés Dr Mayolle).*

Le doris d'un chalutier vient au ravitaillement à bord de L'Aventure. *(Cliché Marine nationale).*

La fin de la campagne approche. (Clichés Dr Mayolle).

Juin 1949. Mise à l'eau de barriques de vin destinées à ravitailler un chalutier en panne sèche. (Cliché Dr. Mayolle).

L'Aventure *par gros temps. Vue de la passerelle. (Cliché A[t] Duval).*

1959. L'Aventure *est sur les bancs, en vue de la banquise.*

Le ramendage du chalut sur un chalutier classique.

(Clichés A[t] M. Duval).

1959. L'Aventure *à Bergen avec son petit frère* L'Agile

(Cliché C.V. Pillet)

Aviso-escorteur Commandant Bourdais. *Construit à Lorient en 1959. D. 1 750 t. L. 103 m. l. 11,50 m. 4 moteurs diesel. 16 000 cv. V. 25 N. Armement 2 tourelles automatiques de 100, 2 canons de 40, missiles Exocet, torpilles ASM, radars, etc... Equipage 152 hommes. Filleul de la Ville de Saint Servan (Saint-Malo). Après 30 ans de bons et loyaux services sous toutes les latitudes et tous les climats, a été vendu à une marine étrangère.*

Mars 1962. Le Commandant Bourdais *vient de « banquer ». Ses canons vont-ils tirer des salves de bombes glacées ? (Cliché C.C. Jego).*

Campagne 1984. Le Tenace *près de la banquise.*

Le zodiac du Tenace *en route vers l'*Islande.

(Clichés auteurs)

Retour du zodiac à bord après une visite « polaire » d'assistance.

(Cliché auteurs)

Le R.H.M. Centaure *sur les bancs*

La plage avant du Centaure *sous la glace.*

(Clichés auteurs).

« L'Œil de Moscou », un garde-côtes canadien avec son hélicoptère en conteneur.

Le garde-pêches canadien Chebucto *dans la banquise.*

(Clichés auteurs).

L'étrave du Dauphin *après passage dans les glaces (Cliché auteurs).*

La plage arrière du Capitaine Pleven *par mauvais temps.*

(Cliché auteurs)

Le saleur en action sur un chalutier.

(Clichés auteurs).

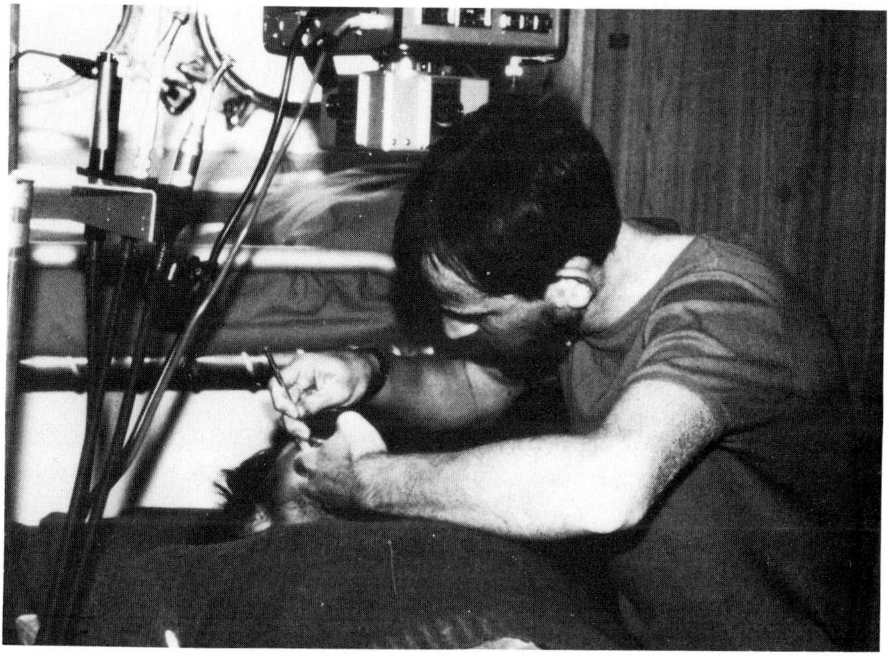

Le chirurgien-dentiste en plein travail sur le Tenace.

(Cliché auteur).

Chalutier dans la tempête vu du Tenace. *1985. (Cliché auteurs).*

travaille une journée complète avec des barres à mine, des pics et même les haches de la sécurité pour dégager le bâtiment. »

Plus loin, alors que le bâtiment longe le pack :

« Le bâtiment peine, les structures émettent des craquements inquiétants. Pour éviter de rester prisonnier, je maintiens une vitesse de 3 noeuds, alors que les moteurs tournent pour 9 ; les mécaniciens sont poste de combat pour tenter de maintenir ouvertes les aspirations d'eau de mer de réfrigération ; pendant 10 minutes, toutes les aspirations seront givrées... »

On pourrait penser qu'une fois arrivé au port, le bâtiment va enfin pouvoir « mettre bas les feux » et prendre un repos bien mérité.

Il n'en est pas toujours ainsi.

Le commandant de **L'Aventure**, Capitaine de Frégate DUVAL, rend compte à Paris, le 3 mai 1955, que le port de Saint-Jean de Terre-Neuve est bloqué par un growler de grande taille, et il a fait route sur Saint-Pierre le 30 avril :

*« Arrivée au milieu d'une tempête de neige, **L'Aventure** fut d'abord mouillée sur rade et ce n'est que dans la soirée qu'elle put, à la suite de l'intervention du Gouverneur, obtenir le poste à quai du Frigorifique, pour la seule journée du dimanche. Un mouillage prolongé sur rade s'avérant trop précaire étant donné les conditions météo, et par ailleurs trop coûteux en combustible, je décidai d'appareiller le lundi 2 mai pour Argentia. »*

Un extrait du rapport météorologique du **Commandant Bourdais** pour 1964 nous donne un aperçu des conditions qui attendent souvent le stationnaire à Saint Pierre :

« Le 31 mars, en rade de Saint-Pierre-et-Miquelon, à partir de 20.00 TU : début d'un fort coup de vent, 40-50 noeuds, du secteur 210°. Vers 20 H 30, pointes dépassant 70 noeuds. A 21.30 TU, rafales de 100/110 noeuds, (même secteur). Mer se creusant rapidement et formant d'épaisses traînées d'écume dans le lit du vent. A partir de 22.00 TU, diminution sensible de la vitesse du vent...

*Remarque : sur 6 bâtiments sur rade, 3 ont chassé, dont le **Commandant Bourdais**. »*

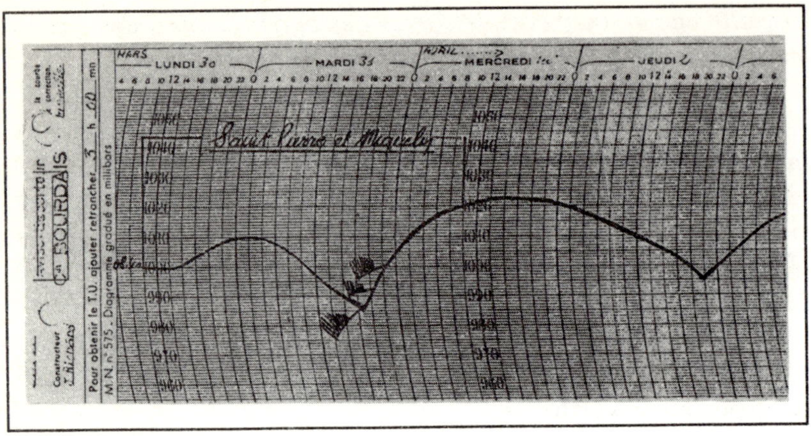

Sur zone.

Une fois sur les Bancs, il y avait évidemment de nombreux mouvements d'embarcations entre le stationnaire et ses clients, les morutiers, ceux-ci venant à bord pour amener les malades, prendre courrier et ravitaillement, acheter du tabac, et le stationnaire envoyant une embarcation sur les voiliers ou chalutiers pour visite, soins sur place aux malades et blessés, réparation de matériels, etc...

La mer y est rarement d'un calme plat, et il y eut des accidents : chavirement de l'embarcation, submersion avec risque de mort rapide dans une eau quasiment glacée, et bien heureux sont les marins d'aujourd'hui disposant d'embarcations sûres, avec un bon moteur, et même de combinaisons de survie.

Ce n'était pas le cas il y a moins d'un siècle, et le Capitaine de Frégate AUBERT, commandant l'aviso **La Manche**, en témoigne le 23 mai 1898 ;

« Le 11 mai, en amenant la baleinière avec grosse houle, le système LEVEEL a imparfaitement fonctionné ; le palan arrière ne s'est pas décroché et l'embarcation retenue par une seule extrémité a été remplie. Les deux officiers, Enseigne de Vaisseau et Médecin, et les six baleiniers restés suspendus par les tire-veilles frappaient contre la muraille à chaque coup de roulis.

L'Enseigne eut seul la force de remonter à bord par les tire-veilles frappant contre la muraille à chaque coup de roulis.

Le Médecin, à bout de forces, quitta le tire-veilles, et gagna la baleinière à la nage. Deux hommes furent rehissés à bord par des chaises, et je pus décider les quatre autres baleiniers, qui avaient leur ceinture de sauvetage, à gagner la baleinière à la nage.

Tout le monde a donc été sauvé.[1] »

En 1909, le Capitaine de Frégate DURAND note, dans son rapport de campagne de fin de campagne sur l'**Isly** :

« Les visites sur les Bancs ont toujours été faites sur les Bancs par le Médecin major, le Docteur FAUCHERAUD, et l'Enseigne de Vaisseau BONGRAIN, que j'avais chargé exclusivement de ce service.

Ces deux officiers se sont acquittés avec beaucoup de zèle de ce service souvent très pénible, principalement avec la mer généralement dure des Bancs qui, secouant les bateaux, rend l'accostage et l'embarquement des plus difficiles, ainsi que la visite sur des échelles raides et des ponts rendus visqueux par les déchets de poissons. »

L'un de nous a connu, en 1947, au cours des nombreuses visites effectuées à la mer sur les morutiers en pêche, quelques péripéties, dont l'une lui a laissé un certain souvenir :

« Le cordier ***Foudroyant****, mouillé sur le Platier, l'équipage en « marée de cabane » en raison du mauvais temps, appelle par radio* ***L'Aventure****, elle-même plus ou moins à la cape, du fait de l'état de la mer, pour un blessé grave.*

Arrivée en vue du morutier, la frégate ne parvient pas à mettre une embarcation à l'eau et lui demande d'envoyer un doris pour prendre le médecin.

Le ***Foudroyant*** *réussit à mettre à l'eau un doris, armé par deux solides Cancalais, je m'y affale lorsqu'il est près de nous, en profitant du coup de roulis favorable.*

---

1. La température de l'eau, auteur de 0°, ne permet guère qu'une survie de quelques minutes.

Mais, arrivé le long du cordier, qui faisait des sauts de cabri au bout de sa longue chaîne, il me fut impossible d'y grimper.

Et, le plus naturellement du monde, un treuil vint nous cueillir par les « croupières » [1] *sur la crête d'une lame, les deux dorissiers capelant en même temps, à la même seconde, l'avant et l'arrière du doris qui nous déposa directement sur le pont.*

Il y avait effectivement un blessé grave, intransportable en raison de l'état de la mer, qu'il me fallut appareiller sur place, avec les moyens du bord, en attendant des jours meilleurs pour l'évacuer.

Et ce fut le même scénario, à l'envers, pour le retour à bord de ***L'Aventure****, départ du pont du* ***Foudroyant*** *en doris, retour à bord, où de solides bras me cueillirent au sommet d'une lame. Retour fort apprécié, sinon sur le plancher des vaches, du moins sur le pont de mon bateau ! »*

Le Commandant BLANCHARD[2] a noté la réflexion de l'officier des Pêches, qui rentrait sur **L'Aventure** avec le médecin d'une « virée » un peu mouvementée en doris sur un chalutier :

« On se sent un petit peu seul, par moments. »

Bien avant nous le Docteur FAUCHERAUD, de l'**Isly**, écrivait en 1909, dans son rapport de mission ;

« Les visites furent continuées, tant en rades de Saint Pierre et de Sydney (Cap Breton) que sur les Bancs, en pleine pêche : à toute heure du jour, chaque fois qu'un bâtiment était rencontré et que l'état de la mer permettait de mettre une embarcation à l'eau.

Ainsi comprises, les fonction de médecin-major de la Station Navale de Terre-Neuve sont pénibles.

La gymnastique obligatoire pour les embarquements mouvementés dans les baleinières, les escales ou descentes à l'aide d'oscillantes échelles de corde sur les flancs du stationnaire ou des bâtiments visités, agités les uns et les autres par un ample

---

1. Croupières. (ou Erses). Boucles de cordage fixées à l'avant et à l'arrière du doris, et permettant de le saisir par le remonter à bord de son voilier.
2. C.F. BLANCHARD, op. cit.

et dur roulis nécessitent un apprentissage de gabier, qui ne va pas sans heurts, et pour lesquels il faut avoir quelque agilité et de bons muscles.

Faute de quoi, il serait préférable de renoncer. »

Le Contre-Amiral SAUTOT, qui commanda le **Commandant Bourdais** en 1967 sur les Bancs, a bien voulu nous livrer quelques pages de son journal personnel pour cette époque, il note :

« Le 13 octobre. Ravitaillé 7 chalutiers. Roulis très désagréable. Ravitaillé 2 puis 1 chalutier et enfin groupe de 6 par très forte mer (4 à 5 mètres de creux) et vent de 20 noeuds. C'est le ravitaillement le plus risqué jusqu'ici. Aucun chalutier n'a voulu mettre son doris à l'eau. Le dinghy a dû faire demi-tour avec 4 hommes à bord, car il embarquait trop. »

Effectivement, les chalutiers étaient souvent réticents pour mettre leur doris à l'eau, sur les Bancs, afin de rejoindre le bateau de guerre.

En dehors du fait que ce déplacement enlevait deux paires de bras pour le travail du poisson, il y avait, par mauvais temps, un problème de sécurité.

Si, en 1947 en effet, on trouvait encore sur les chalutiers un certain nombre de pelletas qui, ayant fait leurs premières armes à Terre-Neuve sur les voiliers, comme dorissiers, étaient habiles à manoeuvrer cette embarcation, ces vieux marins prirent peu à peu « leurs Invalides » – leur retraite – et les plus jeunes eurent de moins en moins l'habitude du doris, embarcation légère, requérant beaucoup de dextérité dans une mer formée.

Et, en 1971, le Capitaine de Frégate LESEC signale que les visites et transports en mer sont pris, le plus souvent, en charge par le stationnaire.

*« En ce qui concerne les mouvements d'embarcations, le **Commandant Bourdais** s'est adapté du souci des capitaines de ménager leur personnel, hors des heures de pêche. C'est donc presque toujours son zodiac pneumatique qui assure les*

transports, et lui seul lorsque les conditions météorologiques sont défavorables (forte houle, brume ou neige).

Il est aussi arrivé que certains chalutiers n'arrêtent pas le trait en cours, et demandent à être ravitaillés par le zodiac, « en route ».

Nombreuses sont les causes qui sont venues, au cours de ces siècles, freiner ou contrecarrer l'assistance à nos pêcheurs de Terre-Neuve.

On voit mal, d'abord, comment, au 19ème siècle, les trois ou quatre navires de la Station Navale, marchant au plus 8 ou 10 noeuds en service normal, pouvaient apporter une assistance permanente à 250 ou 300 voiliers dispersés, bien souvent dans une brume épaisse, sur les Bancs qui représentent, on le sait, la surface de la France.

La fin de ce siècle vit heureusement y apparaître le navire-hôpital des Oeuvres de Mer, véritable bateau de sauvetage à l'échelle de l'Atlantique Nord, rendant de fiers services aux pêcheurs.

Le navire de guerre de l'époque n'est pas vraiment adapté, en effet, à ce service, et TITI[1], médecin-major du croiseur **D'Estrées** le précise en 1902 :

« Ce rôle de bâtiment de sauvetage ne pourrait être rempli, quant à présent, par les croiseurs de l'État, et en voici les raisons : consacrer un bâtiment de 2 400 tonnes avec 250 hommes d'équipage, comme le ***D'Estrées****, à une pareille mission, même rarement renouvelée, entraînerait des dépenses énormes ; mieux vaudrait donner la somme représentant ces dépenses directement aux pêcheurs, pour améliorer leur état. D'autre part, les embarcations, sur des bâtiments de cette importance, ne peuvent pas être toujours mises facilement à l'eau, de même que les mouvements le long du bord ne sont guère commode en pleine mer.*

Enfin, j'ai l'impression (je dis bien : impression) que nos pêcheurs n'ont pas toujours envie d'avoir affaire, à moins de nécessité absolue, aux bâtiments de guerre qui représentent l'autorité, font procéder à des interrogations, et peuvent leur

1. TITI, op. cit.

enlever d'office, pour des raisons de santé, un ou deux hommes qui, en somme, (à leur point de vue) pourraient quand même et encore travailler, et dont les forces appartiennent bel et bien, jusqu'à la dernière limite, à l'armateur à la pêche, à cause des fameuses avances et de l'engagement. »

Et pourtant, quand ils étaient « sur le tas », les stationnaires ne chômaient pas, faisant souvent passer au second plan la « surveillance » au bénéfice de l'« assistance ».

C'est ce que disait le capitaine de frégate PIVERT, commandant **La Manche**, dans son Rapport de mission, en septembre 1899, qui commence ainsi :

« *Ayant à notre disposition plus de navires que nous n'en pouvions visiter...* », il détaille ses activités :
« *52 navires visités, 3 arraisonnés* [1]*, ... le docteur et l'officier de corvée ont opéré chaque jour leurs visites de 5 h 1/2 du matin à 17 h 1/2 du soir, ne se reposant que pendant le temps nécessaire pour passer d'un navire à l'autre* »...

Il poursuit son rapport en regrettant l'absence d'un bâtiment à vapeur, garde-pêches ou navire des Oeuvres de Mer, circulant au milieu des banquiers, pour leur indiquer les zones où le poisson est abondant et de belle taille.

Il cite en exemple le fait que les Portugais et Américains vont s'en aller avec beaucoup de sel en cale, ayant peu pêché, quand des Malouins et des Granvillais, qui ont fait une très belle campagne, se voient, manquant de sel, forcés de débanquer prématurément, alors que le poisson donne en abondance et que la cale n'est pas pleine.

Suggestion qui n'aurait sûrement pas été du goût du Lieutenant de Vaisseau SCHWEBER, commandant **La Caravane**, qui signalait, le 27 juin 1896, « *la plainte de quelques pêcheurs qui n'ont pas trouvé de bulots sur les gisements indiqués par une carte dressée d'après les ordres*

1. Navire arraisonné : navire approché à portée de voix, et interrogé sans être visité.

de M. le Commandant de la Division Navale en 1895 », et on subi de ce fait une perte notable.

C'est encore le commandant de **La Manche** qui rend compte, le 28 août 1890 :

« Je n'ai cessé le service que vous m'aviez donné que le 26 au soir par une brume intense...

C'est que, plus nous voyions de banquiers, plus je constatai l'utilité de notre passage au milieu d'eux. Sur les 45 que nous avons visités, il n'est est aucun, je crois, à qui nous n'ayions rendu service en soignant les malades, en cédant des médicaments et des vivres, en emportant leurs lettres. »

Le Capitaine de Frégate LEFOURNIER, qui commande sur les Bancs le croiseur **Lavoisier**, estime, le 4 octobre 1906, que son navire est mal adapté à sa mission :

« Le ***Lavoisier****, par son aspect extérieur, par ses allures de grand bâtiment, m'a paru avoir toujours fait une bonne impression partout où il s'est présenté, mais ce n'est pas, à mon avis, le bâtiment pratique.*
Si nous voulons avoir sur les lieux de pêche, et c'est ce que les armateurs semblent désirer, un bâtiment capable, en y arrivant aussi tôt que les pêcheurs, de leur porter secours et assistance dans les mauvais temps inévitables des débuts de saisons, aussi bien en mer qu'au mouillage, il faut un navire pouvant tenir la mer longtemps sans faire une grande consommation de charbon, ce qui permettrait de rester sur les lieux de pêche, à proximité des goélettes, de subir ce qu'elles subissent, et d'y remédier.
Mais pour y remédier d'une manière efficace, il faudrait un bateau plus manoeuvrant, plus robuste, plus court, avec lequel il serait possible de remorquer un navire en détresse, et de le tirer de peine sans courir aucun risque.
Un tel bâtiment ne peut être à la fois un navire de guerre et un remorqueur. »

Préfiguration des R.H.M . ?

Bien entendu la brume, ennemi N° 1, contrariait aussi souvent la bonne exécution de la mission.

Le Commandant BELLOC note dans son journal :

« Lundi 1er juillet 1929. Malgré quelques éclaircies dans la nuit, le coton est toujours aussi épais ce matin.

Je me dirige à tâtons sur ***Anne de Bretagne****, et je rencontre naturellement* ***Saint Jean****. Sur* ***Anne****, rien de particulier sauf deux dents à arracher... Je voudrais avoir trouvé* ***Normandie*** *avant de mouiller pour le Conseil* [1] *et n'y réussis pas.*

Pendant le Conseil, le temps se dégage complètement et je donne l'ordre d'appareillage dès que je puis communiquer avec l'extérieur.

On trouve tout de même ***Normandie*** *qui va bien mais nous indique* ***Notre Dame des Flots*** *à deux milles dans le Sud, qui a des malades... En chemin, rencontré un doris qui semble bien isolé et que je saurai par la suite appartenir à* ***Gaby****, à côté.*

Ce doris, égaré dans la brume ce matin, s'est réfugié sur ***N. D. des Flots*** *où il a déjeuné, puis, le temps s'éclaircissant, est allé à ses lignes au lieu de retourner directement rassurer son bord.*

Lundi 2 septembre. Toujours de la houle et toujours du vent... Passé le reste de la journée à demander aux voiliers s'ils ont besoin de quelque chose.

Ceux qui ont vraiment besoin – ou le croient – le disent. D'autres m'annoncent qu'ils auront besoin quand il fera beau. »

Souvent par ailleurs, les commandants des stationnaires se plaignent d'une trop grande rigidité dans le programme fixé par Paris pour les escales.

Mais celles-ci, en sus du ravitaillement souvent fréquent pour les charbonniers, ont toujours eu aussi pour rôle de « montrer le pavillon » et les Consuls français des différents ports visités étaient trop heureux de ce passage, qui venait fleurir leur blason.

Ils bâtissaient donc, longtemps à l'avance, un programme d'escale souvent chargé d'invitations multiples, qu'ils entendaient voir respecter.

Le Commandant BELLOC le déplore le 3 septembre 1929 :

---

1. Conseil : il s'agit probablement du « Conseil d'avancement » tenu à bord de l'aviso.

« Voici donc encore une fois que je suis brimé par le programme. Faute de pouvoir rester 24 heures de plus à attendre la ***Sainte Jeanne D'Arc*** *(le navire-hôpital), je vais lui emporter un malade à Sydney et je garde les lettres des voiliers. Faute de pouvoir rester quatre jours de plus, j'ai dépensé du charbon inutilement, puisque je n'ai pu rien faire de propre, ni en hydrographie, ni avec les voiliers qui, sauf urgence absolue, ne voulaient pas avoir besoin de moi, pour n'avoir pas de doris à mettre à l'eau par si mauvais temps. »*

Par ailleurs, l'absence de moyens de transmission avec les voiliers, avant la guerre, se faisait cruellement sentir, et nous reprenons encore le journal du Commandant BELLOC :

« Le 16 septembre, la ***Ville D'Ys*** *recherche depuis trois jours, dans la brume, le* ***Lamotte Picquet*** *et d'autres voiliers démunis de T.S.F. qui ont fait appel, pour des malades, par l'intermédiaire du* ***Léone*** *qui, lui, en est équipé »*, et il ajouta :

« En route ensuite pour le V[1] *pour revoir si quelqu'un a aperçu mon* ***Saint Coulomb*** *; vitesse réduite à cause de la brume.*

J'avais d'ailleurs hésité à aller dans le V ou dans trait d'union pour le ***Capitaine Fonck****, mais* ***Thérèse*** *m'a signalé qu'****Essor*** *est en avarie de T.S.F. et je ne puis plus rien pour le* ***Fonck*** *par cette brume.*

*Le lendemain, à 5 heures, je suis réveillé par l'annonce d'une bouée de voilier sur la route. C'est l'****Angelus***[2] *que j'accoste et qui m'apprend que je suis déjà sur les Lettres.*

N'ai vu ni ***Saint Coulomb****, ni* ***Navarin****. Je mouille. »*

Et il termine le lendemain :

« Je reprends mon métier de Juif errant, à la recherche de mes ***Navarin****,* ***Saint Coulomb*** *auxquels le Docteur me demande d'ajouter le* ***Charles Edmond****. »*

---

1. Les Terre-Neuviers ne donnaient pas leur position sur la carte par un point noté en longitude et en latitude. La carte des Bancs étant la même pour tous, ils évaluaient leur position par rapport aux lettres de cette inscription qui figurent en grand sur les cartes.
On pouvait donc se trouver en pêche, par exemple, « sous les RR » ou sur le « N » ou sur « les lettres ».
2. Rien d'étonnant à cette heure matinale !

Même son de cloche avec le rapport de mission de la **Ville D'Ys** de 1938, où l'on relève :

« Le 10 mai, fait route vers l'accore SW de façon à couper au 150 du cap Race.
La brume et le temps médiocre ne nous ont pas permis de trouver les chalutiers et de leur remettre leur courrier. D'ailleurs leur silence à nos appels de T.S.F. semble indiquer qu'ils n'avaient pas besoin de nous. »

C'est, plus près de nous, le Commandant M. DUVAL qui, en 1955, met l'accent sur les difficultés et la pénibilité de la mission :

« Les conditions météo n'ont, en général, pas été fameuses au cours de cette campagne. En particulier, la saison fut considérée par les experts des Bancs comme exceptionnellement mauvaise du point de vue des glaces. C'est d'ailleurs la première fois, je crois, que notre stationnaire a eu à naviguer 65 jours parmi les glaces.
La saison fut aussi mauvaise du point de vue des brouillards, ce qui nous a valu de naviguer 60 jours dans la brume. »

C'est encore la réflexion du capitaine de Vaisseau (E.R.) LAFEUILLE, officier de navigation de **L'Aventure** il y a quarante ans :

« Trois semaines de brume continue, sans autre moyen de faire le point qu'un relèvement gonio sur le cap Race, la sonde et la couleur des bulots qu'on remonte du fond. »

Le comportement de certains capitaines a pu, parfois, aussi poser problème.

Pour eux, en effet, « le poisson d'abord » avait toujours été le seul leitmotiv, refusant facilement de faire appel au stationnaire pour un malade ou un blessé dont ils ne jugeaient pas l'état suffisamment sérieux pour perturber la pêche.

Même le courrier, seul lien sacré avec les êtres chers restés en France, était parfois victime de ce comportement.

C'est ce que dit le Commandant BLANCHARD [1] :

« Parfois, les capitaines n'ont pas tellement envie de voir arriver le courrier : la pêche est bonne, les hommes sont au travail, ils ne pensent qu'à « descendre en cale des pièces de cent sous. »

Si le courrier arrive à bord, on lit les lettres, parfois on répond. Voilà tout le travail désorganisé. Les hommes qui sont au repos se réveillent et, au lieu de dormir, lisent écrivent, se racontent des histoires. Quant leur tour de reprendre le quart arrive, ils sont fatigués et le rendement diminue.

Témoin l'histoire du « sel ».

Il y a deux ans, ***L'Aventure*** *se rendant près d'un chalutier, lui signale gentiment : « J'ai tant de lettres pour vous », et s'entend répondre « Merci, mettez-les dans le sel. »*

Dans le sel, c'est-à-dire en conserve... pour longtemps ; ils ne voulaient pas de leur courrier. »

En fait, le chalutier débanquait le lendemain pour rentrer en France, motivant cette désinvolture, essayait d'expliquer l'aumônier, alors à bord de **L'Aventure**.

Faut-il ajouter que certains capitaine de chalutiers, lorsqu'ils traînaient sur une belle « piaule[2] » de morues, se gardaient bien de donner par radio leur position, envoyant même des points volontairement erronés, afin de rester seuls à profiter de la manne. Comment alors identifier un chalutier perdu dans la brume ?

Anita CONTI[3], qui a vécu la vie des pêcheurs à bord des morutiers, en parle, elle aussi, à sa manière, lorsqu'elle évoque **L'Aventure** :

« Aujourd'hui, ***L'Aventure****, comme autrefois la* ***Ville D'Ys****, représente le pays. Son évocation ne signifie pas présence continuelle, évidemment, puisque les bancs de pêche sont éloignés entre eux de plusieurs centaine de milles marins.*

1. C.F. BLANCHARD, op. cit.
2. Piaule. Banc important de morues bien groupées, permettant de réussir de belles « palanquées », c'est-à-dire un chalut lourdement chargé à la remontée, après le « trait ».
3. A. CONTI. Râcleurs d'océan. Ed. A. BONNE, Paris 1961.

Du Grand Hellefiske, au Groenland, au Banc de l'Île de Sable, Sud de Terre-Neuve, la distance dépasse celle de Paris à Casablanca, mais ne serait-ce qu'une fois ou deux par campagne, la mince et puissante silhouette qui apparaît en gris sur l'océan fait trembler tous les hommes ; tous l'ont attendue et, longtemps avant d'apparaître, la frégate avait parlé, et tous les radios avait répondu, et chaque équipage n'avait plus qu'une seule âme, celle de l'attente... et de l'incertitude.

Qu'il y ait du courrier pour chaque navire, n'est pas une question, il y a toujours du courrier. S'il y a incertitude, c'est qu'entre les chalutiers et ***L'Aventure****, il y a la mer, et dans la mer il y a la morue...*

Il suffirait de rallier ***L'Aventure****, stopper et attendre.*

Attendre ? Non ! La face du capitaine s'empourpre.

Attendre ? Est-ce qu'il y a des malades à bord ou des mourants ? Espère-t-on le médecin ou l'aumônier ?

Attendre ? Non ! Nous n'avons besoin de rien, besoin de personne, il n'y a qu'un vide dans ce navire, c'est celui qu'il faut combler, c'est la cale et il faut la morue, c'est elle qu'on cherche, elle, la morue. Et les chalutiers traînant leurs chaluts, virant leurs treuils, flamboyant de tous leurs feux, ne vont pas ralentir le travail.

A bord, nul n'osera, d'un seul mot, faire une seule allusion au capitaine.

Minuit, sous l'immense ciel calme et glacé, ***L'Aventure*** *a stoppé. Elle dort quelques heures. Ses journées sont dures.*

Sans arrêt, son état-major tient le contact avec les pêcheurs.

L'officier chargé des pêches, le médecin et le P. Laloux, de la Compagnie de Jésus, aumônier des Bancs, passent d'un bord à l'autre ; ils sont trempés d'eau, secoués de vent... »

Les relations radio avec les chalutiers.

Le trafic radio avec les chalutiers peut aussi, dans nos temps modernes, apporter un certain handicap à la bonne exécution de la mission du bateau de guerre.

Un rapport de mission du **Commandant Bourdais** des années 60 en donne les raisons, décrivant les « moeurs radio-électriques » des chalutiers :

– a) le chalutier cherche le poisson.

– b) quand il l'a trouvé, il garde la bonne nouvelle pour lui, et pour les chalutiers de son groupe[1]

Il en résulte une guerre électronique sommaire, mais « extensive », qu'analyse ensuite le rapport, en fonction de deux facteurs majeurs :

– les officiers radio des chalutiers sont des techniciens aguerris[2], ce qui n'est pas sans intérêt, bien sûr, pour la Marine nationale,

– la mission du bâtiment d'assistance risque d'être parfois sérieusement entravée par ces moeurs radio-électriques.

Ces transmissions étaient en effet marquées d'un certain nombre d'initiatives originales :

– abandon des fréquences allouées, susceptibles d'être interceptées par certains goniomètres indiscrets, permettant ainsi aux chalutiers concurrents de repérer la position du bateau émetteur.

– utilisation de fréquences supérieures à celles allouées.

– diminution de l'énergie rayonnée, par déconnexion des antennes HF, l'énergie HF émise sans antenne suffisant à assurer la liaison à faible distance entre les chalutiers d'une même famille travaillant dans le même site.

– écoute attentive des émissions des autres groupes, les officiers radio assurant toujours, en dehors de leur service normal, l'écoute des émissions des concurrents français ou étrangers (il y avait, dans ces années-là, une imposante flotte de chalutiers étrangers, soviétiques en particulier).

– codage des indicatifs. Non seulement les informations de pêche sont transmises dans un code secret connu en

1. Et encore !...
2. Le rapport de mission de 1966 reprenait cette appréciation : « Les radios des chalutiers sont souvent des autorités en la matière, et des praticiens expérimentés de la guerre électronique ».

principe seulement de l'armateur, et des bateaux du même groupe, mais on code en plus les indicatifs.

– refus de réponse. Un chalutier sur une piaule fait le mort, et refuse de répondre aux appels de radio, même les plus pressants : pendant 60 heures, le **Commandant Bourdais** une année, a appelé un chalutier, qui entendait apparemment « 5 sur 5 », mais refusait obstinément d'accuser réception.

Toutes ces manigances ne facilitaient évidemment pas le travail du stationnaire, dont les jours de présence sur les Bancs étaient comptés, en raison de l'obligation de déplacements et d'escales plus ou moins longues.

Aujourd'hui, pour éviter la recherche du contact radio avec les chalutiers, le stationnaire effectue une veille permanente depuis le premier jour sur zone jusqu'à la fin de la campagne.

Ainsi les chalutiers, qui connaissent la fréquence HF pour le contacter à n'importe quel moment, de jour comme de nuit, pour une consultation médicale ou une évacuation sanitaire, peuvent l'appeler quitte à utiliser, ici aussi, un code secret convenu à l'avance, ce qui fut réalisé dans les années 80.

Au mouillage, l'officier des Pêches assure deux vacation quotidiennes avec les chalutiers en pêche, pour s'enquérir de leurs besoins en vivres et matériels.

Et sur zone, c'est évidemment par VHF que s'établit le dialogue entre le bateau de guerre et ses clients.

Les « absences » du stationnaire.

La rengaine majeure des capitaines, jusqu'à ces dernières années, était bien connue : « Le bateau de guerre est souvent absent des Bancs. »

Nos bons pelletas oublient volontiers que les navires de guerre qui, depuis trois siècles, leur apportent protection et assistance, gratuitement – aurions-nous oublié de la préciser ? – et du mieux qu'ils le peuvent, sont d'abord... des navires de guerre.

Lors d'une récente réunion du Comité Central des Pêches Maritimes (1986), l'un des intervenants, partant du postulat que *« la sécurité des marins doit être assurée comme celle des autres citoyens français »*, se plaint que l'assistance de la Marine nationale à la Grande Pêche ne couvre pas toute l'année : en 1985 par exemple, *« la présence d'un bateau militaire sur zone n'a été que de 120 jours, en deux fois 60 jours, l'une au printemps et l'autre à l'automne à tel point que, plusieurs fois au cours de chaque campagne, des chalutiers ont été obligés de se dérouter sur Saint-Pierre-et-Miquelon pour faire hospitaliser des marins blessés ou malades »*.

L'intéressé refuse, par ailleurs, la proposition faite pour la prochaine campagne : lorsque le bâtiment d'assistance quitte la zone, un médecin militaire serait détaché sur l'un des chalutiers, *« formule qui contraindrait le navire en question à être à la disposition des autres chalutiers »*.

On croirait se retrouver un siècle en arrière, lorsque sur le French Shore, le capitaine qui avait dû armer une embarcation afin d'aller quérir le médecin pour l'un de ses marins, refusait de perdre du temps à le renvoyer, en disant « si un autre a besoin de vous, il viendra vous chercher » !

A cette même réunion, il est vrai, un autre intervenant souligna quand même qu'il voyait mal la Marine nationale mettre à la disposition des Pêches Maritimes un navire d'assistance dans la zone canadienne, un autre aux Seychelles, un dans l'océan Atlantique tropical Est, un au large de l'Ecosse, un en Mer du Nord, etc...

Le Commandant BELLOC, dans son journal du 7 février 1929, note qu'il vient d'assister à Fécamp, après Saint-Malo, à une réunion dirigée par le président du Syndicat des armateurs, et qu'il finit par comprendre que celui-ci *« me reproche de n'être pas assez souvent avec ses bateaux, après avoir cru comprendre qu'il m'engageait à ne pas me montrer, pour la plus grande tranquillité de tous ! »*.

Le P. YVON, dans son style habituel, donne, en 1934, son opinion :

« Actuellement, la **Ville D'Ys** *fait de l'hydrographie suivant un programme établi par le Ministère, programme auquel le commandant ne peut déroger, la fonction de ce « navire-hôpital »* [1] *n'étant qu'un à-côté, qui tient une petite place dans le programme officiel, d'ailleurs sujet à changements, et imposé au commandant, qui s'y soumet militairement, malgré son désir de se rendre utile aux malheureux marins en attente de secours médicaux. En moi-même, il y a quelque chose qui gronde.*

Loin d'accuser la **Ville D'Ys**, *dont l'état-major et l'équipage ont donné tant de preuves d'humanité et de bonté, je trouve qu'il est tout de même triste de laisser des malheureux souffrir sans soins médicaux et mourir peut-être sans secours religieux. »*

L'un de nous, en 1947, avait résumé les charges et difficultés de la mission confiée pour la première fois à **L'Aventure** cette année-là :

« En raison d'une part de la nécessité pour **L'Aventure** *d'aller ravitailler en mazout à Boston, U.S.A., base très éloignée des Bancs de Terre-Neuve, d'autre part du rôle de représentation au Canada qu'avait à remplir le bâtiment, l'assistance effective ne pouvait se faire que par périodes de dix jours en moyenne, séparées d'intervalles assez longs, d'autant plus longs que, pour des raisons d'économie de mazout – période de vaches maigres –* **L'Aventure** *ne se déplaçait qu'à petite vitesse, en moyenne 10 noeuds, allure qui était d'ailleurs celle de son ancêtre la* **Ville D'Ys**, *lancée « en avant route », avant la guerre.*

De plus, les navires à assister pêchaient soit sur le Platier pour les deux voiliers et le cordier à vapeur qui, partis de Saint-Malo en avril et n'y rentrant qu'en novembre sans toucher terre, étaient totalement isolés dans l'Atlantique, soit beaucoup plus au Nord, à une distance variant de 200 à 800 milles, les 17 chalutiers qui, rentrant en France une ou deux fois pour livrer leur pêche, et faisant occasionnellement des escales à Saint-Pierre ou à Saint-Jean, pour ravitailler, pouvaient en profiter pour débarquer

---

1. Affirmation évidemment erronée, la VILLE D'YS n'ayant jamais été navire-hôpital.

malades ou blessés. En cas d'urgence cependant, ils étaient obligés, en l'absence du stationnaire, de débanquer pour deux ou trois jours, absence représentant pour eux une grosse perte de temps et d'argent. »

De surcroît, comme de coutume, un certain nombre de morutiers « montèrent », en cours de campagne, au Groenland, zone de pêche trop éloignée pour **L'Aventure**, en raison de ce problème de ravitaillement en combustible, que nous refusait le Canada.

En somme, il eût fallu que **L'Aventure** se coupe une première fois en deux à Terre-Neuve, et une deuxième fois encore en deux, la moitié à Terre-Neuve, et l'autre au Groenland !

Heureusement, le navire portugais d'assistance **Gil Eanes** avait accompagné une partie de sa flottille de pêche au Groenland et pouvait donc y assister nos chalutiers, et à Terre-Neuve, nous étions là pour leurs pêcheurs.

Comme on peut l'imaginer, cette dispersion géographique des chalutiers n'a fait que s'accentuer avec l'apparition de navires plus rapides, d'une plus grande autonomie et dont les capitaines changeaient facilement de zone de pêche.

Dans les années 70, le **Commandant Bourdais** décrivait ainsi ce déploiement :

a) – un groupe « groenlandais » (6 à 8 navires) faisant pratiquement toute sa pêche de mars à novembre sur les Bancs de la Côte Ouest du Groenland, quelquefois au Labrador.

b) – tous les autres – une vingtaine – que l'on trouve généralement au printemps à Terre-Neuve et au Labrador, en été soit en Norvège [1] soit à Terre-Neuve, le choix entre ces deux zones dépendant essentiellement des impressions du moment et des idées des capitaines ; en automne, à Terre-Neuve, au Labrador et au Groenland.

---

1. La dernière campagne d'assistance en Norvège fut assurée par le R.H.M. **Centaure** en Juin 1981.

Et le rapport ajoutait que « *forts de leur vitesse et de leur autonomie, les chalutiers n'hésitaient pas à faire des transits fréquents, même longs, lorsque la pêche ne rend pas là où ils sont.* »

Un coup d'oeil sur une carte de l'Atlantique et de la Mer du Nord suffit, en mesurant les distances qui séparent ces différentes zones de pêche, pour se rendre compte des problèmes, quasi impossibles, que posait au bâtiment d'assistance cette dispersion, ses « paroissiens » n'étant, bien entendu, jamais en même temps dans la même zone de pêche... et la carte reproduite plus loin, où sont notées les routes du **Commandant Bourdais** pour ses campagnes 1971, en est une illustration frappante.

Les responsables de l'assistance.

C'est évidemment le commandant du stationnaire qui porte, en premier lieu, la responsabilité d'une mission qui sort du cadre ordinaire.

C'était souvent le hasard qui désignait pour ce poste un Capitaine de Vaisseau ou de Frégate, « au tour de commandement » qui se voyait attribuer la Division Navale ou la Station Navale de Terre-Neuve avec le commandement d'un croiseur, plus tard d'une unité plus modeste.

Alors que certains commandants et officiers ont assumé plusieurs années durant, un embarquement à Terre-Neuve leur méritant ce titre de « humeurs de brumes », beaucoup d'autres ont regretté la brièveté de ce commandement, lorsqu'il fut ramené à un an, connaissant la réflexion du Capitaine de Frégate AUBRY, commandant le croiseur **Troude** qui écrivait, le 31 août 1903 à son chef, le commandant de la Division Navale :
« *Ce n'est pas sans une certaine hésitation que je vous adresse ce rapport car, pendant une première campagne de Terre-Neuve, on doit se mettre au courant de bien des choses auxquelles on était jusque là restés plus ou moins étranger, on a beaucoup à apprendre et l'on a conscience que les*

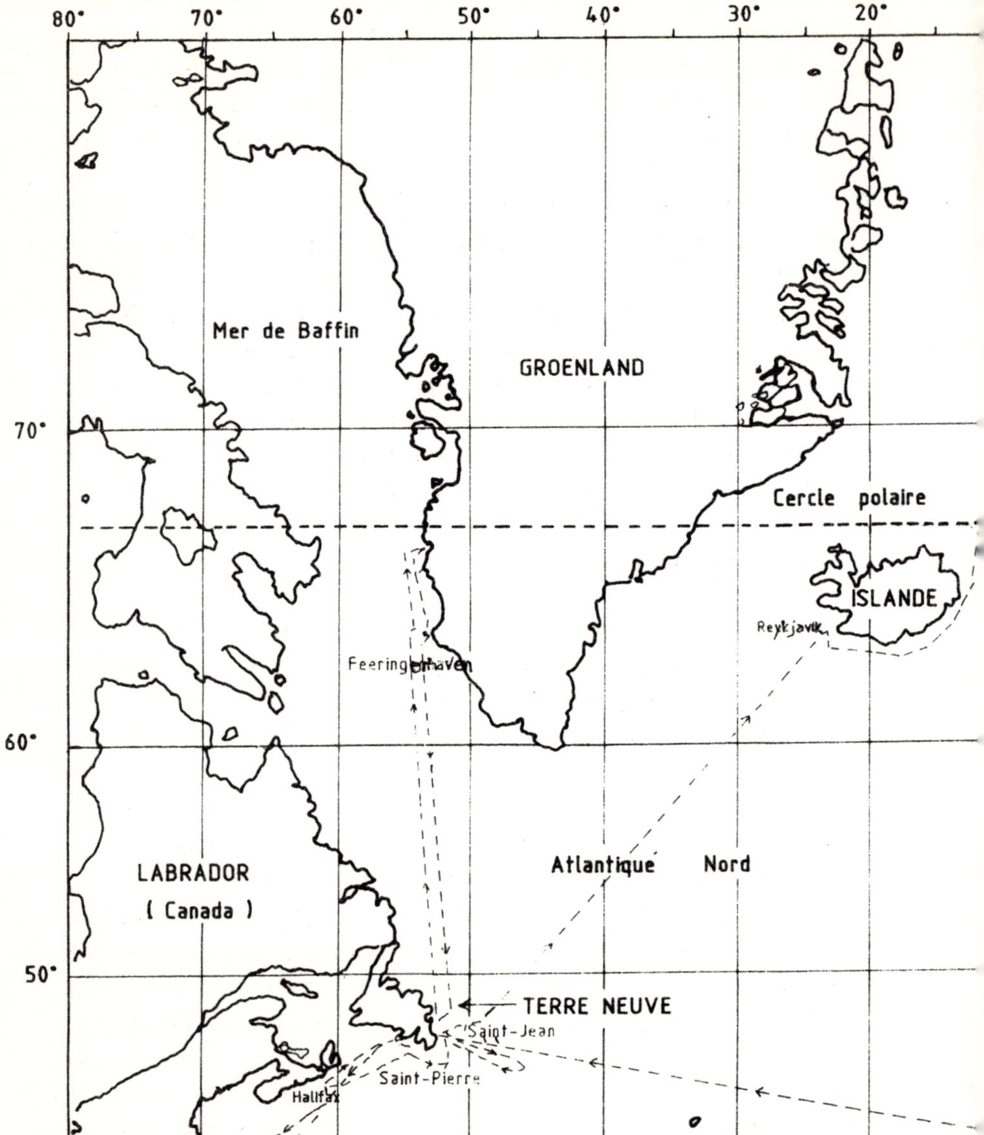

80°
70°
60°
50°
40°
30°
20°
Mer de Baffin
GROENLAND
Cercle polaire
ISLANDE
Reykjavik
Feeringehaven
LABRADOR
(Canada)
Atlantique Nord
TERRE NEUVE
Saint-Jean
Saint-Pierre
Halifax
Philadelphie

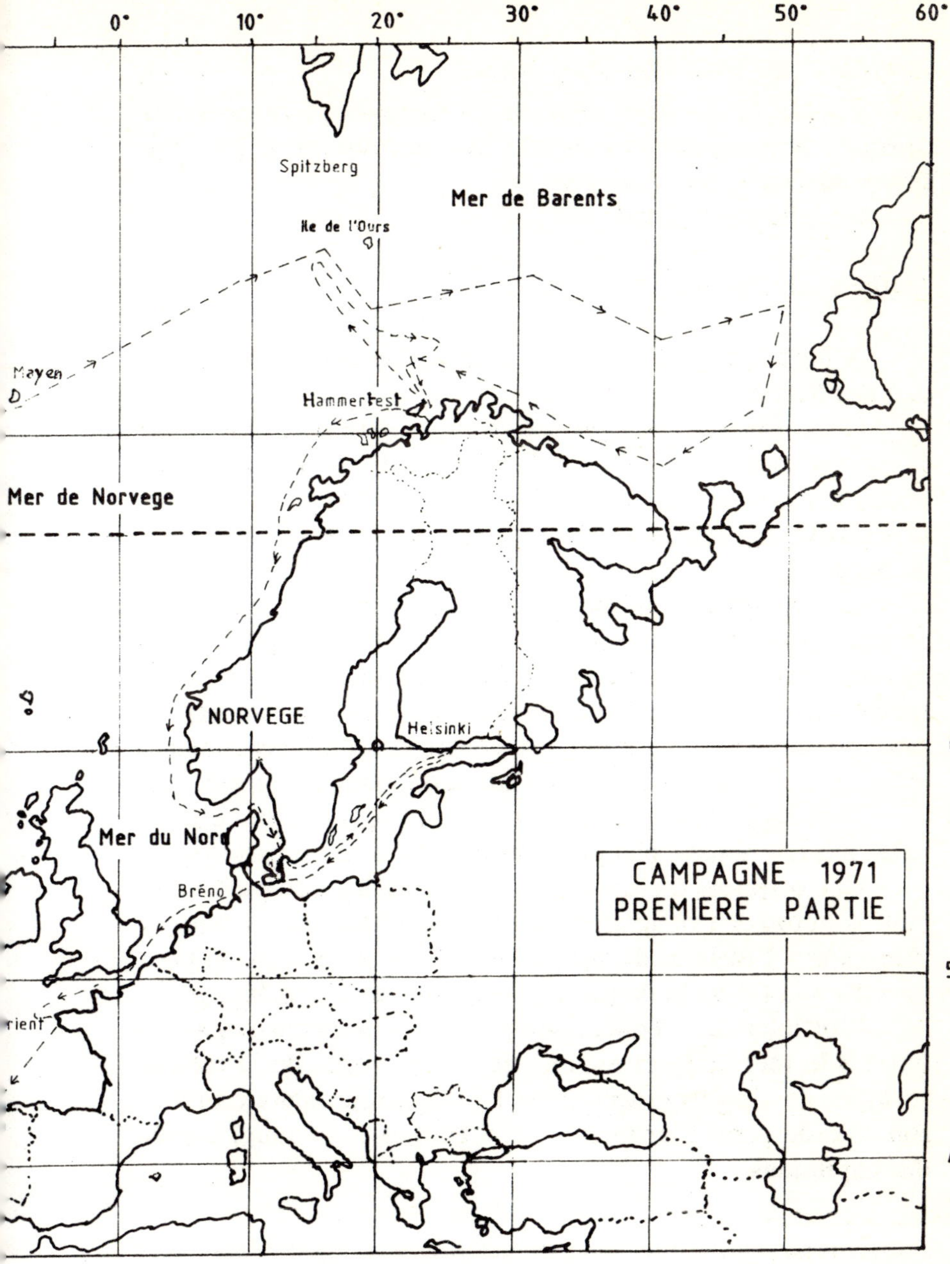

0°
10°
20°
30°
40°
50°
60°
70°
60°
50°
40°
Spitzberg
Mer de Barents
Ile de l'Ours
Mayen
Hammerfest
Mer de Norvege
NORVEGE
Helsinki
Mer du Nord
Bréno
rient
CAMPAGNE 1971
PREMIERE PARTIE

opinions que l'on peut s'être formées sur les points divers que soulève la question délicate de la pêche à Terre-Neuve auraient besoin pour être émises avec assurance, d'être plus longtemps mûries et étudiées. »

Belle leçon de modestie[1].

L'officier des Pêches.

A bord, un officier joue un rôle particulier, c'est l'« officier des Pêches ».

C'est lui qui, avec le médecin, assure directement la « surveillance », en fait par la visite à bord des morutiers visant à s'assurer du respect des prescriptions sur l'hygiène, la sécurité, les réserves alimentaires, la tenue des journaux de bord.

Ces visites étaient assurées soit à la mer sur les Bancs, et tous deux partageaient les plaisirs de l'expédition en baleinière ou en doris ou dinghy, soit au mouillage, à Saint-Pierre en particulier, lorsque les goélettes s'y trouvaient, sans oublier, bien entendu, les visites des établissements à terre sur le French Shore, jusqu'au début de notre siècle.

Il rédigeait son « rapport de visite », et devait, en particulier, « noter » chaque morutier ; nous en reparlerons.

Cet officier, un Enseigne de Vaisseau généralement, était d'abord « l'officier de corvée », changeant à tour de rôle, puis « l'officier de surveillance » ou « de visite », pour devenir à la fin de la dernière guerre, un autre personnage.

L'officier des Pêches, outre ses fonctions classiques de quart à la mer était, et est encore, responsable de la météorologie, de l'hydrographie, de l'hydrologie, sans compter son rôle de conseiller technique « Pêches » éventuel auprès des capitaines.

---

1. On retrouve cette réflexion assez souvent, témoin le rapport de mission du commandant du **Commandant Bourdais**, à la fin de la campagne de 1962 : « Je n'ai pas la prétention, après une seule campagne de surveillance des pêches, de donner un avis très compétent sur les hommes, le matériel, ou les méthodes de la Grande Pêche. »

L'hydrologie présente un intérêt majeur à Terre-Neuve. On sait en effet que la morue est un poisson se déplaçant par bancs compacts, dans une eau dont la température se situe entre 0° et 4°.

Et la position de cette eau varie au cours de la saison, ce qui entraîne automatiquement la migration saisonnière du poisson.

En mars, le Grand Banc est trop froid à cause de la fonte des icebergs et du courant froid du Labrador.

Ensuite, ce courant est refoulé vers le Nord par le Gulf Stream, le poisson remonte progressivement, et les pêcheurs vont se retrouver sur les côtes du Groenland à l'été.

Il s'agit là d'une vue très schématique, la morue ayant elle aussi ses caprices.

L'outil permanent de l'officier des Pêches, comme d'ailleurs de certains capitaines avisés, était le thermomètre à renversement, régulièrement mis en oeuvre sur les Bancs.

Il permettait d'établir des « coupes hydrologiques » qui pouvaient alors donner une notion approximative de cette « eau de morue » où se complait le poisson.

A partir de 1947, des études très poussées furent entreprises, dans le domaine de la pêche, en partant des résultats obtenus sur les bâtiments de guerre grâce à l'Asdic ou Sonar, instrument émetteur d'ultra-sons qui fut l'une des armes les plus efficaces de la bataille de l'Atlantique.

L'officier des Pêches est, en outre, le responsable de la liaison avec les morutiers pour les commandes de vivres et de ravitaillement, pour le courrier, et cette fonction est devenue une véritable spécialité.

L'éxécution des missions

Après les simples missions d'escorte des 17° et 18° siècles, vint donc pour la Marine de guerre, avec la création de la « Station Navale », l'ère de la « surveillance » avec toutes les missions qu'englobait ce terme.

La protection – la surveillance – l'inspection.

Protection des pêcheurs, défense de leurs intérêts, respect de la discipline en sont les thèmes majeurs.

H. LACHAUME[1] qui raconte un épisode de sa vie à Terre-Neuve en 1883, termine un chapitre consacré aux litiges permanents entre pêcheurs français et terre-neuviens, entraînant l'intervention des navires de guerre, aussi bien français que britanniques, par ces mots :

« On peut se faire maintenant une idée de ce qu'il faut à la fois de tact, d'énergie et de modération au capitaine de vaisseau qui reçoit, et d'ordinaire pour trois ans, le commandement de la station de Terre-Neuve.

*La **Clorinde** arrive en juin et repart en septembre. Tout cet intervalle se passe en surveillance le long des côtes du French Shore[2], elle ne laisse guère rouiller ses ancres dans le port de Saint Jean. »*

C'est le commandant de la canonnière **Le Crocodile** qui rend compte, le 25 juin 1888, de sa mission sur le French Shore.

Au cours de sa tournée, il constate, le 20 juin, qu'il reste encore trois ou quatre chapelets de casiers à homards « adverses » en un lieu prohibé.

Il prend donc sa plus belle plume et écrit au commandant du stationnaire anglais **Emerald**, le Commander HAMOND, pour lui signaler cette infraction et lui demande son intervention.

Mais en même temps, ce dernier lui écrivait, de son côté, pour lui signaler qu'un homme, un marin français

---

1. H. DE LACHAUME. Terre-Neuve et les Terre-Neuviennes. Ed. Plon, Paris 1836.
2. Rappelons que le croiseur, ou la frégate, battant pavillon du Capitaine de Vaisseau commandant la Station Navale, commençait en général sa croisière en mars sur les bancs de Terre-Neuve où arrivaient les voiliers, et « montait » ensuite sur le French Shore.
Cette frégate était, en 1883, la **Clorinde** ; le commandant avait en outre sous ses ordres l'aviso-transport **Indre**, et les goélettes **La Canadienne** et **L'Évangéline**.

évidemment, « *avait coupé de l'herbe en dedans de la clôture d'un jardin et que plainte lui en avait été fait* » ; cependant, affirmait le L.V. CARPENTIER si les quatre youyoutiers du croiseur **La Clocheterie** ont bien coupé de l'herbe, c'est à l'extérieur de la clôture.

Après palabres, le commandant du **Crocodile**, bon prince, propose finalement à l'anglais de lui prendre son courrier pour le porter à Sydney.

C'est le commandant de l'aviso **Drac** qui, le 12 mai de la même année, rend compte d'un incident survenu en avril à Bonne Baie, à la suite duquel : *« les capitaines des deux navires français, le **Sans Souci**, Capitaine VILLALA, de la maison GUIBERT de Saint-Servan, et le **Maurice**, Capitaine RABIN, armement LEMOINE de Saint-Malo ont été condamnés par le magistrat de cette résidence à 100 dollars d'amende pour avoir échangé avec Monsieur ROBERTS, agent de la poste, du sel contre une certaine quantité de planches. »*

On ne plaisantait pas, chez les « Nioufs[1] », à cette époque !

Le Capitaine de Frégate TESTARD commandant le croiseur **Rigault de Genouilly**, rend compte, le 24 août 1893, au Contre Amiral commandant la Division Navale et d'Instruction d'une intervention dans le domaine de la discipline :

*« Je me suis rendu au mouillage de Port au Choix pour régler la plainte du capitaine BOURGES de **L'Evangeline**, contre son second, et j'ai éteint les feux.*

J'ai désigné à cet effet Monsieur le Lieutenant de Vaisseau BOUYER pour faire une enquête sur les faits en question, »... Et finalement le second est condamné *« à la déchéance de l'emploi d'officier avec l'obligation de faire le service de matelot à la paie de ce grade jusqu'à l'époque du débarquement, pour insolences réitérées et manque de respect envers son capitaine. »*

---

1. « Nioufs ». Terme un peu méprisant par lequel les Saint-Pierrais désignaient les Terre-Neuviens (d'après le mot anglais « Newfoundlander »).

En 1888, le commandant du **Drac** édicte un « règlement de pêche » qui sera adopté pour la saison du hareng et auprès duquel figure le « Tableau des réparations » effectuées par l'aviso l'année suivante au bénéfice des pêcheurs du hâvre Saint-Georges.

Il fallait aussi, de temps à temps, montrer les dents :

Le 18 juillet 1843, la goélette de l'État **La Gentille** avait été expédiée à Saint Jean de Terre-Neuve pour y faire des représentations, et recevoir des explications à la suite du meurtre d'un pêcheur, le patron BEAUDOUARD, de la pirogue de pêche N° 309, tué d'un coup de fusil par un officier du HMS **Electra**, alors que la pirogue, pêchant sur fonds anglais, fuyait la poursuite et avait atteint les fonds français.

Le 7 août, l'**Electra** arriva à Saint-Pierre, son commandant venant exprimer officiellement ses regrets et ceux du Gouverneur de Terre-Neuve pour la mort du patron BEAUDOUARD, due à l'imprudence et au hasard, et non à l'intention. Et Lord ABERDEEN a mis une pension à la veuve, qui a été réglée à cinq cents francs par an.

Beaucoup plus tard, le Commandant BELLOC, note dans son journal, le 1er septembre 1929 :

« J'avais été retardé par la chasse donnée à un chalutier, que le ***Kleber*** *accusait d'avoir dragué ses lignes.*

Il y a un règlement français qui interdit aux chalutiers de venir chaluter à moins de deux milles des voiliers.

Mais le ***Galerna*** *est espagnol ; nos ministres n'avaient pas pensé à cela.*

Je me contente donc de lui demander de respecter nos lignes, à quoi il me répond qu'il est tout à fait d'accord avec moi, mais qu'il n'avait jamais pensé que des lignes puissent avoir été mouillées par un si sale temps ! »

Le commandant de **L'Aventure**, ralliant en toute hâte le 24 mai 1951 le lieu du naufrage du chalutier **Ginette Leborgne** après son abordage avec le **Jacques Coeur**, une fois les opérations de sauvetage terminées, ordonne « *l'ouverture d'une enquête de police judiciaire pour établir les causes de l'abordage.* »

Ce sera d'ailleurs pour lui l'occasion de dénoncer « le système désuet » existant encore à l'époque sur l'un des chalutiers, qui avait un capitaine porteur et un capitaine pêcheur, de proposer une amélioration de la sécurité à bord, suggérant diverses mesures, dont l'obligation de doter les chalutiers d'un radar.

La « surveillance » imposait donc aux navires de guerre, et ce n'était pas la moindre de leurs missions, la visite et l'inspection des morutiers.

Tâche lourde et ingrate, qui fut surtout l'apanage des officiers « visiteurs » de la Division Navale du temps où plus de 400 navires pêchaient à Terre-Neuve.

En fait, c'est souvent au port, à Saint-Pierre, si les voiliers y touchaient terre, qu'avaient lieu ces visites, dont étaient chargés le médecin et un autre officier du bateau de guerre.

L'opération, très minutieuse, se déroulait en suivant un questionnaire-type, établi pour chaque navire visité, et énumérant les différents points sur lesquels portait l'inspection.

C'était d'abord l'alimentation, en particulier état des vivres et présence, à bord des doris, des trois jours d'eau et de vivres, obligation trop souvent négligée malheureusement, négligence qui fut à l'origine de bien des drames ; nous en avons relaté quelques-uns.

Venait ensuite le contrôle du matériel : instruments et documents de navigation, état des doris, coffre à médicaments, puis de l'hygiène : propreté, contrôle des boissons alcoolisées, et aussi de la vie des mousses à bord, comme de l'approvisionnement en boette, lorsque le « Bait-bill » vint interdire, en 1899, sa vente à nos pêcheurs sur l'île de Terre-Neuve.

Les milliers de fiches rédigées au cours de ces inspections reprennent en général les observations sur l'hygiène, les logements, la nourriture, l'alcoolisme, les mousses, qui ont fait l'objet de chapitres précédents. Nous n'y reviendrons pas.

Bien entendu, il y avait sur tous les cahiers de visites les « Notes attribuées pour la tenue du bâtiment », chaque chapitre étant affecté d'un coefficient :

– propreté et tenue des logements	coefficient 3
– propreté et tenue des hommes, habillement couchage	3
– propreté des ponts	1
– état et entretien des coffres à médicaments	1
– tenue générale de l'extérieur, gréement	1

Ces notes allaient de 0 à 10, étaient récapitulées en fin de campagne sur un tableau qui donnait une sorte de classement des navires de Grande Pêche pour chaque année.

Cet usage s'est prolongé jusqu'à nos jours, et on relit par exemple que, pour la campagne 1948, la meilleure note, 86 sur 90, allait à l'**Islande**, capitaine BREVAULT, suivi à 83 points ex-oequo par le **Bassilour**, le **Colonel Pleven** capitaine FERNANDO, le **Finlande**, capitaine E. GIRARD, etc...

Ultérieurement, on cessa de publier le classement des bateaux ayant obtenu moins de 80 points, pour ne pas froisser certaines susceptibilités, d'autant qu'il était difficile de vouloir comparer un chalutier à moteur, neuf, sortant du chantier, et un vieux chalutier à charbon datant de l'avant-guerre.

L'ASSISTANCE MÉDICALE

L'assistance médicale a donc été de tout temps, un volet majeur de la présence séculaire de la Marine de guerre à Terre-Neuve, sur le French Shore et sur les Bancs, comme ailleurs, sur les côtes du Groenland et de Norvège entre autres, sans oublier l'Islande.

Son importance a cependant varié au cours des temps, elle a souvent été complémentaire, ou supplémentaire, d'une assistance médicale « directe » assurée aux 18ème et au 19ème Siècles, par les chirurgiens, officiers de santé et autres « médecins de Terre-Neuve », puis, entre 1896 et 1939, par les « médecins des Bancs » embarqués sur les navires-hôpitaux des Oeuvres de Mer.

Mais, depuis la dernière guerre, l'essentiel, sinon la totalité, de l'assistance médicale a été le fait du médecin du stationnaire.

Le médecin des Bancs.

Avoir « fait campagne » à Terre-Neuve reste, le plus souvent, pour un médecin de la Marine, une expérience passionnante, pleine d'enseignements, et très enrichissante sur le plan humain comme sur le plan professionnel.

C'est ce qui ressort des nombreux rapports de nos grands anciens, médecins des Bancs au siècle dernier.

Le Commandant BLANCHARD le confirme[1] :

*« Cette vie de médecin de campagne, une campagne où la visite demande parfois un voyage de plusieurs centaines de kilomètres, malgré ses fatigues et ses risques, laisse une profonde impression à tous les toubibs qui ont été embarqués sur **L'Aventure** ou son ancêtre, la **Ville D'Ys**. »*

Bien entendu, il fallait, et il faut toujours, une certaine motivation pour être en mesure d'assumer les responsabilités d'un tel poste.

Il exige, entre autres, une formation chirurgicale suffisante – contusions, fractures, luxations, panaris, phlegmons, ont été longtemps le « pain quotidien » du médecin des Bancs. – des connaissances précises dans la pathologie du froid, des notions suffisantes dans le domaine de la bactériologie et dans celui de l'hygiène, une pratique élémentaire de l'art dentaire – du moins jusqu'à l'apparition bienvenue d'un dentiste à bord du stationnaire – l'intervention se limitant en fait à l'extraction de quelque vieux chicot. (Mais quel est donc le bon davier ?).

En 1947, **L'Aventure** fut équipée d'un appareil de radiologie qui se révéla précieux, en particulier dans le domaine de la traumatologie, mais exigeant des notions précises dans cette discipline.

L'exercice de cette médecine particulière requiert, à l'évidence, pour son praticien un solide pied marin, puisque de tout temps, comme souvent par tous les temps, un déplacement nautique s'impose fréquemment.

A cela s'ajoutent les conditions parfois acrobatiques d'examens sur des navires roulant généreusement, d'un niveau sonore élevé rendant malaisée toute auscultation, sans compter les tristes conditions d'hygiène et l'effrayante promiscuité des postes d'équipage où le médecin devait, il n'y a pas si longtemps, plonger pour aller examiner, au fond

1. C.F. BLANCHARD, op. cit.

d'une cabane sordide, dans une demi-obscurité, un malheureux recroquevillé dans sa crasse et ses haillons.

Il lui fallait, peut-être encore plus, un solide bon sens car ses décisions étaient souvent lourdes de conséquences, en particulier lorsqu'il devait débarquer un homme, l'hospitaliser, soit à son bord, soit sur le stationnaire, ou à terre.

Deux bras en moins – quatre même s'il s'agissait d'un patron de doris – c'était un lourd handicap pour le navire, pour son équipage et aussi pour l'intéressé lui-même, qui, du temps des voiliers, risquait de perdre toute sa campagne.

Une fois guéri en effet, celui-ci était-il sûr de retrouver son bateau, et au bout de combien de temps ?

Il était tributaire pour ce retour, du stationnaire, ou du navire-hôpital, la grande dispersion de la flotte de pêche ne permettant pas toujours son rapatriement à bord.

Autre impératif pour le médecin du stationnaire : savoir s'imposer à son bord, pour disposer d'une autorité morale et d'une crédibilité nécessaire pour demander, par exemple, au commandant de dérouter, ou d'augmenter de vitesse – ma consommation de mazout ! – pour une urgence sur un morutier, urgence dont il était seul juge.

Autorité encore indispensable en face des capitaines de voiliers ou de chalutiers peu enclins à se séparer d'un homme blessé ou malade, mais qui, à leurs yeux, était encore capable de travailler.

Pendant quelque temps, le médecin de **L'Aventure** fut un jeune médecin-auxiliaire effectuant son service national et qui, du fait de ce modeste grade, arrivait en tout dernier sur la liste de l'état-major du bord. Ceci ne facilitait pas sa tâche, à son bord comme sur les morutiers, quelle que fût par ailleurs sa compétence technique.

C'est ce que soulignait le Capitaine de Frégate HIRIBARREN, commandant **L'Aventure** dans son rapport de mission de 1954 :

« J'attire votre attention sur la situation du médecin « auxiliaire » à qui on donne un galon, et dont la solde est

de 3 000 francs par mois[1], *et dont l'activité est vraiment la base de la mission de* ***L'Aventure****. Je demande que soit examinée la possibilité d'embarquer un médecin de Marine d'active.* »

Mais ce qui apparaît souvent lourd, pour le médecin des Bancs, c'est l'isolement, dans lequel il se trouve lui-même, seul recours médical en pleine mer, loin de toute possibilité hospitalière, affronté à des problèmes pathologiques souvent complexes, à des décisions difficiles, bref seul avec lui-même.

L'un de nous a connu, cette dernière guerre, une situation comparable, alors que, jeune médecin d'un escorteur des F.N.F.L.[2] son bâtiment était le seul doté d'un médecin dans l'escorte d'un convoi d'une quinzaine de cargos alliés, affrontant pendant trois ou quatre semaines les meutes de sous-marins ennemis dans la bataille de l'Atlantique.

Un autre a rapproché cette situation, qu'il a bien connue d'une autre de ses affectations, celle de médecin d'un S.N.L.E.[3] qui, pendant de longues semaines en permanence sous la mer, se retrouve, ici encore, seul avec lui-même.

Expérience passionnante, quoi qu'il en soit, que celle de médecin des Bancs, et le Médecin Général BLADÉ[4], qui « en » fut, lui aussi, a pu écrire :

« *Pour qui a eu le privilège d'être « médecin des Bancs » dans les lointains parages de Terre-Neuve, du Groenland ou du Labrador, demeure la certitude d'avoir été utile en vivant en marin.*

Nulle autre « mission » ne résume aussi profondément la double nécessité de savoir faire face non seulement à tous

---

1. Francs anciens, bien entendu. (A comparer incidemment avec les salaires des pêcheurs, relevés plus haut pour la campagne 1947.)
2. F..N.F.L. Forces Navales Françaises Libres. (C'était le convoi OS 9, en octobre 1941).
3. S.N.L.E. Sous-marin nucléaires lanceurs d'engins.
4. J. BLADÉ. L'assistance médicale à la pêche en haute mer, Médecine et Armées, 1975. En 1993, le Médecin Général Inspecteur BLADÉ est Directeur central du Service de Santé des Armées.

les imprévus de la médecine, mais aussi à un milieu naturel hors du commun, l'Atlantique Nord, une des mers les plus dures du monde.

Le médecin de Marine y exerce son métier au coeur même de ce qui l'attache : les navires, la mer et les hommes ; ce milieu a façonné à son image un peuple de pêcheurs qui perpétue dans des conditions difficiles une tradition : celle de la « grande pêche » dont la légende évoque la légende des gens de mer de Bayonne, Saint Malo, Granville ou Fécamp, les grands ports morutiers d'hier et d'aujourd'hui. »

Les techniques de l'assistance

Visites à la mer.

Le principe n'a guère changé au cours des siècles.

Le « bateau de guerre », lorsqu'il est sur les Bancs, visite à tour de rôle tous les morutiers français qu'il rencontre, opération maintenant facilitée par les moyens modernes de transmission et de détection, alors qu'elle était autrement ardue, quand les voiliers étaient démunis de radio et le stationnaire de radar.

Si le bateau rencontré est demandeur d'assistance :

– ou bien le consultant est amené à bord du stationnaire, ce qui rend l'examen médical plus facile dans une infirmerie bien équipée.

Mais ces mouvements sont peu prisés des capitaines ; perte de temps, et de main d'oeuvre – leur cauchemar – mais acceptables s'il y a besoin de pièces, de matériel, avec en prime une visite à la coopérative du stationnaire, toujours bien achalandée.

– le plus souvent, le médecin se rend à bord, l'embarcation emmenant en même temps l'officier « de corvée » puis « visiteur » puis « des Pêches » dont nous avons déjà parlé.

Le médecin travaille ainsi « sur le tas », et cette meilleure connaissance mutuelle établit un climat de confiance précieux, à tel point qu'en cas de séjour simultané d'un morutier et du stationnaire dans un port, c'est souvent le médecin du stationnaire que l'on va consulter en cas de besoin.

Et, au cours de ces consultations en mer sur les morutiers, ce n'est pas seulement un malade qui vient consulter, mais souvent plusieurs, profitant de l'occasion, ce qui permet parfois au médecin d'intervenir pour des maladies relativement silencieuses, mais graves – tuberculose pulmonaire par exemple – ou des affections négligées risquant de dégénérer :

« Mais, puisque vous vous êtes dérangé, docteur – dit le capitaine – j'aimerais vous montrer... »

Si l'état du malade l'exige, le médecin le ramène alors avec lui, pour des examens complémentaires, un traitement adéquat, voire une hospitalisation.

Mais, dans toute la mesure du possible, il le renvoie à son bord, avec une ordonnance que le capitaine va appliquer.

Au siècle dernier, c'était évidemment une médecine relativement rudimentaire, disposant d'une bien pauvre pharmacopée, et l'absence de radio à bord des voiliers ne permettait aucun « suivi » des malades.

Par contre, sur les chalutiers, disposant de locaux plus vastes et même d'une infirmerie, l'examen des malades est plus facile, de même que le suivi éventuel par la radio.

La meilleure technique est d'aller élonger le chalutier pendant que, stoppé, il remonte son filet et de grimper à bord, opération facilitée du temps des chalutiers « classiques » par leur pont très bas sur l'eau[1] ; le médecin reste à bord tout le « trait » suivant, assurant tranquillement ses consultations, l'officier des pêches officiant en même temps sans oublier évidemment l'inspection du coffre à médicaments par le médecin.

---

1. Les chalutiers modernes, dits « pêche-arrière », ou au contraire en abord une haute muraille, ce qui rend leur accès moins aisé aux légères embarcations venant les accoster.

Palabres en mer.

Mais tout ne baignait pas toujours dans l'huile, il y a encore quelques années. Certains chalutiers, nous le savons, ne tenaient manifestement pas à recevoir la visite du bateau de guerre, et, silence radio aidant, faisaient le mort.

Mais si l'état du malade paraissait au capitaine dépasser ses compétences, il préférait évidemment -- la perte de temps, n'est ce pas ? – que le stationnaire vienne à lui, et non l'inverse.

Et les palabres radio entre le stationnaire, dont le médecin préférait examiner le client dans son infirmerie, et le chalutier demandeur prenaient parfois un ton un peu aigrelet, comme en témoigne ce relevé du cahier de messages de **L'Aventure** de 1955 :

Le 27 septembre message du **Vikings** :

« Capitaine du ***Vikings*** *à Commandant.*
Avons un marin qui a eu le bras coincé cette nuit. Le coude semble démis. Demandons visite du docteur. Respectueuses salutations ».

A ce moment **L'Aventure** s'occupait du **Bois Rosé**, dont un marin avait une fracture ouverte du pied, la **Belle Normandie** appelant aussi au secours pour une main écrasée.

Le **Vikings**, qui ne tenait manifestement pas à interrompre sa pêche pour faire route sur **L'Aventure**, insiste :

« Il serait nécessaire que le docteur vienne à bord, car nous avons d'autres malades »... On appâte comme l'on peut. !

Le **Vikings**, qui a peur de perdre son tour : *« Nous étions troisième après* ***Belle Normandie*** *et* ***Legasse****, et nous virons pour aller vous trouver. Comment cela se passe ? »*

L'Aventure, où la moutarde commence à monter au nez :

« Il est d'usage que les malades se rendent à bord lorsqu'ils sont transportables, car l'examen se passe dans de meilleures

conditions, le médecin disposant alors de tout son appareillage. Stop. Si vos malades ne sont pas transportables, il est bien entendu que le médecin ira à votre bord, mais il ne pourra le faire que lorsqu'il aura terminé les visites en cours » [1]

Le **Vikings**, résigné, dans un grand soupir :

« Allons essayer d'embarquer [2] *nos malades et de les envoyer à votre bord. »*

Fin du dialogue...

Il y a, en effet, des urgences : traumatismes sérieux, fractures, hémorragies digestives ou autres, qui prennent un caractère dramatique pour un bateau pêchant à plusieurs jours de terre. Le compte-rendu de **L'Aventure** pour la campagne 1947, par exemple, signale que le 27 juin, le chalutier **Atlantique** a eu un homme blessé, la tempe ouverte par un choc, avec hémorragie abondante, *« qui a été vraisemblablement sauvé par la prompte arrivée du médecin de* ***L'Aventure****, qui s'était portée au devant de l'****Atlantique*** *à la vitesse maximum permise par l'état des feux. »*

La consultation radio.

Fort heureusement, l'équipement en radio, dès avant la dernière guerre, des chalutiers et de quelques voiliers, avait considérablement élargi le domaine de l'assistance, et apporté de surcroît un précieux réconfort aux pêcheurs, en brisant leur pesante solitude.

Le stationnaire était, bien entendu, le premier consulté par ce moyen, ce qui donnait lieu parfois à des échanges pittoresques, dont le Commandant BLANCHARD[3] nous donne un échantillon :

« On se montre sur **L'Aventure** le cahier des messages où, en 1951, le Docteur MAYOLLE avait inscrit, pour

1. Réponse qui n'était peut-être pas de bonne foi à 100 %, « l'usage » étant plutôt que le médecin se déplace sur les morutiers.
2. Sous-entendu : sur notre propre doris.
3. BLANCHARD, op. cit.

l'édification de ses successeurs, une décision qui joignait la fermeté à la concision : « *Le cas ne me parait pas grave. Stop. Prenez température. Stop. S'il en a, qu'il se couche. Stop. S'il n'en a pas, qu'il travaille.* »

Il est vrai qu'il ne fallait pas en conter à ce vieux briscard d'une trentaine d'années qui avait déjà à son actif plusieurs campagnes de guerre, dont Bir-Hacheim[1] !

La consultation radio était donc un outil extrêmement précieux, mais qui ne donnait toujours pas des résultats probants, ressemblant à un dialogue de sourds.

Ses modalités ont pu être améliorées au fil des campagnes, comme nous le dit le Médecin Général BLADÉ :

« La consultation médicale par radio est une consultation difficile, la « réception » n'est pas toujours « 5 sur 5 », le capitaine ou le second du chalutier pas toujours explicites, l'essentiel souvent omis.

Cela nous a conduits à mettre au point avec notre successeur sur le ***Commandant Bourdais*** *un « guide de consultations médicales par radio », obligeant le capitaine du navire appelant à interroger, examiner, son patient, à localiser une affection ou une blessure, à mieux utiliser ses moyens pharmaceutiques obligatoirement présents à bord.*

En quelques paragraphes très aérés, un questionnaire guide les interrogations et les réponses, recouvrant partiellement les grands syndromes médicaux et chirurgicaux. Une série de schémas du corps humain, quadrillé, permettent de mieux localiser affections et blessures (cf. annexe).

Une telle consultation demande de l'expérience, une bonne connaissance des hommes, du milieu.

Elle révèle quelques surprises, car tout n'est pas toujours volontairement « avouable ». Elle demande aussi rapidité et esprit de décision, une bonne évaluation de la notion de gravité, une vision de l'état de la mer, de la météo, de la

1. Bir Hacheim (le puits du sage), ou Bir Hakeim, ou phonétiquement Bir Hakim.

distance à parcourir pour venir ou non au secours du blessé ou du malade[1].

On peut ainsi passer la nuit au P.C. radio, à la recherche d'un contact perdu, hésiter entre deux appels venant du nord ou du sud. Le médecin propose, le Commandant dispose... car il est des impératifs techniques que l'on ne peut outrepasser (vitesse, autonomie en carburant, etc...) »

On retrouve facilement dans ce protocole la préfiguration de ce qui est maintenant le « Guide médical de bord pour les navires de la Marine Marchande sans médecin » dont nous avons parlé au chapitre du « Médecin de papier ».

Et les chalutiers peuvent aussi avoir recours, maintenant à cette consultation radio-médicale de Saint Lys-radio, comme ils peuvent interroger Saint-Pierre-et-Miquelon.

Le « suivi ».

Le travail du médecin qui avait fait hospitaliser directement, ou indirectement un pêcheur à terre, habituellement Saint-Pierre ou Saint-Jean de Terre-Neuve, n'était pas pour autant terminé.

Il se devait, une fois à terre, d'aller visiter ces marins hospitalisés parfois en pays étranger, Terre-Neuve, Groenland ou Norvège, leur apporter des nouvelles du bord, un peu d'air du pays, veiller à leur ré-embarquement après guérison.

A Saint-Pierre, il est vrai, il se trouvait heureusement en famille avec les médecins militaires en charge de l'hôpital, généralement issus comme lui de l'École de Santé Navale.

Il était aussi, assez souvent, appelé à prendre contact avec les médecins des hôpitaux étrangers recueillant nos pêcheurs, contacts toujours fructueux à condition de bien posséder la langue anglaise, véhicule indispensable dans ces eaux.

---

1. On ne peut mieux définir ce que les marins sont en droit d'attendre d'un médecin de la Marine.

GUIDE DE CONSULTATIONS MÉDICALES PAR RADIO A L'USAGE DES CAPITAINES DE CHALUTIERS *

fait en collaboration avec De St Julien

Avant d'utiliser la radio :
- interrogez
- examinez le malade
- localisez la plaie en vous servant de la grille ci-joint et en mentionnant le numéro de celle-ci
- sachez répondre aux questions suivantes

I. – INTERROGEZ LE MALADE OU LE BLESSE

- Age
- Spécialité à bord
- Maladies déjà eues
- Médicaments qu'il prend
  qu'il a pris
- Opérations qu'il a eues
- Accidents qu'il a eus
- Depuis quand a commencé sa maladie

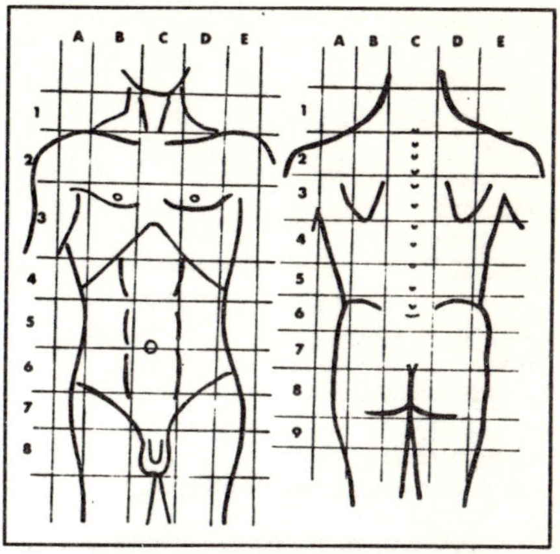

Quadrillage topographique du schéma corporel pour consultation radio

II. – RECHERCHEZ LES SYMPTÔMES DE LA MALADIE OU DE L'ACCIDENT

1) Si c'est une maladie
- souffre-t-il
  - où :
  - intensité
    peu
    beaucoup
  - début
    brusque
    lent
  - la douleur est-elle fixe
  - la douleur est accompagnée d'autres symptômes oui
    non
- Rechercher les autres symptômes
  de la bile
  des aliments
  - tousse-t-il
  - crache-t-il blanc
    vert
    rouge
  - va-t-il à la selle
    - non
    - oui dure
      liquide
      que des gaz
  - a-t-il perdu connaissance
    - brusquement
    - lentement
    - pas du tout
  - a-t-il eu des convulsions
    - non
    - oui
      a-t-il mordu sa langue
      a-t-il uriné

2) Si c'est un accident
- Comment est-ce arrivé ?
- Où a-t-il mal
- Est-ce que cela saigne
  - non
  - oui combien
    où
- A-t-il perdu connaissance
  - non
  - oui immédiatement
    un peu après
    combien de temps après

* Il s'agit d'un interrogatoire radiophonique s'adressant le plus souvent à des officiers ou à des patrons de bâtiments dépourvus de médecins et eux-mêmes sans formation médicale. La simplicité des questions s'impose donc. La forme interrogative a été supprimée pour ne pas surcharger le texte.

III. – EXAMINEZ LE MALADE OU LE BLESSE

– Aspect général
  • très fatigué
  • son état s'aggrave
  • se sent bien
– Couleur de sa figure
  • pâle
  • rouge
  • violette
– Température
  • matin
  • soir
  • depuis quand
– Pouls
  • rythme à la minute
  • régulier
  • irrégulier
– Qu'avez-vous remarqué en plus

IV. – SON AFFECTION PEUT ÊTRE LOCALISÉE

1) S'il a mal aux mains
– Est-ce que c'est gros
rouge
chauds
– Peut-il étendre les doigts

2) S'il a mal au ventre
– Peut-il gonfler le ventre
– Peut-il le creuser
– Va-t-il à la selle
– Vomit-il

3) S'il a mal à la poitrine
– Crache-t-il vert
du sang
– A-t-il l'impression qu'il va mourir
– A-t-il perdu connaissance

4) S'il a mal à la tête
– Vomit-il
– Peut-il plier la tête
– A-t-il de la fièvre

5) S'il a mal aux jambes
– Comment est la jambe chaude
froide
blanche
violette
normale
grosse
– Marche-t-il

6) S'il a mal à la gorge
– Avale-t-il facilement
– Peut-il ouvrir la bouche
– A-t-il très mal aux oreilles
au cou

7) S'il a mal aux yeux
– Un oeil ou les deux yeux
– Voit-il oui
non
– L'oeil est-il rouge ou normal
– L'oeil est-il dur
mou

L'équipement médical.

Qui dit assistance médicale dit équipement approprié.

En ce qui concerne les locaux hospitaliers, nous avons vu que leurs installations, généralement satisfaisantes, étaient forcément en rapport avec la taille du bâtiment.

Relativement vastes sur le croiseur **Isly** ou l'aviso **La Manche** il y a un siècle ou plus, comme récemment sur les B.S.L. **Loire** et **Rhone**, elles étaient exiguës et rudimentaires sur la canonnière **Le Crocodile**, comme elles le sont encore sur le sur le R.H.M. qui assure maintenant l'assistance, où l'espace est compté.

Il est vrai que les conditions de l'assistance ne sont plus du tout les mêmes.

Quant aux stationnaires « chroniques » que furent successivement la **Ville D'Ys**, **L'Aventure** et le **Commandant Bourdais** – 45 ans de présence environ sur les Bancs en tout –, ils disposaient de locaux hospitaliers exigus, mais suffisants pour y examiner correctement les malades, pratiquer des interventions chirurgicales mineures, – hospitaliser quelques jours des malades ou des blessés, effectuer des examens radiologiques sommaires à partir de 1947, et aussi des examens bactériologiques simples, la recherche par exemple du diplocoque [1] après une « touche » à terre d'un chalutier, ou du stationnaire lui-même [2].

En ce qui concerne la pharmacopée, le stationnaire a toujours été généralement bien gréé, les Directions des Services de Santé de Brest, Cherbourg ou Lorient ne lésinant jamais, pour l'approvisionner généreusement, compte tenu de sa mission particulière. Merci, Monsieur le Médecin Général !

---

1. Le gonocoque est un diplocoque, responsable de la blennorragie.
2. **L'Aventure** disposait de 8 lits dans son infirmerie, et le **Commandant Bourdais** de 12 lits, une partie de son poste 3 ayant été aménagée en complément dans ce but.

En principe, les coffres à médicaments des morutiers auraient dû suffire pour le traitement prescrit pour leurs marins ; en fait, le médecin, qui avait souvent ses préférences personnelles, partait en visite à la mer, avec une sacoche bien garnie, surtout lorsqu'apparurent les premiers antibiotiques.

Depuis les années 60, le stationnaire embarque un dentiste-aspirant, qui dispose d'un cabinet dentaire équipé, installation qui n'est certes pas un luxe, mais rend service au médecin, et aux pêcheurs bien entendu !

En fait, le médecin du stationnaire moderne est bien armé pour faire face à ses responsabilités.

C'est ce qu'écrivait en 1978 P. de ROTALIER [1] après avoir noté qu'un film récent à succès – « Le crabe tambour » – avait donné une image peut-être un peu romancée, sinon simpliste du médecin des Bancs :

« On peut dorénavant estimer que le médecin atteint souvent les limites de sa compétence, celles que lui imposent l'isolement et l'état de la mer, avant d'être limité par son manque de moyens matériels. »

L'un de nous a été récemment chargé, du fait de son expérience après quatre campagnes sur les Bancs, de définir un « lot médical pour la mission d'assistance » afin de perdre moins de temps à commander le matériel nécessaire, et de disposer de médicaments plus spécifiquement adaptés à la pathologie des Terre-Neuvas.

Avant d'appareiller pour les Bancs, en effet, la commande de médicaments pour campagne se faisait selon l'inspiration du médecin désigné, qui n'avait pas toujours une idée très précise de ces besoins spécifiques, et s'articulait souvent, de ce fait, autour d'un lot prévu pour les « missions lointaines » des bâtiments partant en campagne, qui descendent beaucoup plus souvent vers les DOM-TOM ensoleillés que vers les brumes glacées de l'Atlantique Nord.

---

1. P. de ROTALIER, op. cit.

Plutôt pauvres en drogues que réclament les affections O.R.L., les gelures, et autres misères des pelletas, le stock comportait par contre un lot important d'antipaludéens, de sel, de liniments anti-solaires, sans aucun intérêt sur les Bancs.

Quant à l'hélicoptère apparu avec les B.S.L. pendant quelques années, nous avons dit plus haut l'espoir qu'il avait apporté, et la désillusion qui s'ensuivit.

L'équipe « renfort pêche ».

La création récente de cette équipe « indépendante d'un bâtiment précis » a certainement marqué un tournant positif dans l'efficacité de l'assistance ; comprenant un officier des pêches, un médecin, un dentiste-aspirant, trois second-maîtres : un agent postal, un météo, un chef de quart, et un quartier-maître infirmier, elle est solidaire et embarque sur le R.H.M. désigné pour la campagne.

Équipe spécialisée, bien soudée, chacun étant d'une compétence indiscutable, elle a déjà fait ses preuves.

Pour renforcer encore l'assistance médicale, il a été embarqué, à titre d'essai en 1987, un deuxième médecin, du contingent, sur un des chalutiers de la flottille, formule pourtant déclinée l'année précédente par les armateurs concernés, se disant incapables d'assurer un juste dédommagement au chalutier porteur de ce renfort, et devant en assurer, de surcroît, les charges d'assurance.

Évidemment ce médecin ambulant était aussi le médecin « aux mains nues » ne disposant ni du personnel, ni du matériel nécessaire pour l'exercice normal de son métier.

Nous ne pouvons terminer ce chapitre de l'assistance médicale en mer, sans tirer un profond coup de casquette à ce personnel infirmier de nos stationnaires, dont le rôle obscur d'auxiliaire du médecin n'en est que plus méritoire ; auxiliaires d'une compétence technique universellement reconnue et appréciée, ils jouent souvent le rôle de « nurse » auprès de malades graves hospitalisés dans leur infirmerie, n'hésitant pas, l'un de nous l'a vécu, à troquer la seringue pour une paire d'avirons afin d'accompagner leur médecin en doris pour les visites à la mer, par tous les temps, sur les chalutiers et voiliers.

Quelques chiffres, à titre d'exemple.

... qui, malgré leur sécheresse, donneront un aperçu de l'activité du bateau de guerre dans le domaine de l'assistance médicale, du moins pour la période contemporaine, ici pour **L'Aventure**, stationnaire à Terre-Neuve pendant 14 ans.

Année	Navires assistés	N. de consultations	Hospitalisés	
			à bord	à terre
1947	75	155	25	16
1948	(aucune documentation retrouvée)			
1949	63	217	24	12
1950	57	192	16	11
1951	43	139	32	16
1952	86	189	43	20
1953	67	107	30	19
1954	61	147	22	13
1955	56	124	19	16
1956	74	74	16	11
1957	57	158	28	11
1958	109	360	49	27
1959	118	232	28	24
1960	135	225	17	15

Ces chiffres appellent quelques commentaires :

– Un « navire assisté » est généralement un morutier sur lequel le médecin s'est déplacé en mer, pour aller voir un malade ou un blessé, étant entendu que certains navires ont ont été visités plusieurs fois au cours d'une même campagne.

– Bien entendu, n'ont été comptées que les consultations avec examen médical complet, la présence du médecin à bord étant l'occasion pour d'autres marins que le consultant de lui demander conseil pour une plaie, une affection mineure.

– Les consultations radio ne sont pas comprises dans l'énumération ci-dessus et il n'a pas été possible d'en établir la liste.

– Ces chiffres doivent être évidemment rapportés à ceux de la population maritime présente pendant cette période sur les Bancs ; une vingtaine de morutiers en 1947 pour 1 200 pêcheurs environ, une trentaine de grands chalutiers en 1960 pour moins de 2 000 marins.[1]

Il y a un siècle, rappelons-le, il y avait à Terre-Neuve plus de 12 000 marins, pour près de 300 navires et depuis de longues années, les médecins des croiseurs, avisos et canonnières étaient seuls susceptibles d'apporter une aide médicale à ces pêcheurs, en dehors des « chirurgiens » du French Shore, alors que le premier navire-hôpital des Oeuvres de Mer n'allait appareiller pour les Bancs qu'en 1896.

Si nous manquons de statistiques précises sur cette « grande époque » de la pêche à la morue, il suffit de revoir le tableau de l'aviso **La Manche** faisant état, pour une seule tournée » de dix jours sur les Bancs en 1899, de 20 morutiers assistés en mer par son médecin-major pour une trentaine de malades, le navire-hôpital étant déjà entré en fonctions.

Les Oeuvres de Mer. Les navires-hôpitaux.

Ce fut une entreprise admirable que celle de la Société des Oeuvres de Mer qui fit construire, en 1896, à Saint Malo, son premier navire-hôpital, le **Saint Pierre**, spécialement aménagé pour l'assistance directe et quasi-permanente aux marins de Grande Pêche, à Terre-Neuve comme en Islande.

---

1. Pour une dizaine de chalutiers, avec 500 à 600 marins au début des années 80.

Nous n'en parlerons que brièvement, s'agissant d'une oeuvre privée, non sans rappeler cependant que la Marine nationale était quand même directement concernée puisque, pendant de longues années, le médecin du navire-hôpital fut un médecin de la Marine, détaché pour cette mission avec un gradé infirmier, le Docteur LABADENS sur le **Saint Pierre**, le Docteur BONAIN, puis le Docteur LUCAS sur le **Saint François d'Assise** par exemple.

Les Archives de Médecine navale nous le rappellent en 1896 :

*« Le **Saint Pierre** est parti le 21 avril pour les Bancs de Terre-Neuve : le médecin de ce bateau-hôpital aura fort à faire, la campagne sera dure et laborieuse ; il aurait été imprudent de prendre un docteur novice comme médecin.*

Aussi, avec la plus grande bienveillance, le Ministre de la Marine s'est-il empressé de mettre à la disposition de la Société M. LABADENS, Médecin de 1ère classe de la Marine, considéré comme en mission. »

Mais la grande bienveillance du Ministre s'éteignit en 1903, nous dit LACROIX[1] :

« Le département de la Marine Marchande, où PELLETAN régnait alors, supprima aux Oeuvres de Mer la modeste subvention accordée jusque là sur le fond de retenue de 2 % des primes à la Marine marchande. Un journaliste de l'époque assura qu'elle avait été versée à la buvette des députés. »

Et le même coup de tabac supprima la mission du médecin de la Marine, mais elle fut reprise après la guerre 14-18.

Au premier navire-hôpital, le **Saint Pierre**, avait succédé le **Saint Pierre II**, puis le **Saint François d'Assise** (et le **Saint Paul** pour l'Islande[2]) pour en arriver à un

1. L. LACROIX, op. cit.
2. Le **Saint Paul**, échoué près de Reykjavik, après avoir été jeté à la côte par une violente tempête, dans la nuit du 1er au 2 mai 1897, put être renfloué par un bâtiment de guerre, **La Manche**, le 17 mai suivant.

premier vapeur, le **Notre Dame de la Mer** suivi de la **Saint Jehanne**, rebaptisée **Sainte Jeanne d'Arc**, et enfin au modeste **Saint Yves**, avec lequel le P. YVON fit quelques campagnes avant la guerre.

Il y avait donc complément d'assistance entre la Marine nationale et les Oeuvres de Mer, et cet aspect « œcuménique » apparaît par exemple dans le rapport de mission de la **Ville D'Ys** pour la campagne 1921 :

... « Le service de surveillance et d'assistance a été assuré sur les Bancs de Terre-Neuve par la ***Ville D'Ys*** *et l'****Antarès***[1]*, par le bâtiment-hôpital des Oeuvres de Mer,* ***Sainte Jeanne d'Arc****, sur lequel était un médecin de la Marine.*

Les chiffres suivants mettent en relief son rendement :

Au cours de leur onze tournées des Bancs, (dont sept par la Station et quatre par le bâtiment-hôpital), ces bâtiments ont communiqué 740 fois avec les bâtiments de pêche.

L'assistance médicale a été donnée à 281 navires. »

Et il conclut :

« Une bonne liaison des mouvements des bâtiments de la Station et du bateau-hôpital a permis de maintenir facilement au moins un bâtiment sur les Bancs.

Il faut préciser que les « tournées » du bâtiment-hôpital étaient sûrement d'une plus longue durée, il n'avait guère qu'à faire des allers et retours avec Saint-Pierre ou Saint-Jean, alors que les avisos avaient d'autres missions à remplir.

Cette année 1921, il y avait 96 voiliers métropolitains et 26 chalutiers sur les Bancs.

Par contre, le rapport de la même **Ville D'Ys** pour la campagne 1938 nous dit :

« Malgré nos efforts répétés pour atteindre le ***Saint Yves*** *par T.S.F., nous n'avons eu avec lui aucune liaison directe. »*

---

1. **Antarès**, aviso dont la mission fut complémentaire ou supplémentaire de celle de la **Ville D'Ys**.

L'assistance médicale à terre.

Cette assistance a toujours été l'un des volets majeurs de la mission dévolue aux navires de guerre à l'époque où des milliers de grâviers travaillaient sur le French Shore, les médecins des navires de guerre continuant à terre leur activité professionnelle.

Et, même si le morutier est au port, il arrive que cette assistance médicale directe se prolonge au bénéfice de ses marins, comme le rapporte le commandant de **L'Aventure** le 8 novembre 1947 :

« L'escale à Saint-Jean de Terre-Neuve a été mise à profit pour visiter le chalutier ***Islande*** *dont l'équipage presqu'en entier souffrait de gastro-entérite aiguë. Grâce aux soins du docteur de* ***L'Aventure*** *agissant en liaison avec le Service de Santé de Saint Jean, la situation de l'****Islande*** *a évolué très favorablement et ce chalutier envisageait de reprendre la pêche le surlendemain du départ de* ***L'Aventure****. »*

En métropole.

Ce chapitre serait incomplet si nous ne mentionnions pas une autre forme d'assistance, un peu parallèle certes, mais fort précieuse, qu'est le contrôle médical avant l'embarquement.

Depuis fort longtemps en effet, tout inscrit maritime est soumis, avant chaque embarquement, à une visite médicale d'aptitude passée aux frais de l'armateur, examen assuré le plus souvent, par un médecin « désigné » ou « agréé » par la Marine Marchande.

Mais, dans la plupart des communes où se recrutaient les marins de Grande Pêche, il était en même temps le médecin de famille, une décision d'inaptitude à faire campagne sur les Bancs représentait parfois pour lui un véritable cas de conscience, en raison des éventuelles répercussions économiques pour la famille, forcément désastreuses.

Et puis, il y avait aussi des embarquements « par dessus bord », à la dernière minute, sans visite médicale, ou encore au gré des capitaines.

Le Commandant BELLOC notait, dans son journal, le 5 février 1929 :

« Quant au coup de la visite médicale, on peut être sûr qu'elle est honnêtement passée. Mais elle l'est lorsque les embauches sont déjà faites, et les capitaines eux-mêmes peuvent intervenir pour que certains hommes auxquels il tiennent ne leur soient pas enlevés.

Inutile donc de proposer que les médecins soient agréés par les armateurs. »

Dans sa thèse, en 1919, DESCOTTES[1] cite DELAHET, médecin-major du croiseur **Le Friant** en 1914.

« Le métier de pêcheur sur les Bancs est suffisamment rude pour qu'on puisse exiger des gens qui le pratiquent une constitution particulièrement robuste.

Or, loin d'être composée d'individus rigoureusement sains, la flottille des voiliers et chalutiers comprend toujours dans ses équipages des sujets débiles ou prédisposés. Quelques-uns sont entachés de tuberculose, et, cette année, on nous a cité des cas de plusieurs d'entre eux, qui seraient morts des suites de cette affection, peu après leur voyage à Saint-Pierre[2] ; à peine ont-ils terminé cette traversée qu'ils viennent échouer à l'hôpital, où la science est impuissante devant les progrès d'un mal déjà avancé.

Le fait n'aurait pas eu lieu si une visite médicale sévère était passée avant le départ de France. »

Et DESCOTTES continue :

« Cependant, en interdisant l'embarquement des marins malades, on fait perdre à ces malheureux l'espoir de toucher leur retraite.

C'est l'objection la plus sérieuse dont on dispose contre les visites médicales : un pêcheur qui doit, au bout de quelques années, avoir droit à sa retraite, se résoudra difficilement à y renoncer et à rester à terre.

1. E. DESCOTTES, op. cit.
2. Passagers-pêcheurs probablement.

D'autre part, il serait inhumain de le priver de cette retraite si on l'empêche par la force de partir. Il faudrait donc que l'État donne aux marins qui ne pourraient pas s'embarquer pour raison de santé, des retraites proportionnelles à la durée de leur service afin de sauvegarder leurs intérêts.

Le malade qui s'embarque pour cette dure campagne va vers une mort presque certaine, le cruel mot d'ordre des Bancs étant exact : « Pêche ou crève ».

C'est donc aux autorités à prendre la défense des familles, en interdisant de s'embarquer aux malades ou prédisposés aux maladies, afin de conserver à celles-ci leur chef et leur soutien. »

Il fallut attendre 1940 pour que soit créé le corps de « Médecins des Gens de Mer » médecins de Marine d'active « détachés hors cadre »[1] pour une affectation plus ou moins longue dans les principaux Quartiers d'Inscription Maritime de France.

Et chaque marin était, et est encore, soumis à une visite médicale annuelle, mentionnée sur son fascicule professionnel, et qui coïncidait, pour les pêcheurs de Terre-Neuve, avec leur engagement, en février de chaque année généralement, visite assurée par le médecin des Gens de Mer de son Quartier.

C'est ainsi que, depuis plus d'un demi-siècle, les médecins des Gens de Mer, singulièrement ceux de Bretagne Nord, ont apporté leur contribution à la surveillance médicale de nos pelletas, ayant en plus en charge le contrôle du fameux coffre à médicaments, étant membre à part entière de la Commission de sécurité inspectant le navire avant son départ annuel.

Ainsi se termine ce long chapitre sur l'assistance médicale, sous toutes ses formes, que la Marine de guerre a apportée, et apporte toujours, aux pêcheurs de Terre-Neuve et d'ailleurs, expérience unique et passionnante pour ces médecins qui ont « fait » les Bancs et appartiennent ainsi à cette grande famille des « humeurs de brume ».

1. Maintenant simplement « détachés ».

LES AUTRES FORMES D'ASSISTANCE

Le service du courrier.

Depuis des générations, ce service du « courrier » a été un élément majeur de l'assistance aux pêcheurs, appui moral jouant dans les deux sens, pour les marins sur les Bancs, comme pour la famille restée seule, en Bretagne ou ailleurs.

C'est ce que dit le Commandant BLANCHARD[1] :

« L'importance que nous donnons à cette partie de la mission, l'obstination que nous mettons à délivrer des lettres parfois vieilles de plusieurs semaines, peut de loin paraître futile.

Mais quand on pense à l'isolement de ces hommes dans un climat pénible, au temps que dure cette solitude, on comprend que ces lettres sont pour eux les seuls liens qui les rattachent au monde des gens normaux, et le prix qu'ils y attachent.

Les petits dérangements que le courrier nous apporte sont largement compensés et sont vite oubliés quand on voit la joie que cause leur arrivée. »

Anita CONTI nous a déjà joliment conté la valse-hésitation du capitaine devant la proposition de **L'Aventure** de venir prendre le courrier de son bateau.

---

1. C.F. BLANCHARD, op. cit.

Et puis, la « bougeotte » qui entraînait souvent de fréquents changements de mouillage sur les Bancs, pour mieux suivre le poisson dans ses migrations, n'arrangeait rien.

Le Capitaine de Vaisseau de LAPELIN, commandant la Subdivision de Terre-Neuve en 1866 estimait, lui, que l'on ne pouvait tout de même pas changer les croiseurs en paquebots-poste !

Mais, vu de France, le problème était tout autre.

Expliquant, en 1958, le retard qu'avait mis **L'Aventure** pour livrer le courrier à trois de nos chalutiers – toujours le problème du saucissonnage du stationnaire : un morceau sur le Grand Banc, un au Groenland, une tranche en mer de Barents et une autre en Norvège – le commandant citait une lettre reçue récemment, exprimant à sa façon que « la famille de la Grande Pêche compte sur **L'Aventure** », lettre émanant de quatre femmes de marins bretons, et ainsi rédigée :

« A ...., le 3 novembre 1958

Monsieur,

Telle a été notre grande déception de ne pas avoir de courrier par votre escorteur ***L'Aventure****.*

Nous voudrions connaître la raison pour laquelle nous n'avons pas reçu de courrier ce voyage-ci.

C'est inadmissible de voir cela, à l'époque où nous sommes.

Il faut attendre des mois pour avoir une malheureuse lettre d'un chalutier qui se trouve sur les Bancs de Terre-Neuve ou Groenland.

Nous sommes réellement étonnées.
Dans l'attente d'une réponse,

Recevez nos salutations empressées,

Signé : Madame S....... Chalutier ***Minerva***
Madame P....... Chalutier ***Cap Fagnet***
Madame B...... Chalutier ***Colonel Pleven***
Madame L...... Chalutier ***Minerva*** *»*

Habituellement, le « facteur des Bancs » qu'était l'officier des Pêches, partant en visite sur les Bancs avec le médecin, emportait le courrier du morutier et rapportait le courrier « départ ».

Par mer calme – et pêche de même – l'intéressé mettait un doris à l'eau pour aller sur le stationnaire prendre son courrier, les dorissiers en profitant pour aller faire un tour à la coopérative ou saluer « un pays » ?

S'il faisait trop mauvais, le courrier était passé avec un bout tendu entre les deux bateaux naviguant en parallèle – ceci pour les chalutiers bien entendu – ce qui supposait une navigation acrobatique peu appréciée des commandants, et maintenant une « bouée postale », boîte étanche larguée par l'un des bateaux et recueillie par l'autre, assure le transfert.

Il est bien évident que la poste des Bancs ne pouvait avoir la rapidité et la ponctualité des P.T.T. à terre, ce que confirme le rapport de mission de **L'Aventure** en 1954 :

« Les conditions d'acheminement du courrier ne sont toujours pas satisfaisantes. Les familles des pêcheurs ne sont pas au courant des mouvements des chalutiers, d'où des erreurs grossières : courrier trouvé chez les consignataires de Saint-Jean pour des bâtiments en route vers la France, ou même en France depuis un certain temps, etc... La plupart du temps, les ennuis arrivent de la façon suivante : un chalutier prend du courrier en France pour un chalutier ami, puis, arrivé sur les Bancs, ne le lui remet pas. A qui la faute?... Quelques mois plus tard, le chalutier finit par remettre ce courrier à ***L'Aventure*** *qui le délivre plus tard, normalement dans le mois en cours. Quand le chalutier destinataire reçoit le courrier, il s'étonne que* ***L'Aventure*** *le lui remette si tard, d'où de laborieuses explications par radio.*

Il est même arrivé que les chalutiers remettent à ***L'Aventure****, pour d'autres chalutiers, du courrier de 1953, donc se trouvant à bord depuis un an ! »*

L'un de nous a connu en 1947 une histoire rocambolesque dans ce domaine : un sac de courrier expédié pour **L'Aventure** à Sydney, Nouvelle Écosse au Canada, est parti à Sydney, Australie, d'où il est revenu un an après, ayant fait son tour du monde !

Faut-il donner quelques chiffres pour matérialiser ce service particulier ? :

– en 1947 ; 10 000 lettres furent remises aux navires en pêche avec 140 colis, et à peu près autant partirent dans l'autre sens, avec en plus 602 messages-radio ou lettres radio-maritimes.

– en 1954 ; ce furent 13 396 lettres et 303 colis qui furent remis aux chalutiers qui confièrent à **L'Aventure** 9 665 lettres pour la France.

– en 1966 ; année-record apparemment, le **Commandant Bourdais** remit 28 316 lettres avec 1 428 colis, il emporta 23 904 lettres et 99 colis pour les familles en France.

A noter que cette année-là, plus de 30 tonnes de vivres et de matériels divers furent transportés et livrés en mer aux chalutiers.

Actuellement, grâce à Radio Saint-Lys, et malgré leur manque d'intimité, les communications directes – et même les messages par satellites – ont pris un peu le pas sur les lettres que le stationnaire prend en charge, diminution qui va aussi avec celle de la population maritime sur les Bancs.

Le **Centaure**, lors de la première campagne de 1985, distribua 4 730 lettres et 680 colis, pour 3 722 lettres et 139 colis en retour.

Pour la campagne d'automne de cette année-là, le **Malabar** remit 3 164 lettres et 518 colis aux 9 chalutiers métropolitains alors sur zone, qui lui confièrent 3 512 lettres et 248 colis.

L'assistance matérielle.

L'assistance « matérielle » fut elle aussi, et de tout temps, un chapitre important de la mission des navires de guerre, et sous toutes ses formes.

C'est par exemple la **Nièvre** en 1895 qui relève la goélette **Magie Blanche** jetée à la côte dans la Baie des Iles, renfloue le **Zéphir** échoué à Bonne Baie, remâte la goélette **Quatre Soeurs**, alors que le **Laclocheterie** remet à flot le trois-mâts **Vaillant** qui s'est traîné à Saint-Jean, menaçant de couler bas.

Les réparations des avaries causées par le mauvais temps étaient monnaie courante pour les navires de la Station, nous en avons donné un exemple plus haut avec le tableau des réparations effectuées par le **Drac** en 1889, dans le hâvre Saint-Georges.

Ce ne sont là que quelques exemples entre mille.

Dans notre siècle, le Commandant BELLOC note dans son journal :

*« Au moment de partir sur le Platier, télégramme du **Léone** qui me demande de le remorquer jusqu'à Saint Pierre, alors qu'il est à mi-distance entre le Bonnet Flamant et moi [1].*

*Ces capitaines et armateurs sont tous les mêmes. On se tue à leur répéter de ne quitter la France qu'avec du matériel en bon état. Ils trouvent que cela coûte trop cher. Résultat : on appelle la **Ville D'Ys**. Le motif est qu'il a perdu son gouvernail. »*

En mai 1938, la **Ville D'Ys** transporte à Saint-Pierre l'appareil à gouverner du quatre-mâts **Zazpiakbat**, et repart « full speed » pour aller porter assistance au chalutier **Jutland** qui vient de se mettre au sec.

Plus près de nous, **L'Aventure** en 1951 se portait au secours du **Ginette Leborgne** qui coulait rapidement, et en 1962, le **Commandant Bourdais** allait secourir le chalutier **Pingouin** pour le conduire à l'abri à Faeringhavn.

Tout récemment encore, écrivait dans « Cols Bleus » du 6 février 1988, le Lieutenant de Vaisseau **Gaullier**, officier des Pêches à Terre-Neuve, le **Centaure** dut prendre en remorque le chalutier la **Goélette** dont le chalut, à la suite d'une malencontreuse manoeuvre, avait emprisonné hélice

---

1. Si l'on regarde la carte, ce n'est pas à la porte et, sur ses vieux jours, la **Ville D'Ys** ne pouvait plus guère donner que dix noeuds au maximum.

et ligne d'arbres, pour le ramener à Saint-Pierre, après que les plongeurs du stationnaire aient tenté en vain, dans l'eau glacée, de démêler le gigantesque écheveau.

Le recours aux techniciens du bateau de guerre devint, chose normale, plus fréquent à mesure que les navires de pêche étaient dotés d'appareils et instruments de navigation, nombreux et complexes.

Alors qu'en 1929, la **Ville D'Ys** n'était guère sollicitée que pour réparer le moteur à pétrole du guindeau des voiliers, les détecteurs et radios de **L'Aventure** ont dépanné, une année, 11 radars, 3 radio-goniomètres, 1 sondeurs et 3 émetteurs-radio, 3 radars n'ayant pu être réparés faute de pièces de rechange.

Le message du **Président Houduce** du 8 juin 1955 à **L'Aventure** traduit bien le souci de son officier-radio, en panne de sondeur, cette pièce maîtresse de la recherche de la morue dans les bons fonds où elle se tapit :

« *BJC, CDT.*[1] *Nous faisons route sur vous. Si vous pouvez nous envoyer quelqu'un pour dépannage sondeur. Devons-nous mettre notre doris. Respects. Capitaine.* »

Il fallait en effet que la situation fût grave pour que le chalutier mette spontanément en route sur **L'Aventure**, et suggère même de mettre lui-même son doris à l'eau !

Ce même jour, l'**Islande** semble, lui, débordé par les événements, et appelle **L'Aventure** : « *BJC. CDT. Pouvez-vous nous envoyer le docteur, craignons infection générale de grippe. 7 hommes sur le flanc depuis 3 jours. Salutations,* POULIQUEN. »

L'assistance prit parfois un tour cocasse, témoin l'histoire du capitaine que nous a rapportée le Commandant LAFEUILLE :

« *Son chalutier étant à quai à Sydney, Nouvelle Écosse, près de* **L'Aventure**, *ce capitaine avait, la veille, fait à son bord une mémorable « ribotte » parce que, « hier soir, on a*

1. BJ CDT. Abréviation classique pour « Bonjour, Commandant ».

gagné les élections ! ». L'ennui, c'est que, de la secousse, son dentier était tombé à l'eau ; et ce matin-là, il surveillait d'un oeil plutôt pâteux les évolutions des plongeurs de **L'Aventure**, s'entraînant au Cousteau, appareil de plongée autonome, et, ô miracle, on l'a retrouvé, son dentier. Vive la France !

Mais les plus dramatiques de ces assistances resteront certainement, dans l'histoire des Bancs, du temps des voiliers, celles de la recherche de leurs doris perdus en mer, missions souvent décevantes, hélas ! : quand la brume voulait bien se lever, les frêles embarcations étaient déjà loin, emportées par les forts courants des Bancs, dispersées ou déjà emportées dans la tempête. Dieu, que le radar fut une belle invention !

Il y eut aussi, surtout au cours des traversées atlantiques, à l'approche de Terre-Neuve, des morutiers qui disparurent « corps et biens » et le stationnaire était chargé, sans beaucoup d'espoir, d'aller à la recherche de ces disparus, tel le croiseur **Troude**, dépêché en 1905, sur ordre du Ministre, à la recherche du trois-mâts **Cousins Réunis**, dont on était sans nouvelles depuis deux mois.

Mais l'essentiel de l'assistance matérielle reste le ravitaillement des morutiers en pêche.

« Le rôle de tutrice naturelle que la Marine Nationale joue à l'égard des pêcheurs lui impose des devoirs ; toutes les fois que nous allons à Saint-Jean ou à Saint-Pierre, on nous donne des « commissions », pièces de machines ou de radios, vivres frais et même parfois du vin » écrit le Commandant BLANCHARD[1].

Ce ravitaillement prend quelquefois un aspect pittoresque.

En 1947, nous a rappelé l'Amiral JACQUINOT DE PRESLE, qui fut le premier commandant de **L'Aventure** à Terre-Neuve, il nous fallut ravitailler en eau, sur le Platier, un trois-mâts de Saint-Malo, le **René Guillon**.

1. C.F. BLANCHARD, op. cit.

Mettre une manche à eau entre la frégate et le voilier, chacun roulant bord sur bord à sa propre fréquence dans une mer assez agitée, supposait un rapprochement « à toucher » qui n'aurait pas été sans casse d'un côté et de l'autre.

On élongea donc une manche entre les deux navires, soutenue par une litanie de doris échelonnés entre les deux, et l'opération put se faire en douceur.

En fait, expliqua au commandant le capitaine du voilier pour justifier cette surprenante sécheresse, « *de mon temps, on se lavait un bon coup avant le départ de Saint Malo en mars, et un bon coup au retour en octobre ; maintenant, y'veulent se laver toutes les semaines* ! »

Près de quarante ans plus tard, une opération comparable se déroule :

Dans la nuit du 29 au 30 novembre 1984, le chalutier **Dauphin** de Fécamp, le dernier qui fait encore, en partie, du « salé », arrive et mouille en rade de Saint-Pierre, le **Tenace** s'approche et se met à couple.

Que font donc ces deux bateaux dans la nuit noire ?

Tout simplement, le **Dauphin** a épuisé sa réserve de sel ; pour éviter d'aller à quai et de perdre du temps, le capitaine a demandé au stationnaire s'il voulait bien lui apporter son sel au mouillage.

D'accord, dit le commandant du **Tenace**, et c'est ainsi que vers minuit et par temps heureusement calme, 590 sacs de sel, soit 20 tonnes, sont transbordés sur le **Dauphin** par une chaîne humaine, les marins « fayots » et les pelletas étant unis dans le même effort.

La lecture du cahier de messages de **L'Aventure** pour la campagne 1955 donne un aperçu de la diversité de ces messageries :

C'est le **Président Houduce** qui, le 28 juin, toujours après le bref BJR. CDT, signale par radio :

« Auriez-vous l'amabilité de nous prendre 30 kg de tomates, 50 kg d'oignons, 50 kg de choux, 2 caisses de pommes, 2 caisses d'oranges, 2 caisses de potasse et courrier ; Consignataire FOURNESS. Sentiments respectueux – Capitaine ».

Le 17 août, c'est le **Magdalena** qui appelle : « *Message de la part des bateaux du Groenland. Pour **Pierre Vidal**, ne pas oublier de lui rapporter sa pièce radar. Pour **Finlande** s.v.p. prendre courrier. Pour **Genepesca II**[1] à commandant **L'Aventure**, s.v.p. nous apporter 100 livres choux, 2 caisses pommes, 3 caisses oranges, fournisseur* PINTO HAM, *merci beaucoup, salutations respectueuses, Capitaine* ANDRIOTTI ; ***Genepesca II**. Pour le **Colonel Pleven**, s.v.p. lui prendre courrier.* »

Le Commandant BARBIER, officier des Pêches de **L'Aventure** en 1958, et de nouveau « humeur de brumes » dix ans plus tard comme commandant en second du **Commandant Bourdais** nous a confié une page de son journal personnel, donnant en particulier un aperçu de l'activité de l'officier des Pêches pour ces problèmes de ravitaillement.

L'Aventure, alors en assistance sur les côtes de Norvège, vient d'arriver à Honningsvag le 19 juin 1958, pour la nuit sur rade, et l'officier des Pêches doit, dès le lendemain matin, prendre contact par téléphone avec le consul de France à **Tromsoe**, pour régler l'embarquement d'un ingénieur hollandais, et il a ainsi noté :

« Le 20 juin.
– 9.00. Je prends la garde.
– 9.20. Je me fais remplacer pour la garde et préviens le maître de service que je m'absente pour 10 minutes.
– 9.30. Arrivée au Bunker-dépôt. Attends le coup de téléphone.
– 9.35. Coup de téléphone. Je décroche, on parle norvégien.
– 9.43. 2ème coup de téléphone. C'est mon consignataire qui me conseille... d'attendre.
*– 10.20. 3ème coup de téléphone. Je vais chercher un employé car je ne comprends rien dans leur téléphone. Or, cette fois, c'est **Ellis**.*
– 10.35. Retour à bord.
– 10.55. Devant aller en ville pour de nouvelles commandes de vivres qui viennent d'arriver, je décide de partir, avec le Commandant, à 11 heures.

1. **Genespeca II**, chalutier italien.

– 11.14. Départ avec le Commandant.
– 11.35. Arrivée à Honningsvag. Je me rends chez le premier shipchandler puis chez le second, pour apprendre que ce dernier est parti à bord pour me voir.
– 11.45. Apercevant l'embarcation du premier shipchandler qui va à bord, je saute dedans. Il m'apporte mes carottes et mes choux.
– 12.01. Arrivée à bord. Je reprends la garde, fais embarquer les vivres, le deuxième shipchandler est déjà parti.
– 12.17. Le shipchandler me demande pour signer les factures.
– 14.00. Postes d'appareillage pour les Bancs. Pris le quart.
– 14.15. Retour à bord du doris qui ramène l'ingénieur hollandais.
– 15.00. Le maître détecteur me communique la liste des pièces demandées par les chalutiers. Je transmets ensuite au P.C. radio pour les prévenir.
– 15.50. Un chalutier demande si on a bien embarqué son poivre. Lui fais dire d'attendre. (la fin de mon quart).
– 16.01. Le chalutier redemande pour son poivre, demande réponse avant 18.00.
– 16.05. Mise en ordre des factures des chalutiers et vérification des commandes.
– 18.00. Le chalutier demande une 3ème fois si on a embarqué son poivre, et sa viande. Réponse affirmative pour le poivre, n'ai pas encore vérifié pour la viande.
– 18.19. Un 2ème chalutier demande si l'on a embarqué sa viande. Réponse affirmative.
– 18.27. Un chalutier demande si ses pommes de terre et sa carte marine ont été embarqués. Réponse affirmative pour les pommes de terre.
– 18.29. Je vais vérifier chez les vaguemestre si la carte marine est bien arrivé. Bureau fermé.
– 18.33. Un chalutier demande la liste des produits de coopérative. Demande transmise au Commissaire qui fournit la liste de 300 articles.
– 18.46. Un chalutier demande si sa commande de légumes a été passée.
– 18.51. Je monte au P.C. radio pour lui répondre quels sont les légumes que j'ai pu approvisionner pour lui, et ceux qui manquent.

– 18.54. Plusieurs chalutiers demandent s'ils doivent passer leur prochaine commande à Honningsvag ou à Tromsoe. On leur répond « Honningsvag ».
– 19.07. Un chalutier demande si j'ai sa carte marine.
– 19.14. Un chalutier demande si j'ai ses poulets.
– 19.35. Vais au bureau du vaguemestre pour vérifier que la carte marine est bien à bord, puis au P.C. radio pour donner la réponse affirmative.
– 19.50. J'y trouve un radio prenant un message concernant un blessé sur un chalutier. Je redescends au carré pour avertir le Médecin et remonte au P.C. radio donner la réponse et continuer ma nomenclature des choux et des navets.
– 20.07. Je redescends au carré ; le maître d'hôtel m'attend avec un message de X... « Bonjour Commandant, Ajoutez à la commande de coopérative « 40 préservatifs ». Transmis au Commissaire.
– 20.10. Les chalutiers cessent la veille radio... Enfin ! »

En 1965, le **Commandant Bourdais** livre « à domicile » plusieurs tonnes de ravitaillement aux chalutiers pêchant dans les eaux territoriales du Groenland, où il ne leur est pas possible de trouver des vivres frais, service particulièrement apprécié des pêcheurs qui, autrement, auraient dû redescendre à Saint-Jean de Terre-Neuve et perdre ainsi dix jours de pêche.

Et quand on sait ce que représente un jour de pêche pour un chalutier !

La coopérative.

Mais l'un des attraits majeurs du stationnaire pour les pêcheurs a toujours été la coopérative du bord, en principe modeste bazar où l'équipage trouve de menus articles d'habillement, de correspondance, de toilette, de confiserie, cigarettes, etc...

La coopérative du bateau était, et c'est bien normal, également accessible aux pêcheurs, qui ne manquaient pas la moindre occasion d'aller faire un tour à ce qui était devenu petit à petit un « hypermarché » condensé dans un local de 2 mètres sur 3, mais dont le « catalogue », comme nous venons de le voir, allait jusqu'à proposer plus de 300 articles, y compris, à une certaine époque, du tabac à chiquer pour les vieux pelletas.

Du temps des voiliers en particulier, l'eau de Cologne était très demandée, le pelleta ayant la réputation de craindre l'eau douce sous toutes ses formes, mais il s'offrait de temps en temps un « décrassage » à l'eau de Cologne !

Ce n'était pas un mince travail pour le commissaire du bord de gérer ce super-bazar et de veiller à son approvisionnement permanent.

Et puis la coopérative, comme le fut longtemps l'épicerie du bourg dans nos villages, était aussi pour les pêcheurs « le dernier salon où l'on cause », permettant de recueillir des nouvelles des uns et des autres, d'y apprendre les derniers potins de France et des autres bateaux, tout ceci bien sûr quand la pêche était calme et la mer fréquentable pour les doris.

L'assistance juridique. La police des pêches.

Cette assistance « juridique » a connu évidemment son sommet à l'époque du French Shore, où, quasi-quotidiennement, nos pêcheurs, certaines années, se trouvaient affrontés aux insulaires qui s'installaient de plus en plus nombreux sur les rivages poissonneux de Terre-Neuve, les homarderies en particulier donnant lieu, nous l'avons dit, à des litiges fréquents.

Il fallait donc veiller à faire respecter les droits de nos pêcheurs, c'était le rôle de la Station Navale, et LA MORANDIERE nous rapporte[1] les Instructions données en 1820 par le ministre de la Marine au commandant de cette Station :

1. C. de LA MORANDIERE, op. cit.

« ... il pourra donc être permis à quelques Anglais de continuer à exercer leur industrie dans les hâvres français, mais les commandants des bâtiments du Roi auront constamment soin de leur faire entendre qu'ils ne sont tolérés que par grâce, par pure bienveillance, et sans qu'ils puissent tirer à conséquence pour l'avenir.

Enfin les officiers de la station diront à ces étrangers qu'ils seront obligés de se retirer à la première demande d'un capitaine de pêche français, que leur présence ne sera soufferte que tant que leur conduite ne donnera lieu à aucun sujet de plainte. »

Nonbstant, l'envahissement des pêcheries françaises par les anglo-terre-neuviens s'accéléra encore, ceux-ci supportant d'autant plus difficilement ce droit de pêche « exclusif » des Français qu'ils étaient renforcés depuis 1832 d'un Parlement qui les appuyait à fond.

Au fil des années, les frottements continuèrent de plus belle, mettant à rude épreuve les nerfs des officiers français chargés de cette protection juridique de nos pêcheurs.

En 1882, on essaya de reprendre les négociations entre les deux Gouvernements de Paris et de Londres.

Une fois encore, bien entendu, ce fut aux Marines de guerre que revint « l'aviron tordu » pour faire naviguer, entre tous les écueils, « l'arrangement » signé en 1884, certains articles que rappelle LA MORANDIÈRE les concernant au premier chef :

« – Article 4. La surveillance et la police des pêches seront exercées par des bâtiments de la marine militaire des deux pays.

– Article 7. Les bâtiments croiseurs des deux pays seront compétents pour constater toutes les infractions aux traités actuellement en vigueur et notamment à la Déclaration de 1783, aux termes de laquelle les sujets britanniques ne doivent troubler en aucune manière par leur concurrence la pêche des Français pendant l'exercice temporaire qui leur est accordé sur les côtes de Terre-Neuve.

– Article 8. Sur la plainte des pêcheurs français ou sur leur demande tendant à pouvoir user du droit de pêche, les commandants des bâtiments croiseurs anglais s'opposeront, et s'il n'y a aucun croiseur anglais en vue, les commandants des bâtiments croiseurs français pourront s'opposer à toute opération de pêche des sujets britanniques qui gênerait l'industrie desdits pêcheurs français... »

Et LA MORANDIÈRE ajoute qu'aussitôt Jules FERRY, alors Président du Conseil et ministre des Affaires Étrangères, donnait, entre autres, comme instructions à l'Amiral PEYRON, ministre de la Marine, de veiller à ce que les commandants de nos croiseurs s'inspirent des vues qui avaient dicté l'accord agréé en principe et répondent par leur modération à l'attitude que recommandait le gouvernement anglais, aux commandants de ses croiseurs : prêter tout le soin et toute l'attention possibles à ce que cet arrangement soit scrupuleusement respecté par les sujets de Sa Majesté britannique.

De son côté, le gouvernement de Londres déclarait, le 24 Juillet 1886 :

« Il serait fort regrettable que les instructions adressées aux officiers de la marine française en vue de faire prévaloir ces prétentions conduisissent à des complications que la patience et la modération, le bon sens et la tolérance des commandants de leurs forces navales respectives ont réussi à écarter durant une longue période d'années. »

Bel hommage rendu à la Marine française !

Et les différends continuèrent pendant une vingtaine d'années, homarderies envahissantes, « trappes » à morues illicites, déprédations allant même jusqu'au pillage de certaines goélettes françaises, comme le **Belem**, par des maraudeurs terre neuviens, la lutte contre ces infractions retombant évidemment sur les croiseurs, frégates, canonnières ou modestes « goélettes de l'État » de la Station Navale, qui avaient ainsi fort à faire pour démêler l'écheveau des dispositions juridiques, et les appliquer « sur le terrain ».

Il leur fallait aussi, bien entendu, rappeler à l'ordre les pêcheurs français qui outrepassaient leurs droits : le 26 août 1887, par exemple, le capitaine BELIN, occupant la place de Blanchariat à Port aux Choix, accusait réception au Lieutenant de Vaisseau commandant **La Perle** à l'Ile des Sauvages de sa lettre « *le mettant en demeure de désarmer sa troisième chaloupe* » conformément à la Dépêche ministérielle du 26 février 1872.

D'autres missions, toujours dans ce domaine de la police des pêches, incombaient aux bâtiments de la Station Navale, du moins dans la limite de leurs moyens :

– la lutte contre la contrebande d'alcool entre Saint-Pierre et Saint-Jean de Terre-Neuve.

– la lutte contre la fraude sur la morue.

La tentation pouvait aussi être grande, pour nos pêcheurs, de se procurer discrètement du poisson auprès des pêcheurs terre-neuviens et de l'ajouter à leur propre pêche, afin de bénéficier des « primes d'encouragements ».

A l'usure cependant, et comme cela était à prévoir, les Anglais terre-neuviens finirent par avoir gain de cause en 1904, année ou fut signé l'acte de décès du French Shore, ce qui ne mit pas fin pour autant, d'ailleurs, comme par magie, aux litiges entre les pêcheurs des deux nationalités.

Et, chaque année pratiquement, il se produisit des incidents sur les côtes étrangères, donnant lieu à des palabres et tractations juridico-comiques pour lesquelles l'appui du stationnaire était évidemment le bienvenu.

Le journal du Commandant BARBIER note, le 22 juillet 1958, que huit chalutiers français, surpris dans les eaux norvégiennes, étaient bloqués à Verdo.

Après de longs palabres avec les autorités, **L'Aventure** put entrer au port, le Commandant BARBIER assista au procès qui dura plusieurs heures et se termina... en queue de poisson, les officiers français ayant mis en doute la fiabilité du radar norvégien responsable de l'arraisonnement, et les Norvégiens refusant d'en livrer les caractéristiques (« secret-défense ») !

Les années suivantes, le navire de guerre fut encore appelé à apporter son assistance juridique à nos chalutiers, qui se trouvaient parfois dans des situations délicates, au fur et à mesure qu'à partir des années 60, l'extension des « eaux territoriales » et la naissance de « zones de pêches réservées » dans les parages qu'ils fréquentaient depuis toujours les rejetaient au large, vers des fonds moins poissonneux.

« *A noter aussi* », écrivait le Commandant LEIBIG en 1961[1] : *« que certains chalutiers, ayant frôlé d'un peu près les eaux territoriales, ne tiennent nullement à entrer dans certains ports, où ils risquent d'être inquiétés, voire même saisis.*

Il est certain que l'autorité d'un bâtiment de guerre qui peut, après accord diplomatique, aller et venir des bancs vers les ports, est fort utile aux chalutiers et évite bien des démarches ou des ennuis. »

La protection juridique de nos chalutiers représentait donc, à cette époque, une mission fort délicate pour le bâtiment d'assistance.

Bien entendu, les capitaines de chalutiers n'étaient pas des enfants de choeur !

Et s'il est certain que Roger VERCEL a inventé de toutes pièces, dans son roman « Au large de l'Éden », le personnage du capitaine FERRIER qui, tous feux éteints, allait remplir de morues la cale de son cordier à vapeur le **Borea** dans les fjords interdits au Groenland, il est non moins certain que certains chalutiers « frôlaient » facilement les zones de pêche prohibées.

Il parait même que, dans les années 70, un chalutier fut victime, en pleine zone autorisée de pêche, d'une avarie grave par déchirure de sa coque sur un rocher, que le capitaine situait, d'après sa déclaration au commandant de **L'Aventure**, dans un détroit connu pour sa profondeur et très fréquenté par les navires de commerce.

D'où rapport en chaîne de **L'Aventure** à Paris, puis de Paris au pays riverain concerné, qui a dépêché sur place une

1.C.F. LEIBIG. La Grande Pêche et son avenir. Revue Maritime, 1961.

mission hydrographique afin de ratisser la zone, mais elle ne découvrit pas la moindre trace d'un haut-fond.

Et les mauvaises langues ajoutèrent que le capitaine, qui avait flirté de trop près avec la côte en zone interdite, avait préféré inventer ce haut-fond plutôt que de risquer des poursuites par le pays concerné, et de se voir éventuellement démonté de son commandement !

Quoi qu'il en soit, la présence du bateau de guerre a, bien souvent, été fort précieuse aux chalutiers, dans ce domaine de l'assistance juridique sans compter les informations directes qu'il était en mesure de leur apporter, par exemple sur les limites de zones de pêche :

« Le problème « à l'ordre du jour », dit le rapport de mission du **Commandant Bourdais** (Capitaine de Frégate BESANÇON) en 1963, *est évidemment celui des nouvelles limites de pêche (6 milles pour 10 ans), dont beaucoup de capitaines et d'armateurs ne semblent pas avoir eu connaissance et qui dérangent les chalutiers en les chassant de bancs très fréquentés auparavant.*

*Deux chalutiers du même armement, le **Pierre Vidal** et le **Victoria** se sont déjà fait arraisonner.*

Un gros effort d'information est mené auprès de tous les chalutiers, en même temps que de nombreuses collections de cartes, sur lesquelles figurent les nouvelles limites, sont achetées à terre pour le compte des chalutiers. »

La discipline à bord des morutiers.

Quant à la discipline « interne » sur les Bancs, l'intervention du commandant du stationnaire a parfois été nécessaire pour la faire rétablir aussi bien aux siècles derniers, comme nous l'avons déjà rapporté, que dans nos temps actuels.

C'est par exemple le capitaine LEDUN [1] qui raconte les difficultés du capitaine de l'**Ange**, de Fécamp, en 1921.

1. M. LE DUN. Ma vie de Terre-Neuva, Ed. Deux miroirs, Paris 1963.

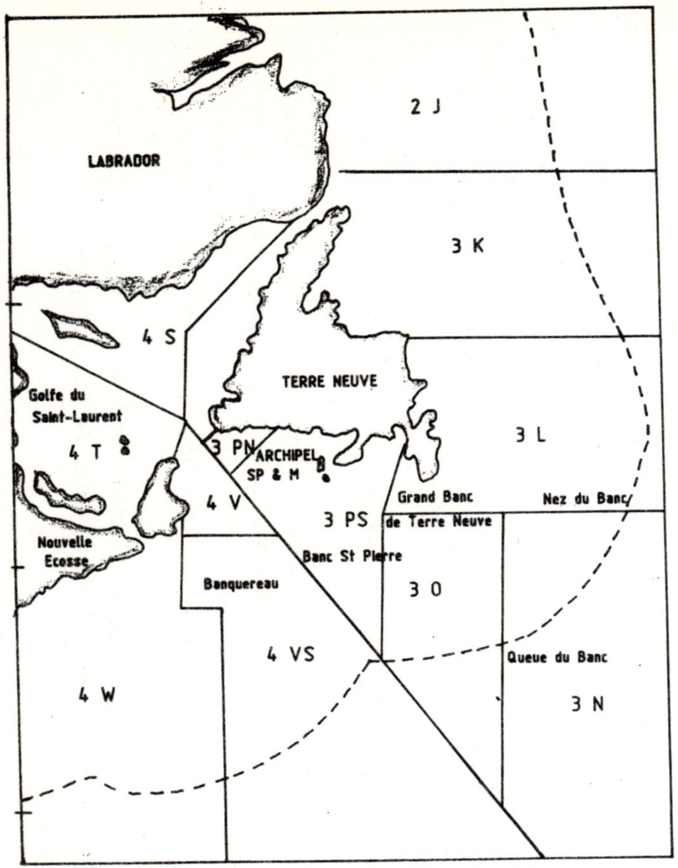

ZONES ET LIMITES DE PÊCHE DE L' O.P.A.N.O.
(Organisation des Pêches de l'Atlantique Nord-Ouest)

On voit sur cette carte le minuscule secteur, le 3 PS, seule zone

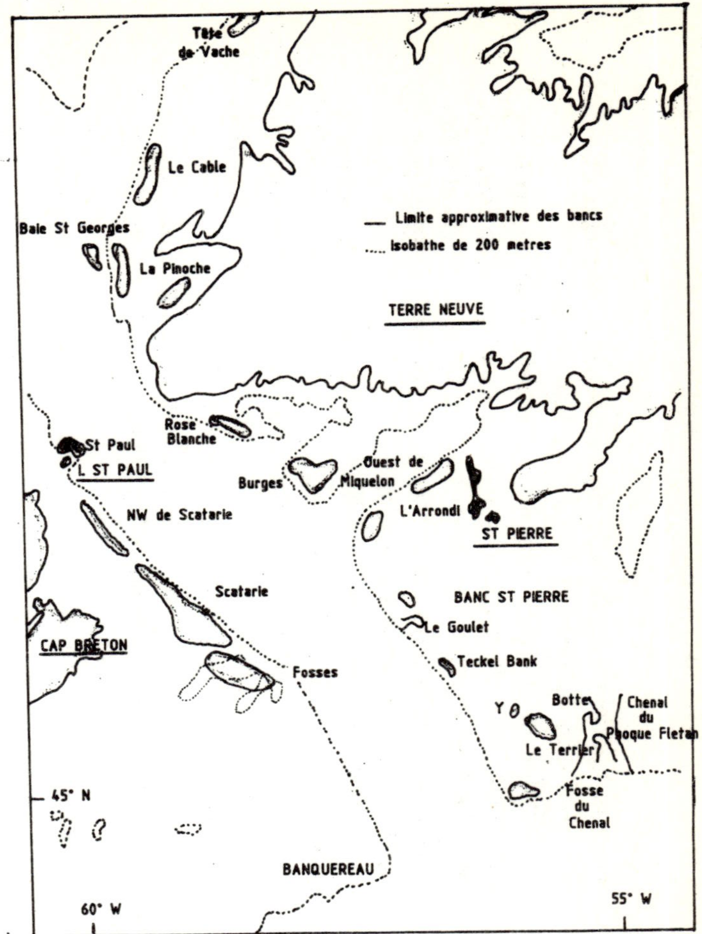

LOCALISATION ET APPELLATION DES DIFFERENTS BANCS

En butte à la mauvaise volonté d'une partie de son équipage, qui refusait d'aller « tendre » les lignes même lorsque le temps était maniable, se plaignant en plus constamment de la nourriture, le capitaine requiert donc l'assistance du navire de guerre et voit arriver la **Ville D'Ys** :

« J'allais voir le Commandant, conformément au règlement, et lui exposais la situation, et comment je pensais la redresser.

Il m'approuva, et aussitôt des officiers et des marins montèrent à bord du voilier. Ils firent mine de procéder à une enquête, lancèrent des remontrances accompagnées de menaces et se retirèrent.

Aussitôt tout fut réglé le plus rapidement du monde. La campagne se déroula sans anicroche. »

En 1960, le Capitaine de Frégate EMEURY relève que

*« les capitaines des chalutiers reconnaissent spontanément au commandant du **Commandant Bourdais** un pouvoir disciplinaire, auquel ils font parfois appel. »*

C'est encore, en 1972, sur ce problème que revient le **Commandant Bourdais** (Capitaine de Frégate DE KERROS) :

*« Les chalutiers classiques ont eu, cette année, de nombreux problèmes disciplinaires. Certains capitaines ont vu arriver le **Commandant Bourdais** sur les Bancs avec un « immense soulagement ». Il est certain, en effet, qu'il a aidé à résoudre en partie ces problèmes, ne serait-ce que par « la peur du gendarme ».*

En particulier, le risque pour un pêcheur d'être rapatrié quelques jours plus tard a beaucoup freiné les récalcitrants. »

Il note encore « une crise de l'autorité » sur les chalutiers « classiques » qui semblent un peu les « laissés pour compte » des « pêche-arrière », qui pêchent mieux et dans des conditions moins dures, et n'ont pratiquement pas de problèmes disciplinaires.

Bien entendu, « à terre », à Saint Pierre il entrait dans les attributions de la « Marine » d'intervenir régulièrement dans le domaine de la discipline.

En 1907 par exemple, le commissaire de l'Inscription Maritime infligea aux marins-pêcheurs 69 punitions, essentiellement pour « absence illégale » (32) et « ivresse simple » (19) alors que de son côté le Tribunal maritime commercial jugeait 17 marins et prononçait 14 condamnations : 3 pour désobéissance formelle, 1 pour voies de fait sur un mousse et surtout 10 pour désertion.

Et il faut remarquer que tous les déserteurs, cette année-là, ont été des enfants, mousses ou novices, ayant commis leur faute en raison d'un régime trop dur à bord, dit la Revue Maritime de 1908.

Cette année 1908 allait montrer une sensible aggravation : 161 punitions et 45 condamnations pour délits maritimes.

Tout bien pesé, et si l'on tient compte de l'effectif important qu'a représenté pendant au moins trois siècles la population maritime en pêche à Terre-Neuve, et aussi des très dures conditions de vie qui étaient les siennes, il faut bien reconnaître que ces hommes rudes, durs à la tâche, ont toujours été des marins disciplinés.

Assistance morale et spirituelle.

La présence, même non visible, sur les Bancs de Terre-Neuve, du stationnaire de la Marine de guerre, ou du navire-hôpital des Oeuvres de Mer, a toujours été, nous l'avons dit, une assistance morale précieuse pour les capitaines et les marins, et pour ceux-ci l'assurance que les obligations légales concernant l'hygiène et la sécurité seraient relativement respectées.

Le rapport de mission de **L'Aventure** pour la campagne 1955 (Capitaine de Frégate M. DUVAL) nous donne un aperçu original de cette forme d'assistance :

« Nos pêcheurs de Terre-Neuve et du Groenland, qui sont incontestablement les seigneurs des Bancs, tirent un grand prestige, sur le plan international, de la présence à leurs côtés, j'allais dire à leur dévotion, d'un bâtiment de guerre français, le seul bâtiment de combat qui patrouille sur les Bancs.

Le sentiments qu'un « vaisseau de la Royale » est mis à leur service satisfait également, sans aucun doute, leur orgueil qui, à juste titre d'ailleurs, est grand. »

Et le rapport de 1958 (Capitaine de Frégate MOUNIER) disait :

« Notre meilleure assistance est sentimentale, et ne se chiffre pas ; c'est la joie et la fierté de nos pêcheurs de voir un bâtiment de guerre de leur pays parmi eux et à leur service. »

Quant au problème de l'assistance « spirituelle », il est évidemment différent, et l'intervention de la Marine de guerre dans ce domaine n'a été qu'épisodique, cette assistance relevant de l'initiative privée.

Faute de ressources, la Société des Oeuvres de Mer ne put, malheureusement, après la dernière guerre, réarmer un navire-hôpital, même pas un modeste **Saint Yves** et, pendant quelques années, ce fut **L'Aventure**, devenu aussi « presbytère flottant », dit le Commandant BLANCHARD[1] qui embarqua un aumônier afin qu'il puisse aller exercer son ministère chez les pêcheurs de Terre-Neuve.

Le stationnaire déposait le P. LALOUX sur un chalutier, d'où il transitait sur un autre, espérant ainsi visiter la plupart des bateaux de la flottille de pêche.

L'expérience se révéla, apparemment, assez décevante.

Du temps des voiliers, l'aumônier était le bienvenu sur ces navires isolés sur l'Atlantique de longs mois, il l'était beaucoup moins dans nos temps modernes car il représentait pour le capitaine : une perte de temps pour l'embarquer, un arrêt de travail prolongé pour ses hommes, une perte de temps pour aller le livrer sur un autre chalutier si celui-ci voulait bien le prendre ; de plus, il lui fallait quand même montrer quelques égards envers cette autorité spirituelle séjournant plus ou moins longtemps à son bord.

1. C. F. BLANCHARD, op. cit.

L'entretien des cimetières.

Ne doit-on pas mentionner, dans ce chapitre, la pieuse tradition qui confiait au navire de guerre, lors de ses escales sur les côtes de Terre-Neuve, la visite et l'entretien des nombreuses tombes de marins français de la Grande Pêche, mais aussi des marins « de l'État » qui vivent là-bas leur dernier sommeil sur ce qui fut le French Shore ?

L'Amiral JACQUINOT de PRESLE a rappelé à l'un d'entre nous que **L'Aventure** n'a pas failli à la tradition, pendant sa campagne 1947 entre autres :

« Vous souvenez-vous de notre « tournée des cimetières » où les gros galets marquaient les tombes, mais d'où avait disparu la stèle de Monsieur X... Capitaine de Frégate du Roy, transportée, nous a-t-on dit, à Saint Jean ?

Les marins-pêcheurs ont toujours leurs galets qui ne tentaient personne, personne ne sait plus où gît le Commandant, victime d'une trop belle marque funéraire. Les gloires de ce bas-monde sont bien périssables ! »

Il s'agissait du cimetière de Corner Brook, sur la côte Ouest de l'île, et d'autres cimetières étaient ainsi régulièrement visités par le stationnaire, celui du hâvre du Croc en particulier, sur la côte Nord-Est, dont les tombes furent ensuite reblanchies par **L'Aventure** puis par le **Commandant Bourdais**, à plusieurs reprises.

C'est là qu'avait été inhumé l'aspirant Édouard VILLARET de JOYEUSE, mort à bord de l'**Iphigénie** le 19 juillet 1854, et près de lui reposent un midshipman du HMS **Écho**, mort en 1792, M. Philip BROOK, et deux midshipmen du HMS **Narcissus**, MM. Walter HUGHES et John CRALLAN, tous deux âgés de 15 ans, enterrés dans la même tombe après s'être noyés ensemble dans la rivière voisine, le 25 août 1811.

Recherches scientifiques. Études techniques. Conseils aux pêcheurs.

C'était aussi l'une des missions du bâtiment de guerre d'entreprendre des recherches destinées à mieux éclairer les pêcheurs sur l'amélioration des méthodes de pêche.

En 1831, par exemple, la Chambre de Commerce de Saint Malo demanda à la Marine une reconnaissance approfondie des hâvres de pêche, mission qui fut confiée au Lieutenant de Vaisseau LAVAUD.

En 1854, c'est le Lieutenant de Vaisseau CLOUÉ, commandant la goélette **La Fauvette**, qui reçoit, pour ses remarquables travaux d'hydrographie sur les côtes de Terre-Neuve, les félicitations du Ministre, qui lui exprime son entière satisfaction et lui transmet la gratitude des armateurs.

Le commandant du croiseur **Rigault de Genouilly** rendait compte à son Amiral, le 24 août 1893, de sa mission et y joignait le rapport de son médecin-major, le Docteur LE FRANC, « sur les expériences qu'il avait faites au moyen du thermomètre NEGRETTI-ZAMBAC, sur l'utilisation des températures sous-marines pour la pêche à la morue ».

Le médecin du stationnaire participait souvent à ces travaux, tel le Docteur RANDON, de **La Clorinde** qui fit en 1887 une étude très fouillée sur le « rouge » de la morue ; le Docteur GÉRAULT, de la **Naiade**, va travailler dans la baie de la Trinité, alors qu'en 1894, le Docteur NIELSEN étudie la reproduction de la morue, le Docteur GAZEAU, médecin de la Division Navale effectuant, en 1896, des recherches sur les qualités des sels suivant leur provenance : Ile de Ré, Port de Bouc, Cadix.

Nous avons rappelé les travaux effectués dès 1947, au moyen de l'Asdic sur **L'Aventure** pour la détection du poisson, travaux complétés cette année-là sur la frégate par la mission RENOU-TCHERNIA, qui avait déjà à son actif des études approfondies en mer du Nord, à bord de l'escorteur **Grenadier**.

Car la recherche empirique, au « nez », de la fameuse « eau de morue », chère aux capitaines pêcheurs des siècles derniers, n'a guère cédé la place à des méthodes moins primaires qu'avec ce siècle, et encore...

Et les résultats de ces recherches étaient diffusés aux bâtiments de pêche, en particulier les caractéristiques de l'eau aux différentes hauteurs, sa salinité grâce à la « bouteille NANSEN », et bien entendu, les différentes températures relevées au thermomètre à renversement, suivant les couches d'eau et les saisons.

Les résultats de ces recherches hydrologiques, d'un intérêt immédiat pour nos pêcheurs, étaient aussi dirigés vers le Service Central Hydrographique de la Marine à Paris, l'Office Scientifique des Pêches étant, de son côté, fort intéressé par les prélèvements de plancton régulièrement effectués par le stationnaire, études permettant de faire progresser les connaissances sur la vie et les moeurs de la morue.

Bien sûr, il y a toujours eu « la météo », d'un intérêt direct et immédiat pour les pêcheurs, du moins à partir du moment où les morutiers furent équipés pour recevoir les messages-radio.

Cette « assistance-météo » fut aussi l'une des activités de « Radio-Morue », poste émetteur installé, peu de temps avant la dernière guerre, sur le **Saint Yves** du Père YVON, mais ses moyens modestes en limitaient malheureusement la portée, et il était évidemment plus facile à un bâtiment de guerre puissamment équipé dans ce domaine d'informer régulièrement les pêcheurs des conditions météo.

On relève par exemple sur le cahier de messages de **L'Aventure** du 21 septembre 1955 :

« De ***L'Aventure*** *à tous les chalutiers français sur les Bancs de Terre-Neuve : Un très mauvais temps est attendu sur les Bancs de Terre-Neuve cet après-midi par suite du passage d'un hurricane dans la région. Stop. Vents de 50 à 90 noeuds. 21.10.00 Z. »*

Deux chiffres donneront une idée de cette activité discrète, mais requérant souvent, pour l'hydrologie en particulier, une belle dose de patience pour attendre les conditions de mer satisfaisantes :

– en 1947 : 336 observations météo
398 observations hydrologiques diverses.

Pour compléter ces travaux, le stationnaire était également en charge des sondages destinés à vérifier, compléter, rectifier les cartes parfois imprécises des fonds de cette région de l'Atlantique.

Et il faut enfin mentionner sa participation classique à la « Patrouille des Glaces », mission internationale confiée aux U.S.A., par l'envoi fréquent et régulier de messages concernant les éventuelles glaces dérivantes, cauchemar permanent des navigateurs dans ces parages.

Tous les chalutiers modernes sont maintenant équipés de « fac-similés » donnant des cartes météo et des glaces.

L'intervention du bâtiment d'assistance dans ce domaine ne joue donc plus que pour prévoir si les conditions météo seront favorables pour permettre une rotation avec les chalutiers par mer « dorissable » ou « zodiacable ».

Dans tous ces domaines, comme on le voit, le bateau de guerre, même invisible des voiliers et chalutiers en pêche, contribuait à leur apporter une aide précieuse, pour le rendement de leur pêche comme pour leur sécurité.

Transports en tous genres.

Les passagers.

Taillable et corvéable à merci, la Marine de guerre a été, pendant la longue histoire des colonies françaises d'Amérique du Nord, le cordon ombilical qui les reliait à la mère-patrie.

Elle a, bien entendu, de tout temps, assuré le transport des malheureux Saint-Pierrais au cours de leurs pénibles pérégrinations qui suivirent le flux et reflux des affrontements franco-britanniques, dans l'Atlantique Nord, du 16° au 19° Siècle.

Après une brève et symbolique reprise de possession par le Brick de guerre **La Surveillante** en 1802, il fallut attendre 1816 pour voir une petite escadre emmenée par la frégate **La Revanche** – la bien nommée –, et comprenant les flûtes **La Caravane**, **La Salamandre**, **La Lionne**, **La Brestoise** et l'**Aminthe**, appareiller de France et ramener à Saint-Pierre 600 personnes environ, avec leurs pauvres biens.

Ce fut la fin des tribulations des Iliens, et une plaque apposée à Saint-Pierre rappelle cette ultimc prise de possession.

Et, après ce rapatriement des populations, ce fut bien naturellement que l'on fit appel à la Marine de guerre, jusqu'à nos jours, pour assurer souvent le transport de nombreux personnels de toutes sortes.

C'est ce qui apparaît, par exemple, dans le rapport de mer du 11 octobre 1892, du Capitaine de Frégate Douzans, commandant l'aviso **Drac** :

« Conformément aux Instructions de Monsieur le Capitaine de Vaisseau commandant la Station Navale de Terre-Neuve, le ***Drac*** *a quitté la rade de Saint-Pierre le 23 septembre à 11 H du matin après avoir embarqué dans notre colonie 20 tonnes environ de matériel, et 38 passagers civils et militaires :*

*– 10 marins convalescents de l'****Arethuse*** *et du* ***Hussard****.*

– 5 marins condamnés commerciaux.

– 14 marins de commerce naufragés, aux frais de l'État.

– 5 marins de commerce passagers, aux frais de l'armement, dont 2 gravement malades,

– 2 Sœurs de Saint Joseph de Cluny,

– 2 passagères dont une indigente.

Autre exemple, plus près de nous celui-là, celui de **L'Aventure** dont le rapport, pour la campagne 1947, mentionnait ce rôle de taxi pour 59 passagers : de métropole à Saint-Pierre ou Halifax, entre les Iles, ou de Saint-Pierre à Saint-Jean ou Halifax ou inversement, ou encore de Saint-Pierre vers la métropole, sans compter les « hautes personnalités » qui profitaient du passage de **L'Aventure** pour visiter les régions dont elles étaient chargées.

Nous ne parlerons que pour mémoire des nombreux pêcheurs, malades ou blessés entre autres, qui ont été transportés de leur navire vers Saint Pierre, Saint Jean, Halifax, ou autres ports, de Norvège et d'ailleurs, ni à l'inverse de ceux qui ont été rapatriés vers leurs navires en pêche ou sur le navire-hôpital, sans oublier les dorissiers égarés dans la brume, retrouvés et ramenés au bercail.

Et le **Commandant Bourdais** devint même, comme l'avait été **L'Aventure**, presbytère flottant à l'occasion, transportant par exemple en 1969 l'aumônier des pêcheurs espagnols, résidant habituellement à Saint-Pierre, jusqu'au Groenland pour la visite de ses chalutiers en pêche là-bas.

Transports de matériel.

En ce qui concerne les transports de matériels, ils furent aussi, pendant trois siècles, une routine traditionnelle au bénéfice des pêcheurs bien entendu – 20 tonnes de matériels divers transportés par **L'Aventure** en 1947 par exemple[1], 15 tonnes de « divers » apportés par le R.H.M. **Tenace** aux chalutiers en pêche en 1984 – mais aussi de l'Archipel, dont les besoins furent, à diverses reprises, fort pressants.

Au siècle dernier, il y eut parfois en effet menace de manque de pain, le stock de farine étant épuisé, ou le « régiment » de marins métropolitains arrivant pour armer les goélettes saint-pierraises à destination du French Shore ayant débarqué à bout de vivres.

Et l'on expédiait dare-dare un navire de guerre chercher le ravitaillement qui allait faire défaut.

C'est le transport **La Vigilante**, par exemple, qui est dépêché en 1847 aux États-Unis pour cherche d'urgence de

---

1. Dont une tonne et demi de matériel médical pour l'Hôpital de Saint-Pierre, et au retour huit tonnes de vivres, vêtements et divers offerts par Saint-Pierre à la commune sinistrée de Tessy sur Vire, et une tonne de matériel pour l'aviation maritime et l'aviation civile, entre Lisbonne et Cherbourg.

la farine, la disette menaçant du fait de l'imprévoyance des armateurs de France qui ont expédié à Saint-Pierre plus de 800 pêcheurs sans subsistance assurée, et l'île risque de manquer de pain, nous disent les Éphémérides, qui notent encore qu'en juillet 1854, l'aviso **Le Tonnerre** est dépêché dans le port le plus voisin pour aller chercher de la farine qui va manquer sur l'île.

Le stationnaire eut parfois à transporter de curieux matériels « divers ».

Le Commandant BESANÇON se rappelle avoir été appelé en avril 1963 pour une pêche insolite. Cette fois, c'était une aile d'avion qu'avait capturé le chalut du CAPITAINE PLEVEN, que le **Commandant Bourdais** alla récupérer et qu'il transporta à Saint-Jean de Terre-Neuve, où elle fut reconnue comme le vestige d'un avion militaire britannique perdu corps et biens pendant une traversée de l'Atlantique Nord au cours de la dernière guerre.

Quant au transport des vivres, de ravitaillement et de matériels divers au bénéfice des morutiers en pêche sur les Bancs, nous n'y reviendrons pas, ayant déjà consacré un chapitre à cette forme majeure d'assistance.

L'assistance internationale.

La solidarité des gens de mer, on le sait, n'a pas de pavillon.

Et l'assistance apportée à Terre-Neuve par les navires de guerre français le fut souvent au bénéfice des marins étrangers en pêche sur les Bancs.

Mais cette assistance, essentiellement médicale, s'exerçait aussi, au temps du French Shore, envers la population de l'île, comme en témoigne le rapport médical du médecin-major du croiseur **D'Estrées**, signalant qu'en 1902, sur les côtes de Terre-Neuve, il avait donné ses soins « dans 15 établissements, à 56 anglais, dont 15 femmes, et à

32 français, dont 1 femme, en délivrant également des pansements et des médicaments. »[1]

Sur les Bancs, ce furent surtout les pêcheurs portugais qui furent les « clients » de nos stationnaires, le Portugal et la France étant, depuis fort longtemps, et de très loin, les principaux occupants de ces Bancs.

Bien entendu, la réciproque était vraie, et souvent le navire-hôpital portugais, le **Gil Eanes**, remplacé dans les années 50 par le **Gil Eanes II**, recueillit, soigna, transporta des pêcheurs français.

En 1947, nous l'avons dit, **L'Aventure** ne put monter au Groenland en raison d'un problème de ravitaillement en combustible, et fit toute sa campagne sur les Bancs de Terre-Neuve, où pêchaient les trois derniers cordiers français plusieurs chalutiers français également, et une bonne partie des 45 voiliers portugais qui existaient encore à cette époque [2].

Et ce fut **L'Aventure** qui assura l'assistance de toute cette flotte.

Son rapport de mission pour cette campagne porte par exemple :

« La nuit du 4 au 5 juin a été consacrée, par brume et mer agitée, vent frais du Sud-Ouest, à la recherche de 4 doris portugais égarés. »

Par contre, le **Gil Eanes**, lui, était « monté » au Groenland avec le reste de la flottille portugaise, et assura « là-haut » l'assistance éventuelle de nos chalutiers en pêche sur ces côtes.

Nombreux furent ainsi les pêcheurs étrangers, portugais, espagnols, allemands, anglais, italiens même, qui

---

1. Ces interventions humanitaires, courantes au temps du French Shore, sont encore signalées épisodiquement dans les rapports de mission actuels. En 1967 par exemple, à l'occasion du passage du bâtiment dans certains petits ports canadiens dépourvus de médecins, des soins ont été donnés à la population civile par le médecin du bord, au Havre du Croc entre autres.
2. En 1950, la flottille portugaise de pêche comprenait encore plus de trente beaux voiliers, quatre-mâts et trois-mâts, auxquels étaient venus se joindre une vingtaine de chalutiers modernes.

bénéficièrent, si besoin était, de l'assistance, médicale en particulier, de notre navire de guerre.

Un exemple de cette assistance nous a été rapporté par le Commandant LABARÈRE :

« Le 17 août 1956, au large du Groenland, tous les chalutiers sont à la cape en raison du mauvais temps et de la brume : une quarantaine, français, portugais, espagnols, italiens.

*Sont également présents sur ce banc d'Holstenborg **L'Aventure** et le **Gil Eanes**, navire-hôpital portugais.*

*Celui-ci héberge depuis vingt jours un pêcheur italien du **Genepesca**, atteint d'un ulcère d'estomac, « perdant toujours du sang par la bouche et par les fesses », dit le message du **Gil Eanes** à 14 H 30 en consultant **L'Aventure**.*

Les deux bâtiments font alors route vers Holstenbord pour trouver un peu d'abri, les médecins se concertent, mais l'hôpital n'est pas équipé pour opérer le patient, dont l'état s'aggrave progressivement.

Il est alors décidé de l'embarquer sur le navire de guerre français, plus rapide, afin de l'évacuer sur Godthaab, dont l'hôpital peut le recevoir pour l'opérer.

Pendant la traversée, le malade reçoit une transfusion de sang ; « le donneur est un quartier-maître breton, le malade renaît à la vie ».

*Le 19 août, à 23 H, **L'Aventure** hospitalise le pêcheur à Godthaab et repart immédiatement pour sa mission d'assistance sur le Grand Hellefisk. »*

Message de remerciements de **Livorno Forno** au commandant de **L'Aventure** : ... « Vous prions accueillir et communiquer votre brave médecin et tout équipage notre profond sentiment reconnaissance. »

Bel exemple de solidarité maritime internationale, cette histoire qui met en scène des marins ou médecins à terre de quatre nations, la France, le Portugal, l'Italie, le Danemark.

Nous pourrions, en feuilletant les archives, retrouver la trace de bien d'autres exemples de ces interventions en mer au bénéfice des pêcheurs d'autres pays, comme celles du

Commandant Bourdais qui assiste en juillet 1964, au large du Labrador, le chalutier espagnol **Cierzo**, en difficulté après une collision avec un iceberg, ou qui apporte une aide médicale et dentaire à des chalutiers ouest-allemands en 1967, ou encore assiste un chalutier allemand en envoyant son équipe de plongeurs en inspecter la coque, endommagée par les glaces, à Faeringerhaven, en 1968, ou intervient en 1971, pour le navire-baleinier canadien **Minna**, victime d'un incendie au large du Groenland.

Récemment encore, l'un de nous, à la fin de sa première campagne, eut à porter assistance à un chalutier espagnol.

Dans la nuit du 2 au 3 décembre 1984, le R.H.M. **Tenance** était sur le transit de retour vers la France, une demande d'assistance médicale du chalutier **Léon Marco** est reçue à bord : un marin crache du sang.

La **Tenace** se détourne immédiatement et arrive en pleine nuit auprès du chalutier.

Le médecin et son infirmier, l'officier des Pêches et un autre officier parlant espagnol se rendent à bord. Les premiers soins d'urgence sont administrés, puis le malade est évacué par mer sur Saint Pierre, l'hélitreuillage sollicité n'ayant pu être réalisé en raison des conditions météo.

Le **Tenace** recevra par la suite ce message de l'Administrateur des Affaires Maritimes de Saint-Pierre-et-Miquelon :

« Primo. Honneur de vous faire connaître que l'état de santé du marin du chalutier ***Léon Marco****, auquel vous avez porté assistance dans le nuit du 2 au 3 courant, est maintenant, selon le Médecin-Chef de l'Hôpital, redevenu satisfaisant. Votre intervention rapide a certainement été déterminante à ce sujet.*

Secundo. Vous transmets les vifs remerciements du capitaine et du consignataire du navire. »

Mais cette assistance, en particulier médicale, aux pêcheurs étrangers a été, de tout temps, une action tellement évidente pour les navires de guerre français qui en ont été chargés – la réciproque étant vraie bien entendu – qu'elle relève d'une routine naturelle, comme pour la population civile à terre, d'ailleurs.

Quant aux pays étrangers dont les marins pêchaient à Terre-Neuve ils assuraient, eux aussi, leur assistance, en particulier le Portugal – le **Gil Eanes** – et l'Espagne.

Toutes ces interventions « internationales » n'ont pas toujours eu, heureusement, un caractère dramatique.

Il y en eut même de cocasses et l'Amiral SCHWEITZER[1], alors Lieutenant de Vaisseau sur **L'Aventure** en 1947, nous a rappelé l'épisode de l'entrée dans le Golfe du Saint-Laurent, où un gardien de phare canadien, perdu dans l'immensité du Golfe et trop heureux de voir apparaître un pavillon « du vieux pays » sur un bateau de guerre, sortit tous les pavillons qui lui tombaient sous la main, et dans le tas, figurait le signal « je demande assistance », ce qui valut à **L'Aventure** un intervention aussi originale qu'impromptue !

1. L'Amiral SCHWEITZER a terminé sa brillante carrière comme Major Général de la Marine.

AUTRES MISSIONS

Le bâtiment de guerre chargé de l'assistance reste d'abord, il faut le répéter, ... un bâtiment de guerre.

En dehors de son entraînement propre, tirs, détection sous-marine ou aérienne, exercices de sécurité, etc... il lui incombe d'assurer un certain nombre de missions, que l'on appelle maintenant « secondaires », mais elles viennent évidemment amputer sa mission première d'assistance aux pêcheurs.

La présence militaire.

La Marine de guerre a, de tout temps, assuré cette présence militaire à Saint-Pierre-et-Miquelon, en dehors bien entendu des nombreuses missions d'« assistance » réalisées depuis la reprise de possession de l'Archipel.

Le 28 novembre 1908, par exemple, nous disent les Éphémérides, arrive sur rade le croiseur-cuirassé **Aube** – 650 hommes d'équipage –, envoyé de métropole pour rétablir l'ordre, à la suite de vigoureuses manifestations en faveur de l'enseignement libre. Les écoles fondées par les Frères de Ploermel et les Soeurs de Saint-Joseph de Cluny étaient, en effet, très prisées des Saint-Pierrais.

Le 25 août 1933, eurent lieu à Saint-Pierre des manifestations contre un nouveau régime de taxes, et les avisons **Ville D'Ys** et **D'Entrecasteaux** arrivèrent et en toute hâte pour rétablir l'ordre, et libérer le Gouverneur que les Iliens avaient pris en otage.

De tout temps, les Commandants, puis Gouverneurs, puis Administrateurs demandaient la présence du bâtiment du guerre aux périodes plus « chaudes » des échéances électorale, et, depuis la dernière guerre, c'était une tradition de voir le bâtiment de guerre dans le port au moment des élections législatives.

Mais le bâtiment de guerre est toujours le bienvenu pour renforcer de sa présence les cérémonies qui marquent là-bas, toujours avec ferveur et solennité, nos Fêtes Nationales.

Missions diverses

D'autres missions particulières ont parfois été demandées au stationnaire, en dehors des transports habituels de personnels ou de matériel. En mai et octobre 1964 par exemple, **L'Aventure** fut chargée d'escorter à travers l'Atlantique deux flottilles de dragueurs construits au Canada et attribués à la France, mission entraînant aussi un raccourci de sa présence parmi les pêcheurs.

Relations avec les pays riverains

Et puis il y avait les escales en pays étrangers, escales obligées de ravitaillement, pour le stationnaire, mais aussi au bénéfice de ses « clients » des Bancs, de transports de personnels, malades ou blessés, escales aussi de détente pour l'équipage, mais où la mission principale ne devait pas être oubliée pour autant, suivant les indications données par le Capitaine de Frégate JONGLEZ, Commandant **L'Aventure** en 1949 :

« *A mon sens, les visites les plus fécondes doivent être faites :*

– 1°. Dans les ports où nos pêcheurs ont coutume de faire escale, ou dans lesquels ils peuvent être amenés à chercher de l'aide

(Saint John's à Terre-Neuve, Godhaven et Holstensborg au Groenland).
– 2°. dans les ports où ***L'Aventure*** *peut ravitailler facilement et avantageusement (Argentia à Terre-Neuve, Gronnedal près Ivitgut au Groenland).*
– 3°. Dans les ports d'où une organisation d'Air Sea Rescue peut porter secours à nos pêcheurs (Halifax au Canada, Goose Bay au Labrador).
– 4°. Dans les ports où la langue française et la culture française sont assez courantes pour que notre présence apporte à notre propagande un surcroît d'influence (Boston aux États-Unis, tous les ports du Canada français).

La visite à Halifax est d'autant plus nécessaire que ce port est le siège du commandement naval des eaux où séjourne normalement ***L'Aventure****.* »

Ces escales en pays étrangers rentraient donc dans le cadre des visites « de représentation » confiées au seul bâtiment de guerre français présent en Atlantique-Nord.

Relations avec le Canada.

C'est, bien entendu, d'abord au Canada qu'avaient lieu, depuis des décennies, ces escales de tradition, la nature de l'accueil ayant évidemment évolué suivant les fluctuations politiques, et étant également fonction de la région visitée.

Si nous pouvons nous permettre, dans ce domaine, une classification certainement simpliste, il y a, en ce qui nous concerne, trois sortes de Canada.

– 1° – **Le Canada « continental »**, anglophone, du type Halifax ou Sydney, en fait les « provinces maritimes » où les relations qui existent depuis fort longtemps ont généralement été correctes, sinon amicales, en tout cas toujours intéressées pour les Canadiens, ces ports ayant été traditionnellement des bases de ravitaillement et de réparations, pour les morutiers comme pour les navires de guerre.

Mais la situation a bien évolué depuis quelques années !

– 2° – **Le Canada terre-neuvien**, l'île étant devenue en 1949 la dixième province canadienne ; bien que ses habitants aient longtemps « profité » des morutiers français : achat de boette, ravitaillement, réparations, ils ont toujours été à l'origine, nous l'avons vu, des affrontements et litiges, questions plus que jamais à l'ordre du jour actuellement.

Les relations avec les autorités terre-neuviennes ont généralement été, au cours des siècles, confiantes, souvent cordiales, mais ont rarement atteint ce stade avec la population.

– 3° – **Le Canada français enfin**, essentiellement le Québec, où le navire de guerre a toujours été accueilli avec chaleur et enthousiasme, depuis l'année 1855 qui vit, pour marquer la reprise des relations officielles, entre les deux pays, la visite à Québec de la corvette **La Capricieuse**, portant la marque du Capitaine de Vaisseau BELVÈZE, Commandant la Division Navale de Terre-Neuve.

Cette visite fut le premier maillon de la reprise de contact de la France avec « la belle province » dont l'accueil cordial et fraternel ne s'est jamais démenti depuis.

Et en 1955, **L'Aventure** fut chargée d'aller représenter notre pays à Québec, à l'occasion du centenaire de l'arrivée de **La Capricieuse**.

Il y eut de belles cérémonies.

Le Capitaine de Frégate Marcel DUVAL, Commandant **L'Aventure**, rappela que ce fut le Commandant de **La Capricieuse** qui avait eu l'honneur de poser la première pierre de *« ce monument aux Braves, éminemment symbolique, puisque la Société de Saint Jean Baptiste qui nous reçoit aujourd'hui avait voulu en faire le témoignage de l'Unité canadienne dans le respect mutuel du passé. »*

Il rappela aussi l'accueil extraordinaire que reçut la corvette, et cita quelques lignes du journal « Le Canadien » du 16 juillet 1855 :

« A Montréal, des milliers de personnes se pressaient pour voir les officiers de la marine française et leur témoigner combien ils étaient les bienvenus ici. Les bâtiments du port et les différents

édifices publics étaient pavoisés de nombreux drapeaux, parmi lesquels flottait celui de la France. Toute la ville avait un air de fête qui faisait plaisir à voir... »

Lorsqu'après la dernière guerre, **L'Aventure** avait repris cette visite traditionnelle, ce fut un même enthousiasme qui l'attendait, le rapport de campagne 1947 signalant : « 11 000 personnes ont visité la frégate pendant les deux premiers jours », chiffre effarant quand on sait la taille relativement modeste de ce bâtiment, de construction britannique qui plus est, donc d'un type bien connu des Canadiens.

Le Capitaine de Frégate BESANÇON disait, dans son rapport de mission du **Commandant Bourdais** pour 1963 : « Au Canada, tous les ports sont anxieux de recevoir des navires français, » et il est certain que les années où ces visites n'eurent pas lieu furent aussi des années de pénitence pour nos équipages !

Relations avec autres pays riverains.

Mais le Canada n'était pas le seul pays « riverain » fréquenté par nos morutiers, d'autres pays entraient évidemment dans ce cadre des relations imposées au navire de guerre français en fonction de leurs zones de pêche.

Il y avait d'abord le Groenland, dont les longues côtes quasiment désertes, très découpées, peu hospitalières, s'allongent sur 2 500 kilomètres.

Ici aussi, les relations ont un peu suivi le rythme de l'évolution politique, et en premier lieu évidemment des restrictions imposées par ces pays riverains dans leurs zones de pêche.

Quelques extraits de rapports de mission de **L'Aventure** nous donnent un aperçu de ces relations des chalutiers français avec les autorités locales, et du stationnaire avec ces même autorités :

« – 1950. L'Administration danoise du Groenland a toujours été à la fois tatillonne et courtoise. Les Danois ont voulu, contre tout

et contre tous, préserver l'originalité de la terre et de la race Groendlandaise.

De là une réglementation assez fermée, et l'ouverture au trafic de quelques places seulement. »

C'est encore un peu le même type de relations que connurent par la suite les chalutiers et le stationnaire lorsque la chasse aux bancs de morues les emmena vers le Grand Nord, le Spitzberg, l'Île aux Ours, le 80° parallèle, et les côtes norvégiennes.

Nous avons déjà raconté les tribulations des chalutiers en difficulté, en 1958, sur ces côtes en raison de leurs intrusions en zones de pêche interdites, et les délicates manoeuvres du stationnaire pour les sortir du pétrin.

L'année suivante, ce fut une mission plus originale qui fut confiée à **L'Aventure**.

Le bâtiment fut en effet mis à contribution pour renforcer de sa présence la cérémonie d'inauguration au Cap Nord d'un buste de Louis-Philippe.

Celui-ci avait dû, après la Révolution de 1848, fuir la France et, via la Belgique et les Pays Bas, il aboutit au Cap Nord où il séjourna quelque temps avant d'aller mourir en 1850 en Grande Bretagne.

Malheureusement, il régnait en juin 1959 au Cap Nord, comme souvent à cette saison, un épais brouillard, et ce fut dans une véritable purée de pois, à la lueur des chandelles, alors qu'on espérait le soleil de minuit, qu'eut lieu, en grande pompe, l'inauguration de ce buste portant la tête piriforme du dernier des Rois de France.

Par temps clair cette fois, une fois terminée sa campagne du Grand Nord, **L'Aventure** fit escale à Narvick, et y rendit un solennel hommage aux soldats français morts pendant les combats victorieux pour la prise de cette ville du bout de la Norvège, seule victoire française sur terre pendant la campagne 1939-1940, où la Marine française prit d'ailleurs sa bonne part.

Une autre base qui vit souvent **L'Aventure** à partir de 1948 fut, à Terre-Neuve, la base américaine d'Argentia, où le gouvernement des U.S.A. avait accepté que la frégate vienne ravitailler en combustible, ce qui lui permettait un rayon d'action beaucoup plus étendu vers le Groenland et la mer de Barents.

Elle y fut toujours reçue avec cordialité et efficacité.

Et nous ne terminerons pas cet aperçu sur les relations « internationales » du bâtiment d'assistance sans mentionner les visites traditionnelles qu'il effectue, chaque année, et depuis fort longtemps, en Espagne et surtout au Portugal, pour y rencontrer les autorités maritimes concernées par la Grande Pêche, rencontres toujours aussi cordiales que bénéfiques pour une meilleure assistance à tous les pêcheurs.

Relations avec la Royal Navy

Les relations entre la Marine de guerre française et la Marine de guerre britannique ont évidemment suivi le flux et le reflux des affrontements de nos deux pays dans cette région de l'Amérique, et ont été marquées par les différentes guerres et les nouveaux traités qui ont jalonné cette Histoire.

Et si nous nous attardons un peu sur ce chapitre, c'est parce que pendant de nombreuses décennies, les deux Marines de guerre ont « cohabité » à Terre-Neuve, souvent avec des forces importantes, puisque chacune des Divisions Navales a comporté, à certaines époques, plusieurs croiseurs.

Dans l'ensemble, en dehors des périodes d'hostilité déclarée, il faut reconnaître que ces relations, sans être constamment cordiales, ont toujours été courtoises, avec épisodiquement quelques pics de tension plus marqués à des périodes qui étaient les prémices ou les séquelles d'un conflit ouvert.

La Morandière[1] nous rapporte un incident qui illustre bien cette ambiance, citant le compte-rendu que fit en 1802 le Capitaine de Frégate Epron, commandant la frégate **La Revanche**, mouillée à Terre-Neuve sur le French Shore

1. C. de LA MORANDIÈRE, op. cit.

lorsqu'il vit, le 6 octobre, apparaître sous voiles une frégate anglaise, HMS **Camissa**.

S'estimant en effet « en territoire français », même si l'occupation de ces eaux n'était que saisonnière, il s'attendait, selon l'usage, à recevoir la visite du Commandant anglais ; il fut donc très surpris de voir qu'il n'en faisait rien :

« je m'attendais qu'aussitôt mouillé, ce capitaine enverrait à mon bord. L'honnêteté lui en faisait un devoir, mais au contraire il dépêcha un officier visiter les parcs de sa nation, que j'avais souffert de continuer de pêcher, et je fus contraint le lendemain, pour savoir ce qu'il venait faire dans un hâvre dont la République française a la jouissance, de lui écrire une lettre à laquelle il me répondit.

L'officier qui m'apporta cette réponse ajouta que ce capitaine me donnerait satisfaction plus complète sur l'objet de sa mission si je voulais me rendre à son bord, qu'il ne pouvait pas me prévenir, étant dans un port anglais.

J'aurais pu me fâcher, mais comme mes instructions me recommandent beaucoup de prudence et d'honnêteté dans mes rapports avec les officiers de cette nation, je préférai inviter ce capitaine à se rendre à terre, espérant que là, nous pourrions nous entendre.

Il s'y rendit, et, après une longue discussion, je consentis à lui faire réciproquement visite, en montant au même instant, l'un à bord de ***La Revanche****, et moi à bord du* ***Camissa****.*

Le même jour, M. Hill dîna à mon bord, et le lendemain je dînai au sien. »

L'honneur était sauf !

Quoi qu'il en soit, les relations entre les deux Marines restèrent toujours courtoises, leur rôle respectif étant loin d'être toujours facile. le gouvernement anglais avait d'ailleurs, nous l'avons dit, tenu à rendre hommage en 1886 « à la patience, à la modération, au bon sens et à la tolérance » des commandants des deux forces navales.

On sait que de discussions en conventions et en « modus vivendi », la France et la Grande-Bretagne avaient signé, le 26 avril 1884, un « arrangement » – contesté évidemment par les Terre-Neuviens – prévoyant, entre autres :

« – Art. 4. La surveillance et la police des pêches seront exercées par des bâtiments de guerre de la marine militaire des deux pays.
– Art. 7. Les bâtiments croiseurs des deux pays seront compétents pour constater toutes les infractions aux traités actuellement en vigueur. »

Il y a donc eu souvent, au cours du siècle dernier, des contacts entre les deux Stations Navales, comme il y en avait entre la Marine anglaise et les autorités de Saint-Pierre-et-Miquelon.

En 1841, le comte A. de GOBINEAU[1] rapporte son expérience, alors qu'il avait été embarqué sur l'aviso **Gassendi** dont l'une des missions était d'emmener à Terre-Neuve deux « commissaires » chargés d'aller rejoindre sur l'île deux autres « commissaires » anglais, embarqués sur le HMS **Tartar**, « *une belle frégate de 20 canons* », afin d'effectuer une enquête approfondie sur les problèmes et litiges posés par l'exercice des droits des pêcheurs français sur ces côtes, et le comte était l'un de ces « commissaires ».

Alors que le **Gassendi** va quitter l'Ile du Nord de Terre-Neuve, il écrit :

« Notre visite terminée, nous prenions congé de nos collègues anglais, et ce fut là que nous nous séparâmes ; nous avions fait ensemble une assez longue expédition, et, sans nul doute, elle avait été singulièrement facilitée par les excellentes relations qu'il nous avait été donné d'entretenir avec eux.
Au lieu d'adversaires, nous avions eu le bonheur de rencontrer des amis, et des hommes dont la loyauté et la droiture d'intention ne s'étaient pas démenties un seul instant.
Nous prîmes congé d'eux avec un vif respect »...

1. A. de GOBINEAU, op. cit.

Il ne fallait pas bien entendu, négliger les bonnes manières, ce que nous rapporte LABARÈRE[1], rappelant les instructions données à ses Commandants par le Capitaine de Vaisseau REGOULOUX, Commandant le croiseur **Laclocheterie** et la Division Navale, en 1896 :

« Chaque fois que vous aurez une réclamation officielle à un commandant de croiseur anglais, vous devrez la faire porter à son bord par un officier en arme.
Il est d'usage de remettre en même temps une lettre officieuse, qui adoucit les termes toujours un peu raides de la première. »

Et, cette même année, le **Laclocheterie** et le HMS **Pelican** ont pris rendez-vous en baie de Saint-Georges pendant la saison du hareng, et ils réussissent à empêcher la vente de cette boette aux goélettes américaines.

« Cet incident fait grand bruit et rend à la France une influence perdue depuis quelque temps sur ce point de la côte. »

En fait, la situation était probablement encore plus délicate pour les commandants des navires de Sa Majesté, qui se trouvaient en porte-à-faux entre les instructions de leur Amirauté d'un côté et les manoeuvres de farouche opposition des Terres-Neuviens, de l'autre.

C'est ce que reconnaissait, en 1892, Lord SALISBURY devant la Chambre des Lords à Londres :

« Dans l'état actuel, et depuis les décisions des tribunaux locaux de Terre-Neuve, nos officiers de marine ont les mains liées, et ils ne peuvent plus exercer une juridiction qui semble avoir été irrégulière, mais qu'ils avaient néanmoins exercée jusqu'à présent. Ils ne peuvent plus s'occuper, sans s'exposer à une action judiciaire (de la part des autorités locales de Terre-Neuve), des infractions aux traités qui seraient commises sur le littoral de Terre-Neuve. »

1. C.V. LABARÈRE, op. cit.

Et pourtant, signalait en 1898 le Capitaine de Vaisseau BOUÉ de LAPEYRÈRE, qui avait succédé au Commandant RECULOUX à la tête de la Division Navale :

« J'ai pu constater rapidement que l'Angleterre avait confié la défense de ses intérêts à des mains fort habiles » après avoir rencontré son homologue anglais le Commodore BROOKE dont la Division comprenait le croiseur HMS **Cordelia**, les avisos HMS **Partridge** et **Pelican** et le yacht **Columbine**.

Le Revue « Armée et Marine », dans son numéro du 26 mai 1901, nous expose cette situation des deux Marines de guerre, et conclut :

« On doit à la vérité de reconnaître que les officiers de la marine britannique agissent loyalement vis-à-vis de la partie des clauses de nos conventions qu'ils ont l'ordre de reconnaître, toute répression de leur part contre leurs compatriotes donne lieu à de violents articles souvent mensongers, publiés dans tous les journaux de la région, articles qui ont une grande répercussion dans la presse du Dominion du Canada, de l'Angleterre et même des États-Unis, où l'on malmène autant le commodore anglais et ses officiers que ceux de la division navale française... »

Et l'article ajoute : *« Sur le French Shore, à la suite de nos réclamations, une centaine de homarderies illicites ont été fermées : sur notre demande aussi, soixante-dix à quatre-vingt goélettes nomades ont été écartées des lieux de pêche de nos nationaux, et bon nombre de trapps*[1] *ont été saisies. »*...

Nous avons un exemple de cette courtoisie dans la lettre, reproduite plus loin, qu'adresse le 5 septembre 1897, le commandant du HMS **Pelican** à son homologue français commandant l'aviso **Fulton**, en réponse à une intervention écrite de celui-ci.

1. Trapps. Mat anglais pour casiers, trappes.

H.M.S. "Pelican" at Croc.
5th September, 1897.

Sir,

I have the honour to acknowledge the receipt of your letter of today's date, in which you inform me of the interference with the fishing privileges enjoyed by the French fishermen which has been caused by certain nomadic schooners.

2. In reply, I beg to inform you that I will take energetic measures with reference to the schooners you name and will give such orders to the remainder now in the harbour as will, I trust, avoid further interference on their part with your fishermen.

I have the honour to be,
Sir,
Your obedient Servant,

A. J. Horsley

Commander.

Monsieur
Le Capitaine de Frégate
Lespinasse de Saune,
Commandant le "Fulton".

Accusant réception de sa « protestation » au sujet des voiliers « nomades » qui ont violé les privilèges des pêcheurs français, le commander HANSLEY lui promet de prendre des mesures énergiques contre les schooners dont le nom a été relevé, et des ordres seront donnés aux autres voiliers du port, pour éviter toute interférence de leur part à l'avenir.

Et les relations entre les officiers des deux marines, nous dit encore « Armée et Marine » devenaient franchement cordiales lorsque, pour les Français, « *la rencontre des navires et des camarades anglais, compagnons de leur détresse, représentait avec des parties de chasse et de pêche en commun, les rares distractions qui leur étaient offertes sur le French Shore.* »

A l'occasion d'ailleurs, on se rendait de menus services : le commandant DUBRAC par exemple, signale en juin 1892 que « *le croiseur anglais* **Emerald** *étant sur rade, j'ai pris le courrier de ce bâtiment pour le poster à Sydney* », l'anglais lui rendant la politesse quelque temps après, et les officiers du HMS **Emerald** allant à la pêche au saumon avec ceux du croiseur **Laclocheterie**, dont le commandant, Capitaine de Frégate PARFAIT, terminait son rapport de mission en disant : « *Les relations avec les officiers anglais ont été des plus faciles. j'ai trouvé l'accueil le plus empressé auprès du commandant de la Division anglaise de Terre-Neuve.* »

L'assistance médicale, on le sait, ignore les frontières.

C'est le Docteur TITI, médecin-major du croiseur **D'Estrées** en 1903 qui rend compte :

« *J'ai déjà dit qu'en même temps que le médecin français, M. ESNAULT, placé par les armateurs à Port-aux-choix sur la côte Est, les médecins des bâtiments de guerre anglais et français donnaient leurs soins à qui les réclamait, sans distinction de nationalité.* »

Dans ce domaine des relations franco-britanniques, il y eut aussi des épisodes comiques.

En août 1914, à la déclaration de guerre contre l'Allemagne, l'Administrateur de Saint-Pierre réunit en grande pompe tout le Conseil d'Administration, afin d'informer ses membres des ordres contenus dans la grande enveloppe, cachetée de cire rouge, concernant la mobilisation générale.

Par courtoisie, on invita à la cérémonie le consul de Sa Majesté britannique, alliée de la France.

Stupeur ! L'enveloppe datait d'une quinzaine d'années, elle renfermait les ordres établis à l'époque de l'affaire de Fachoda, prescrivant l'attaque immédiate des côtes de Terre-Neuve, la destruction des navires de pêche britanniques, la rupture du câble sous-marin anglais, et autres méchancetés !

Mais ce fut certainement avec soulagement que, Entente Cordiale oblige, les deux marines virent lever, en 1904, cette lourde servitude de la police des pêches sur le French Shore.

Et cette année-là, il revint au commandant de la Division Navale française de procéder, avec le commodore anglais, à l'estimation des installations abandonnées sur le French Shore par les pêcheurs français, afin qu'ils en soient dédommagés.

Relations avec Saint-Pierre-et-Miquelon.

Parler des relations de l'Archipel avec les navires de guerre de la Marine française, c'est en fait revivre page par page, son histoire depuis la prise de possession au 18ème Siècle.

Les marins « de l'État » se firent pionniers :

Pour aller dans la ville de Saint-Pierre aux anses Savoyard et Ravenel, il n'y avait, jusqu'au milieu du 19ème Siècle, que de mauvais sentiers, ou le passage par le mer.

En octobre 1856, l'Amiral HERNOUX, Commandant la Division Navale des Antilles[1], mit à la disposition du

1. Les relations étaient à cette époque, permanentes entre les Antilles et Saint-Pierre-et-Miquelon, aussi bien pour les navires marchands – morue à l'aller, rhum, épices au retour – que pour les bâtiments de guerre, puisque pendant longtemps, c'était un navire de guerre de la Station Navale des Antilles qui était détaché pour la surveillance des pêches à Terre-Neuve.

Commandant de la colonie une partie de ses équipages de la frégate **Iphigénie** et du brick de guerre **Le Couédic**, afin d'ouvrir une route qui désenclaverait Saint-Pierre.

Quant à l'équipage du **Couédic**, il transforma la cour de l'hôpital, qui était un véritable cloaque, en y construisant une vaste promenade, après avoir nivelé et empierré le sol, et effectué de nombreuses plantations d'agrément.

Les travaux routiers furent poursuivis par les marins d'autres navires venant mouiller à Saint-Pierre, de 1856 à 1860, la frégate **Cleopatre**, le brick **Lapérouse**, l'aviso à vapeur **Fulton** ; la relève fut prise en 1860 par les équipages de la frégate **La Bellone** et du croiseur **Surcouf**.

Et, de nouveau, en 1865, la frégate **Orion** détacha 35 hommes de son équipage pour travailler à la construction de la route , qui fut baptisée « Route de l'Iphigénie ».

En septembre 1867, un violent incendie ayant ravagé Saint-Pierre, plus de cent maisons furent reconstruites avec l'aide des marins de la Station Navale.

Les marins furent aussi, nous le savons, des administrateurs, puisque ce furent des officiers de la Marine, commissaires en particulier qui dirigèrent l'administration de l'Archipel jusqu'en 1881.

Ils se faisaient, à l'occasion, juristes, tel M. PELLEGRIN, Commandant la frégate **Le Richemond**, de la Station Navale, en 1792, qui, nous rapportent les Éphémérides, fit observer à M. DANSEVILLE qu'il était contraire aux Lois et Décrets de l'Assemblée Nationale que le Commandant de la Colonie soit en même temps président de l'Assemblée communale, et le Commandant renonça spontanément à cette présidence.

Mais, il y eut parfois des soubresauts dans ces relations.

En 1907, le Capitaine de Vaisseau de SAINT PERN, Commandant le croiseur-cuirassé **Kléber**, rend compte à son Amiral des désordres causés dans son équipage par l'escale de Saint-Pierre : « *Il y a déjà plus de 100 hommes punis et plus de 800 jours de prison ferme distribués, sans parler de 183 jours de prison « nominale »*.

Il demande à l'Amiral d'intervenir auprès du Gouverneur de Saint-Pierre pour faire fermer les débits de boissons à dix heures du soir, ajoutant : *« les marins sont de grands enfants qu'il faut protéger contre eux-mêmes... les meilleurs même succombent. »*

Il y eut même, bien rarement, des frictions, telle cette escale du croiseur-école **Jeanne D'Arc** à Saint-Pierre le 20 mai 1964, que nous racontent les Éphémérides :

« Ce jour-là, manifestation des ouvriers de la Société de Construction des Batignolles travaillant à Saint-Pierre et qui exigent le départ du Chef des Travaux Publics.

*C'est ce jour précisément que la « **Jeanne** » arrive à Saint-Pierre, où elle mouille à 17 heures.*

Le Capitaine de Vaisseau POSTEC, Commandant le croiseur-école, va à terre pour saluer le Gouverneur, est malmené à son débarquement par les grévistes.

*Il regagne son bord, et la **Jeanne D'Arc** appareille aussitôt, toutes manifestations et cérémonies en l'honneur de son escale étant évidemment supprimées. »*

Les Éphémérides ne nous disent pas si les manifestants étaient des ouvriers métropolitains ou Saint-Pierrais.

Mais ce ne furent là que de rares épisodes fâcheux, car, de tout temps, les relations entre Saint-Pierre et la Marine ont été étroites et cordiales, et l'engagement massif des jeunes Saint-Pierrais dans les Forces Navales Françaises Libres, en 1941, en a été une récente illustration.

En témoignait déjà, la lettre du Président de la Chambre de Commerce de Saint-Pierre-et-Miquelon, écrivant, le 1er septembre 1893, à Monsieur l'Amiral SALLANDROUZE de LAMORNAIS, Commandant en Chef la Division Navale :

« Amiral,

Au moment où vous allez quitter Saint-Pierre, permettez-moi de vous exprimer de nouveau les sentiments de profonde gratitude qu'éprouvent les armateurs et commerçants de la colonie pour le Commandant en Chef de la Division Navale, qui a su protéger d'une façon si efficace les intérêts de nos nationaux au French Shore... »

Plus d'un demi siècle après, le commandant de **L'Aventure** (Capitaine de Frégate JACQUINOT de PRESLE) pouvait écrire, parlant de Saint-Pierre :

*« La Colonie avait voulu fêter **L'Aventure** avant son départ.*

De grandes affiches sur tous les murs donnaient le programme des réjouissances organisées.

*L'accueil de tous fut extrêmement sympathique, et c'est avec l'espoir de se revoir l'an prochain que Saint-Pierre et **L'Aventure** se séparèrent. »*

Et s'il fallait un témoignage plus récent de cette amitié entre ce petit morceau de France en Atlantique Nord et le bâtiment d'assistance de la Marine Nationale, c'est par exemple le parrainage du R.H.M. **Malabar** par la ville de Saint-Pierre.

Témoignage d'amitié, et aussi témoignage de reconnaissance, puisque le **Malabar** déséchoua, le 5 novembre 1982, le navire **RoRo Langlade**, véritable cordon ombilical de l'Archipel avec le continent nord-américain, pour tout son ravitaillement, particulièrement en vivres frais.

La Station locale

L'Amiral Marcel DUVAL a bien voulu nous communiquer l'étude qu'il avait faite, en 1955, sur la Station locale de la Division Navale de Terre-Neuve, dont les bâtiments relevaient directement du Commandant des Iles de Saint-Pierre-et-Miquelon, et qui avait été créée au début du 19° Siècle.

.« La station locale était composée de goélettes.

*La goélette **La Brestoise**, citée en 1826, paraît en faire déjà partie. Toutes les goélettes citées avec les bâtiments de la Division Navale dépendent en fait de la Station locale. En 1873 et 1883, la Station locale comporte une canonnière (**La Tactique** ou **Le Crocodile**).*

Aucun document postérieur à 1883 ne parle de la Station locale.

La Station locale était subordonnée au commandant des Iles Saint-Pierre-et-Miquelon, c'est lui qui note les officiers.

Il n'y avait pas de subordination entre les commandants des 2 ou 3 goélettes.

Les commandants des goélettes sont des Lieutenants de Vaisseau qui effectuent à Saint-Pierre de longues affectations : en 1858, le L.V. PIERRE (31 ans) commande sa goélette depuis 5 ans, d'autres lieutenants de Vaisseau font des séjours aussi longs à Saint-Pierre.

Les équipages des goélettes donnent bien du souci à leurs commandants. Les séjours prolongés à Saint-Pierre, et en particulier l'hivernage (les marins sont logés à terre dans une caserne), la présence d'éléments Saint-Pierrais, l'isolement de la Station et les difficultés de renouveler le personnel expliquent ces difficultés.

Les commandants des goélettes adressent très fréquemment au commandant des Iles des demandes d'incarcération concernant des hommes de leurs bâtiments.

Les goélettes de la Station locale assurent leur service pendant de nombreuses années, et plusieurs rapports détaillés indiquent le mauvais état, vers 1865 et plus tard, de ***La Mouche, La Fauvette, La Gentille.*** »

Les missions confiées aux bâtiments de la Station locale portaient essentiellement sur la surveillance, la police des pêches, éventuellement l'escorte des goélettes de pêche saint-pierraises, telle cette mission confiée « à Monsieur le Commandant de la Goélette de l'État **La Perle** », le 15 avril 1887, par M.H. de LAMOTHE, Commandant des Iles.

Celui-ci avait, en effet, décidé d'envoyer en reconnaissance, deux goélettes de l'île pour aller, en Baie de Saint-Georges, « tâter » le hareng – la fameuse boette de printemps – au mois de mai, époque où ce poisson abonde sur les côtes de Terre-Neuve, et il ajoutait, après avoir précisé les modalités de cette escorte :

« Je suis convaincu, mon cher Commandant, que vous saurez mener à bien la mission délicate qui vous est confiée, mission qui, vous le savez aussi bien que moi, dans l'état d'esprit auquel des excitations de toute nature ont amené bon nombre de nos voisins de l'île de Terre-Neuve, peut exiger autant de fermeté que de prudence, mais dont le succès est d'une importance vitale pour l'avenir de nos établissements de pêche. »

La Station locale disparut à la fin du siècle dernier, mais retrouva une vie éphémère en 1917, pour la protection anti sous-marine des goélettes qui continuaient la pêche sur les Bancs, et dont certaines même furent armées de canons.

Elle revécut également au cours de la dernière guerre, à partir de 1942.

Bien entendu, si la fréquentation de Saint-Pierre par les navires de pêche a, de temps en temps, été souhaitée pour la vie économique du pays, – nous avons rappelé, dans un chapitre précédent, le S.O.S. lancé en 1907 par l'Administrateur des Iles – les escales de ravitaillement du stationnaire à Saint-Pierre n'étaient pas non plus dénuées d'intérêt.

En mars 1964, le Ministre des Armées, répondant au commandant du stationnaire qui venait de lui adresser une lettre du Gouverneur du Territoire, suggérant des escales plus fréquentes de ravitaillement à Saint-Pierre, et faisant état d'une baisse très sensible du prix du gazoil localement, rappelait ce qu'était le rôle du navire de guerre :

*... « Bien que l'abaissement du prix signalé par le Gouverneur de Saint-Pierre-et-Miquelon puisse constituer un élément nouveau, le facteur déterminant du choix de **Saint Jean** comme base principale de ravitaillement pour l'aviso-escorteur « **Commandant Bourdais** » doit être recherché ailleurs...*

*... La mission essentielle du « **Commandant Bourdais** » est en effet l'assistance aux pêcheurs...*

*... Toutefois, dans la mesure où sa mission le permet, le programme de la campagne du « **Commandant Bourdais** » est établi avec le souci de ne pas délaisser le port français de Saint-Pierre... »*

Et puis, traditionnellement, le stationnaire rendait de menus services au Territoire.

C'était par exemple l'état-major du bâtiment qui fournissait les officiers constituant la Commission d'examens chargés de faire passer les brevets de Marine Marchande aux candidats locaux.

Ce fut, en juin 1964, l'investigation par les plongeurs du bord des innombrables câbles et chaînes traînant au fond de la baie de Saint-Pierre, vestiges des coups de chien qui s'y déchaînent depuis des siècles, et pièges redoutables pour les navires qui viennent y mouiller.

Ce fut encore, en 1968, le prise en charge par le **Commandant Bourdais**, au départ de la métropole pour sa seconde campagne, de 260 sacs de courrier, délivrés au cours d'une escale-éclair au Territoire totalement privé de courrier par une grève des postiers canadiens.

Faut-il rappeler, par ailleurs, que dans le domaine de l'assistance médicale, Saint-Pierre a toujours été pour nos pêcheurs le hâvre privilégié ?

Hospitalisé en milieu francophone, le pêcheur français se sentait en effet beaucoup moins isolé qu'à l'hôpital de Saint-Jean de Terre-Neuve, l'ambiance et la nourriture lui étaient familières, et les médecins militaires plus accessibles aux marins, comme au médecin du stationnaire, que leurs confrères anglophones.

CONCLUSION

Voilà donc ce que furent pendant plus de trois siècles, la vie, la présence, l'action, les misères de la Marine de guerre française sur les Bancs de Terre-Neuve, et d'ailleurs, au service de nos marins de Grande Pêche, métropolitains ou Saint-Pierrais, grâviers ou banquiers, auxquels elle a toujours apporté, dans la mesure de ses moyens, le maximum de sollicitude. Il fallait que cette histoire soit écrite.

On peut être étonné lorsqu'on lit sous la plume du P. YVON[1] :

« De tout temps, l'assistance matérielle, morale, médicale, religieuse a été livrée à la charité privée, et cette initiative ne date que de 1894.

Donc, pendant des siècles, les milliers de marins ont été abandonnés, sans assistance aucune, dans le plus abominable et le plus dur des métiers, et dans l'impossibilité absolue de lancer un appel au secours dans les conditions les plus tragiques.

Seule la religion chrétienne, à l'instigation première de Monsieur l'Abbé BELIN, vicaire à Saint Servan sur Mer, est venue à leur secours par l'armement des navires-hôpitaux. »

Ce capucin de choc, héros de la Grande Guerre, dont personne ne saurait contester le dynamique apostolat et le dévouement aux pelletas, doté pour l'époque d'un sens « médiatique » très développé, fut cependant heureux de trouver la Marine nationale pour se rendre sur les Bancs en 1934.

---

1. R. P. YVON. Les grands coeurs de la Houle. Ed. Flammarion, Paris 1944.

Il le dit :

*« Pour mettre le comble à l'abandon des Terre-Neuvas en 1934, la Société des Oeuvres de Mer supprima aussi l'assistance privée en désarmant le navire-hôpital... Malgré la carence de la Société des Oeuvres de Mer, j'ai pu embarquer sur la **Ville D'Ys**. »*

Et à son débarquement de la **Ville D'Ys**, tout fier d'avoir été fait chauffeur et mécanicien honoraire du stationnaire, il dira à son commandant :

« Votre amitié, Commandant, votre très haute et si attachante personnalité morale, et celle de vos officiers, la valeur, le courage, la discipline, l'entrain et le bon esprit de votre équipage resteront au premier plan de mes souvenirs en mer ;
*A vous, Commandant, à vos officiers et à tout l'équipage de la **Ville D'Ys**, j'adresse l'expression très vive de ma meilleure et respectueuse reconnaissance. »*

Il nous a paru intéressant de relever quelques réflexions d'anciens commandants de stationnaires à Terre-Neuve, réflexions retrouvées dans les rapports de mission, ou qui nous ont été adressées directement.

La plupart nous ont dit le grand intérêt de cette campagne, la découverte d'une race de marins qu'ils connaissaient peu ou prou, sans parler des contacts enthousiastes avec le Canada français, ni de la fréquentation de régions extrêmement intéressantes et généralement inconnues des marins français, bref, ce fut, disent-ils, un commandement absolument passionnant, regrettant tous qu'il ait été limité à un an.

*« **L'Aventure**, comme l'aventure de **L'Aventure**, sont mes plus beaux souvenirs »*, nous a écrit l'un d'eux.

Des réflexions plus approfondies apparaissent dans les rapports de fin de campagne, et nous en reprendrons quelques-uns, après avoir fait, cependant, une place à part au point d'orgue qu'a mis le Commandant BLANCHARD à son livre « **L'Aventure** et ses Terre-Neuvas ».

... « J'ai aimé le bateau, son équipage, j'ai aimé la vie des bancs, j'ai aimé les Terre-Neuvas.

Qui, d'ailleurs, peut les connaître sans éprouver pour eux une profonde sympathie ?

Ils mènent une vie très rude, pendant de longs mois. Le danger est sans cesse autour d'eux : la mort, cachée derrière les rideaux de brume, ou tapie au creux des vagues gigantesques, les guette à tout moment. Rares sont ceux d'entre eux qui n'ont pas un proche parent dont la tombe est remplacée par une simple croix, portant l'inscription laconique : « Péri en mer ».

Ils n'en parlent jamais.

Calmes devant le danger, braves devant la mort, ils balaient leurs soucis par une plaisanterie, dès que le mauvais moment est passé. »

L'Amiral M. Duval, qui commanda **L'Aventure** en 1955, terminait ainsi son rapport de fin de mission :

« La situation qui vient d'être décrite n'entraîne nullement que l'assistance apportée par ***L'Aventure*** *ne soit plus appréciée par les pêcheurs français. J'ai recueilli de nombreuses preuves du contraire, et Dieu sait pourtant qu'il s'agit de gens peu communicatifs...*

... Je pense aussi, en tenant compte de la mentalité de nos pêcheurs :

Que la suppression de toute assistance pour la Marine Nationale est impossible, tout au moins dans l'immédiat.

D'autant que les Messieurs de Saint-Malo sont toujours très puissants.

Il faut donc conserver le principe de cette assistance, mais en même temps élargir la mission et la zone d'action du bâtiment chargé de la dispenser, afin d'augmenter son rendement.

J'estime d'ailleurs que notre Marine doit maintenir un stationnaire dans l'Atlantique Nord-Ouest, étant donné les intérêts que la France y possède, et les amitiés qu'elles y entretient. »

En 1965, le Commandant Desmants situait à son vrai niveau cette dualité séculaire : marins de l'Etat – marins de Grande Pêche :

« Cette mission d'assistance à la Grande Pêche est, pour ce monde de nos pêcheurs des bancs, si peu connu de nos jours dans notre Pays, comme la preuve de l'attention et de l'intérêt que lui portent les Pouvoirs Publics. Elle est pour la Marine Nationale le lien le plus solide qui l'unit à ces hommes si profondément attachés à la mer et à leur dur métier, elle est enfin l'occasion unique, pour deux membres de la grande famille maritime française, dans l'ambiance austère et vraie des bancs, de se connaître, de mieux se comprendre et de s'estimer véritablement et son souvenir demeure inoubliable dans le coeur de tous ceux qui ont eu le privilège d'y participer. »

Tout près de nous, l'Officier en Chef des Equipages ROUAULT, qui au cours de deux affectations au commandement de R.H.M. a eu « le privilège », nous a-t-il écrit, d'effectuer trois campagnes d'assistance aux pêches :

– avec la **Tenace**, en Norvège et mer de Barents, mai-juillet 1980

– avec le **Centaure**, en zone 3PS, dans le Sud de Saint-Pierre et Miquelon, Septembre-Décembre 1983,

– avec le **Centaure** encore, dans le Golfe du Saint-Laurent et le Sud de Saint-Pierre, janvier-avril 1985,

nous livre ses réflexions :

« Ces campagnes sont moralement enrichissantes pour le bateau d'assistance, qui voit son équipage se mobiliser et se souder pour apporter aux collègues du Grand Métier son concours dévoué et efficace...

Mais c'est le Commandant BESANÇON qui a fort pertinemment défini la philosophie de cette mission d'assistance du navire de guerre, en nous écrivant récemment :

« C'est vrai que le rôle d'assistance prodigué pendant tant d'années par la Marine Nationale est souvent plus ou moins passé sous silence, et en tout cas minimisé systématiquement par les intéressés.

C'est que les relations entre Royale et pêcheurs ont toujours été plus ou moins celles d'un vieux ménage, indissoluble, mais qui passe son temps à se chamailler.

Le bateau d'assistance n'en fait jamais assez, n'est jamais là où on voudrait qu'il soit, mais on se précipite sur lui quand il arrive, et on le met à contribution pour tout...

Ce que je sais cependant, c'est que rarement, dans ma carrière, je ne suis senti aussi « bienvenu » et utile, et qu'au retour j'ai connu les plus sympathiques des satisfactions... »

Si nous avons assez longuement insisté sur ces réflexions de Commandants, c'est qu'elles se complètent et montrent bien la complexité de cette mission d'assistance dont les modalités ont subi, comme on l'a vu, et en particulier au cours de ces quarante dernières années, des changements considérables :

– transformation radicale des bâtiments morutiers : qui oserait comparer le vieux **Patrie** pêchant en 1947 au moderne **Zélande** des années 80 ?

– évolution des zones de pêche qui, après avoir été relativement groupées, se sont largement dispersées sur des milliers de kilomètres pour se rétrécir de nouveau et se retrouver maintenant dans « un mouchoir de poche », le « manche de pioche »

– changement des périodes de pêche, et on est loin maintenant du départ en févriers-mars (le Pardon des Terre Neuvas) avec retour en octobre-novembre.

– transformation des moyens d'assistance ; mais aussi leur limitation avec le sempiternel problème du découpage du stationnaire en tranches plus ou moins nombreuses ; et quand même l'amélioration substantielle de ses moyens : instruments de recherches performants, locaux hospitaliers modernes et bien équipés, embarcations rapides, etc...

– et maintenant, l'agonie de la pêche française à la morue dans l'Atlantique Nord.

Le point de vue des pêcheurs, quant à lui, n'est guère apparu tout au long des lignes de cet ouvrage, sinon... par ses silences.

« *Dieu sait si ce sont des gens peu communicatifs* », disait l'Amiral Marcel DUVAL.

C'est pourtant à lui que nous emprunterons une page du cahier de messages de **L'Aventure**, campagne 1955, car si ce ne sont que de simples messages, ils viennent certainement du fond du coeur de ces capitaines de Terre-Neuve répondant au message d'au-revoir de **L'Aventure** débanquant, bien sûr prématurément, pour respecter le programme fixé par l'Etat-major de la Marine, et quittant les chalutiers français alors en pêche sur le Platier :

– « ***28 septembre 1955.***

*– Du **Groenland**. Bonsoir Commandant. L'Etat-major et l'équipage du **Groenland** remercient le Commandant et l'équipage de **L'Aventure** pour ses bienveillants services. Salutations respectueuses. Cap. DELAROSE.*

*– Du **Belle Normandie**. Bonsoir, Commandant. Merci pour vos bons voeux. Vous souhaite une bonne fin de campagne et un bon retour en France. Salutations respectueuses. Capitaine.*

*– Du **Charles Prentout**. Bonsoir, Commandant. Capitaine, Etat-major et équipage du **Charles Prentout** vous remercient de vos bons voeux et vous souhaitent une bonne fin de campagne et un bon séjour en France. LEMAITRE.*

*– Du **Duguay Trouin**. De Capitaine à Commandant. Merci pour vos bons voeux. Vous souhaite bon voyage. Respectueuses salutations. LERÈDE.*

*– Du **Jacques Coeur**. Capitaine à Commandant. Vous remercie pour services rendus. Vous souhaite une bonne fin de campagne. Salutations. Capitaine.*

*– Du **Magdalena**. Bonsoir Commandant. Merci pour vos bons voeux. Vous souhaite bonne fin de campagne et bon voyage. ANDRIEUX.*

*– Du **Président Houduce**. Capitaine à Commandant. Vous remercie de bons voeux. Vous souhaite bon voyage. Respectueuses salutations.*

*– Du **Bassilour**. Bonsoir Commandant. Merci beaucoup pour les services rendus. Vous souhaite une bonne fin de campagne. Respectueuses salutations. Cap. DUBOC.*

– Du **Louis Legasse**. *Bonsoir Commandant. Je vous remercie beaucoup pour les services rendus. Souhaite une bonne fin de campagne. Respectueuses salutations. Capitaine. »*

Mais le témoignage le plus émouvant, c'est bien celui du Capitaine Emmanuel DELAROSE, un Cancalais, toujours alerte malgré ses 80 ans bien sonnés, 27 années sur les Bancs de Terre-Neuve, dont 10 ans de voilier en commençant au bas de l'échelle, qui nous a écrit, en s'excusant à l'avance de la rédaction de sa lettre : « *la vue me fait défaut : mes yeux ont tellement veillé dans la brume et la banquise que je suis plus apte à parler qu'à écrire* » :

« Pour nous, les Terre-Neuvas, l' «bateau de guerre » comme le nommaient les marins – par la suite, pour **L'Aventure**, *on citait son nom, aller savoir pourquoi – a rendu de grands services aux marins et aux armateurs en évitant des escales coûteuses, sur le plan moral en nous apportant le courrier mettant les hommes en rapport avec leurs familles, sur le plan humain en soignant les misères de toutes sortes et en donnant aux Capitaines des consultations radios leur permettant de soigner avec une certaine efficacité, sur le plan technique par les travaux effectués par vos excellents spécialistes. »*

Après avoir signalé que, du temps des voiliers, le commandant de la **Ville D'Ys** avait levé une carte des Bancs très typique avec sondes et nature des fonds et reconnu que « *la visite de l'officier des Pêche était l'occasion de faire un bon nettoyage des postes d'équipage, car en dehors des marées de Paradis, le temps disponible servait à mettre son carnet de sommeil à jour* », le capitaine DELAROSE rappelle l'époque des chalutiers : « *vous vous êtes rendu compte de la dureté et de la durée du travail, 12 heures sur le pont et 6 heures en bas, repas compris* », raconte ses interventions de petite chirurgie sous la direction, par radio, du médecin du stationnaire et conclut :

« C'est vous dire les services rendus par ces bateaux, et qui ne sont plus à démontrer. Il faudrait, pour cela, noircir des feuilles de papier pour raconter toutes ces choses. Cette assistance est indispensable, et les capitaines en sont particulièrement conscients. »

REMERCIEMENTS

Nos remerciements vont d'abord à Monsieur Yvon BOURGES, Président du Conseil Régional de Bretagne, région qui fut de tout temps une pépinière de « pelletas », ancien Ministre de la Défense, Sénateur d'Ille et Vilaine, qui nous a fait l'honneur de préfacer notre ouvrage.

Il vont ensuite à tous ceux qui nous ont permis de le mener à bien :

– Les Officiers Généraux ou Supérieurs de la Marine, ayant commandé ou « servi » à Terre-Neuve, Amiraux JACQUINOT de PRESLE, Marcel DUVAL, SCHWEITZER, SAUTOT, Capitaines de Vaisseau LABARERE, MOUNIER, BESANÇON, CHESNAIS, PILLET, LAFEUILLE, les Capitaines de Frégate BARBIER et ROUAULT qui ont bien voulu nous apporter leur témoignage personnel, ainsi que le Capitaine de Vaisseau SANTARELLI.

L'Amiral M. DUVAL, en particulier, nous a beaucoup aidés de ses conseils, de ses souvenirs et de précieux documents.

– les anciens médecins des Bancs, qui nous ont donné le mémoire du « vécu », entre autres le Docteur MAYOLLE, le Médecin Général Inspecteur BLADÉ ainsi que le Docteur de ROTALIER.

– le Contre-Amiral CHATELLE, ancien Chef de Service Historique de la Marine.

– le Docteur GARRAUD, ancien Médecin-Chef des F.N.F.L.

– le Médecin Général Inspecteur NIAUSSAT, Directeur de la Section d'Histoire de la Médecine Navale et d'Outremer au Service Historique de la Marine municipale.

– le Médecin Général Inspecteur SIMON, ancien Directeur du Service de Santé de la IIème Région Maritime.

– le Médecin Général Inspecteur HOURLIER, ancien Inspecteur du Service de Santé pour la Marine.

– les Conservateurs des Archives de la Marine, Madame HUYGHES DES ÉTAGES au Musée de la Marine à Paris, M. ESTIENNE à Lorient, M. HENWOOD à Brest, M. HENRAT aux Archives Nationales, des Archives Municipales, de la Bibliothèque Municpale et de la Bibliothèque de l'Ecole Nationale de la Marine Marchande, à Saint-Malo.

– M. BELLOC, Professeur d'Histoire, qui a bien voulu nous confier le journal personnel de son père, qui commanda la **Ville D'Ys** en 1928-1929.

– L'Abbé M. VÉRON et le Lieutenant-Colonel MAZURIE des GARENNES, qui ont mis à notre disposition leur talent de photographe amateur.

– la Société des Oeuvres de Mer, qui a bien voulu nous confier sa précieuse collection de plaques-photographiques.

– les Services des Ambassades du Canada, du Danemark, d'Espagne, de Grande Bretagne, d'Islande, de Norvège, du Portugal, de République Fédérale d'Allemagne, des U.S.A., qui ont accepté de répondre à nos questions sur l'organisations de l'assistance à leurs pêcheurs respectifs.

HOMMAGE AU « TENACE »

Marin ! Quand l'ennui te menace
Quand tu confis dans ton limon,
Quand le cafard revient, vivace,
Que l'esprit par vaux et par monts
Revoit ceux que rien ne remplace ;
Celle à qui t'as donné ton nom
Que dans tes rêves tu enlaces
Et ton foyer et tes lardons,
Secoue-toi et sors de ta crasse
Car demain si le temps est bon
Nous allons avoir le **Tenace**
Walter, le commandant Hémon.

Tu as une dent qui t'agace
Et toi, tu souffres d'un phlegmon ?
Tu t'es collé un coup de masse
Sur le pied ? Tu es un peu con !
C'est pas grave ! Ote ta godasse
Que je te soigne ton arpion.
O.K. Il n'y a pas de casse.
C'est tout simplement un bon gnon.
Comme aujourd'hui le toubib passe
Dans une heure, apprêtez-vous donc !
Car nous allons voir le **Tenace**
Médecin, dentiste et Hémon.

Le pinard c'est de la vinasse (air connu)
On s'en fout car le vent est bon
Et le café, de la lavasse
D'accord ! Mais y a du beau poisson.
Et après tout, tu nous les casses
Car aujourd'hui c'est faridon.
On reçoit du courrier en masse,
On peut écrire à la maison.
Ça remet les idées en place,
Le coeur danse le rigodon.
Et tout ça, c'est grâce au **Tenace**
A ses gars, Walter et Hémon.

Quand un bateau se décarcasse
Pour bien remplir sa mission,
Qu'au moindre appel il se déplace,
Sans cesse à ta disposition,
Reconnais, marin, que c'est grâce
Aux qualités de son « tonton »
Un vrai, un pur, un de ta race,
Non pas un marin de salon,
A Walter toujours efficace,
Sobre, modeste. Un vrai champion !
Remercie tous ceux du **Tenace**
Le toubib, Walter et Hémon

Rédigé à bord du **Vikings**
Au Sud du Spitzberg
Le 23 octobre 1974
Jean RECHER.[1]

1. Jean RECHER, capitaine chevronné de Terre Neuve, fécampois, est aussi l'auteur de ce remarquable ouvrage dont nous avons déjà parlé : « LE GRAND METIER »

BIBLIOGRAPHIE

– ACLOQUE. Nos pêcheurs de haute mer, 18° & 19° Siècles. Ed. Mame & Fils, Tours 1903.

– P. BÉHIER. L'amiral des Terre-Neuvas, récit (« Les misérables de la mer ») Ed. OCEP, Coutances 1971.

– R. BELLANGER. Les Basques dans l'estuaire du Saint-Laurent. Presses Université de Québec, 1971.

– M. BENOIST. Pêches et pêcheurs de France, Ed. Horizons de France, Paris 1947.

– A. BELLET. La Grande Pêche de la morue à Terre-Neuve. Ed. Challamel, Paris 1902.

– L. BERTHAULT. A Saint-Pierre-et-Miquelon. Ed. Hachette, Paris 1902.

Fantômes de Saint-Pierre-et-Miquelon. Paris 1903, réédité 1983.

– J. BESANÇON. La géographie de la pêche. Ed. Gallimard, Paris 1965.

– C.F. BLANCHARD. **L'Aventure** et ses Terre-Neuvas. Ed. France-Empire, Paris 1952.

– BONAFY. Secours aux marins de Grande Pêche. Ed. Imprimerie Lagende, Toulouse 1898.

– P. BRIAND. Mon père Léopold. Terre-Neuve... Imprimerie Médiagraphie, Rennes 1987.

– M. CAPERON. Saint-Pierre-et-Miquelon. Impressions d'Art, Pierrefort Paris 1900.

– C.J.A. CARPON. Chirurgien de la Marine à Terre-Neuve, voyage à Terre-Neuve. Ed. Dutot, Paris 1852.

– A. CARRÉ. Scorbut marin historique et biologie moderne. Bibliothèque Nationale, Paris 1979.

– P. CHANTRAINE. La dernière queue de morue, L'Étincelle éditeur, OUTREMONT, QC, Canada, 1992.

– P. de CHARLEVOIS. Histoire de la Nouvelle France. Ed. Giffard, Paris 1774.

– A. CONTI. Râcleurs d'Océan. Ed. A. BONNE, Paris 1961.

– R. CONVENANT. Galériens des brumes. Ed. Ancre de Marine, Saint-Malo 1988.

– A. COUDRAY. La Marine Nationale et l'assistance à la Grande Pêche. Mémoire pour l'Ecole Supérieure de Guerre Navale, 1972.

– C. CUNAT. Saint-Malo illustré par ses marins. Ed. Imprimerie Péalat, Rennes 1857.

– P. DEMARTRES. Les Terre-Neuvas. Ed. Payot, 1930.

– J. DELUMEAU. Les Terre-Neuviens malouins à la fin du 16° Siècle. Ed. A. COLIN, Paris 1961.

– DUHAMEL du MONCEAU. Traité général des pêches. Paris 1772. Rééd. Slatkings Reprints, Genève 1959.

– H. ELOY & J. GUERRAND. Capitaines, maître et patrons, traité de leurs droits et obligations. Ed. Guillaumin, Paris 1860 et Ed. Cochard, Le Havre 1881. (3 volumes)

– P. ENIM. Ceux de l'épave. Ed. Alsatia, Paris-Colmar, Rééd. 1966.

– J. A. FILLAUD. Traité de l'engagement des équipages. Ed. Imprimerie Dupont, Paris 1862.

– G. FLEURY. Le grand courage. Ed. B. Grasset, Paris 1988.

– FONSSAGRIVES. Hygiène Navale. Ed. Baillère, Paris 1856.

– I. FRAIN LE POHON. Quand les bretons peuplaient les mers. Ed. Fayard, Paris 1979.

– M. GILBERT. Péqueux d'mo'ue au large de la terre des glaces et des feux. Ed. A. DURAND, Fécamp 1948.

– GOBINEAU (comte A. de). Voyage à Terre-Neuve. Librairie Hachette, Paris 1841.

– GROSSETETE (Abbé). La Grande Pêche de Terre-Neuve et d'Islande. Ed. Imp. Presses de Bretagne, Rennes 1921.

– O. GUYOT JEANNIN. Saint-Pierre-et-Miquelon. Ed. L'Harmattan, Paris 1986.

– HARVUT. Les Malouins à Terre-Neuve. Ed. Typ. Oberthur, Rennes 1893.

– E. HERPIN. Terre-Neuvas. Ed. Caillère, Rennes 1896.

– M. HERUBLE. Pêches Maritimes d'autrefois et d'aujourd'hui. Ed. Guilmoto, Paris 1911.

– P. HUMBOURG. L'homme qui n'avait jamais vu la mer. Ed. Gallimard, Paris

– C.A. JULIEN. Les voyages de découverte et les premiers établissements. Ed. P.U.F. Paris 1948.

– C.V. LABARÈRE. Ephémérides de la Station Navale de Terre-Neuve. S.H. de la Marine, Cote 4°712 s.d.

– L. LACROIX. Les derniers voiliers morutiers terre neuvas, islandais, groenlandais. Ed. Maritimes et d'Outre-mer, Paris 1970.

– H. de LACHAUME. Terre-Neuve et les Terre-Neuviennes. Ed. Plon, Paris 1836.

– J. LAINE. Jean-Marie des brumes. Ed. France-Empire, Paris 1972.

– C. de LA MORANDIÈRE. Histoire de la pêche françaises à la morue. Ed. Maisonneuve et Larose, Paris 1962. (3 volumes)

– C. de LA RONCIÈRE. Le premier routier-pilote de Terre-Neuve. Biblio. Nationale. Ecole des Chartes. 1904.

– P. LATREILLE. Bordeaux, port morutier. Ed. Bière, Bordeaux 1970.

– J. LE BOT. Les bateaux de la côte Nord de Bretagne aux derniers jours de la voile. Ed. des Quatre Seigneurs, Grenoble 1976.

– M. LE DUN. Ma vie de Terre-neuva, souvenirs recueillis par J. PERRIN. Ed. Deux Miroirs, Paris 1963.

– A. LEMARCHAND. La pêche à la morue au temps des voiliers ; Bibliothèque Municipale, Saint-Malo 1985.

– H. LEPRETRE. Marin-pêcheur au temps des voiliers, propos recueillis par M. LECAS. Ed. France-Empire 1984.

– G. LÉVY. La tradition juridique et économique des pêcheurs français de Terre-Neuve et d'Islande. Ed. Cabasson, Toulon 1931.

– R. de LOTURE. Histoire de la Grande Pêche. Ed. N.R.F. Galimard, Paris 1949. Ed. l'Ancre de Marine. St-Malo 1994.

Les pêches maritimes modernes. Ed. Challamel, Paris 1946.

– J. MARIE. Marins marchands. Ed. Corréa, Paris 1944.

– L. MARTIN. Forçats de l'océan. Ed. Harmé, Paris 1986.

– G. MASSENET. Technique et pratique des grandes pêches maritimes. Ed. Challamel, Paris 1913.

– P. MASSON. Grandeur et misère des gens de mer. Ed. Lavauzelle, Paris 1986.

– J. PERRIN. L'homme du Bretagne. Ed. France-Empire, Paris 1972.

– M. POIRIER. Les Acadiens aux Iles Saint-Pierre-&-Miquelon. Ed. d'Acadie, 1984.

– J. RANDIER. La Royale. Ed. Librairies de la Presse, Brest 1973.

– J. RECHER. Le grand métier. Ed. Plon, Terre Humaine, Paris 1977.

– J.P. RENOUARD et C. LAURENT. Saint-Malo et la Grande Pêche. Archives Municipales, Saint-Malo 1985.

– J.Y. RIBAULT. Histoire des Iles Saint-Pierre-et-Miquelon. Imprimerie du Gouvernement, St-Pierre 1970.

– P. ROMET. Etude sur la situation économique et sociale des marins-pêcheurs. Institut national de bibliographie scientifique, Paris 1901.

– E. SASCO et J. LE HUENEN. Ephémérides des Iles St-Pierre-et-Miquelon. Imprimerie du Gouvernement, St-Pierre 1970.

– P. SCHOENDOERFER. Le crabe-tambour. Ed. Grasset, Paris 1976.

– L. de SEILHAC. Marins-pêcheurs, pêcheurs côtiers et pêcheurs de morue à Terre-Neuve. Ed. A. Rousseau et A. Challamel, Paris 1899.

– J. TESSON. 55 hommes à bord. Ed. du Pen Duick, 1981.

– F. THOMELIN. Morazi, gentleman-bootlegger. Presses de la Cité, Paris 1984.

– G.N. TRICOCHE. Terre-Neuve et alentours. Ed. Pierre Roger, Paris 1929.

– I. TUAL. L'engagement des marins pour la Grande Pêche. Ed. Michalon, Paris 1907.

– R. VERCEL. En dérive – Au large de l'Eden – Jean Villemeur. Ed. Albin Michel, Paris, 1931, 1932, 1939. Pêcheurs des quatre mers, Ed. Imprimerie Moderne, Nantes 1957. L'homme devant l'océan. Ed. Durel, Paris 1949.

– L. VIGNOLS. Les petits parias de notre Marine Marchande et des pêches. Ed. Alacan, Paris 1906.

– C. VIMONT. Histoire d'un navire. Ed. Hachette, Paris 1871.

– A. de WISMES. Ainsi vivaient les marins. Ed. France–Empire, Paris 1971.

– R.P. YVON. Avec les pêcheurs de Terre-Neuve et du Groenland. Ed. Imprimerie du Nouvelliste, Rennes 1941, rééd. Ancre de Marine, Saint-Malo 1986. Les grands coeurs de la Houle. Ed. Flammarion, Paris 1944. Avec les bagnards de la mer. Ed. de Paris, 20 avenue Rapp, Paris 1946.

– Sur le Grand Banc. Récit d'un ancien pêcheur. Ed. Ancre de Marine, Saint Malo, 1986.

THESES DE DOCTORAT EN MEDECINE.

– L. COQUIN. Hygiène et pathologie des pêcheurs de morue à Terre-Neuve et en Islande. Faculté de Médecine, Bordeaux 1901.

– DENIS. Contribution à l'étude de la géographie médicale, campagne de Terre-Neuve de 1886. Faculté de Médecine, Bordeaux 1899.

– E. DESCOTTES. Terre-Neuve, observation médicale 1904. Contribution à l'étude de l'histoire de la médecine sur les Bancs de Terre-Neuve. Faculté de Médecine, Paris 1919.

– H. Dijonneau. L'assistance médicale aux pêcheurs de Terre-Neuve et d'Islande. Faculté de Médecine, Bordeaux 1908.

– Dubois Saint Sevrin. Deux ans à Saint-Pierre-et-Miquelon. Faculté de Médecine, Bordeaux 1889.

– Euzen. L'assistance médicale à la pêche lointaine. Faculté de Médecine, Brest 1984.

– H. Jarry. L'assistance médicale et le Médecin de la Grande Pêche à Terre-Neuve, en Islande, au Groenland et en Atlantique Nord de 1548 à 1972. Faculté de Médecine, Nantes 1974.

– J. P. Le Dun. Vie, travail et pathologie professionnelle des marins-pêcheurs à la Grande Pêche, 1974–1979. Faculté de Médecine, Bordeaux 1979.

– H. Lugand. Assistance maritime au point de vue des secours médicaux et de la lutte contre l'alcoolisme. Faculté de Médecine, Paris 1900.

– P. Perrette. Problèmes médicaux et assistance médicale à la Grande Pêche française à la morue, Terre-Neuve et Islande de 1880 à 1914. Faculté de Médecine, Paris, Saint Louis-Lariboisière 1982.

– H. Sellatcher. La Grande pêche maritime. Faculté de Médecine, Paris 1902.

REVUE ET PERIODIQUES.

– Archives de Médecine Navale.

– 1891. Dr Jan. La Division Navale de Terre-Neuve pendant l'année 1890.

– 1896. Variétés : Soins médicaux aux pêcheurs.

– 1896. Dr Martine. La tuberculose à Terre-Neuve.

– 1897. Dr Gazeau. Les pêcheurs de Terre-Neuve.

– 1898. Dr Dubois Saint Sevrin. Les pertes d'hommes pendant la campagne de pêche à Terre-Neuve en 1897.

– 1898. Dr Sisco. Notes sur les pêcheurs d'Islande.

– 1898. Dr Chastang. Nos pêcheurs d'Islande.

– 1898. Variétés : Secours médicaux aux pêcheurs, campagne de 1897.

– 1901. Dr GLÉRANT. Pêcheurs de Terre-Neuve en 1901.

– 1903. Dr TITI. Nos pêcheurs des Bancs et du French Shore.

– 1904. Dr BONAIN. Les maladies de misère physiologique chez les pêcheurs de Terre-Neuve.

– 1905. Dr LUCAS. Influence de l'hygiène et de la nourriture sur le développement du scorbut à bord des bâtiments pêcheurs de Terre-Neuve.

– Annales maritimes et coloniales. 1843.

Guide hygiénique et médico-chirurgical de Terre-Neuve (Dr DAUVIN).

– Cols Bleus.

– N° 1219. Février 1972. Missions du COMMANDANT BOURDAIS.

– N° 1833. Janvier 1985. Le TENACE et la Grande Pêche (O.P.E. EUZEN)

– N° 1923. Décembre 1986. Etude sur les pertes humaines à la Grande Pêche.

– Forces Armées françaises.

Juillet-Août 1974. La Marine et l'assistance aux pêches.

– Revue Armée et Marine.

1901. La Division Navale de Terre-Neuve et d'Islande. (Vice-Amiral de CUVERVILLE).

– Revue des questions historiques.

1934. Les premiers navigateurs français à Terre-Neuve.

– Revue France-Pêche.

Juillet-Août 1972. L'assistance à la Grande Pêche.

– Revue Maritime et Coloniale.

1894. La Grande Pêche et les secours médicaux aux pêcheurs (Dr DUBOIS SAINT SEVRIN).

– Revue Maritime.

1935 – 1936 – 1938. Les campagnes de la VILLE D'YS.

1937. La randonnée de l'aviso colonial D'ENTRECASTEAUX.

1950. Le stationnaire de Terre-Neuve et du Groenland. (J. D'ORNANO)

– Revue Maritime et Nouvelle Revue Maritime.

1961. La Grande Pêche et son avenir. (C.F. LEIBIG)

1968. Souvenirs de la Grande Pêche (J. MORDAL)

1976. Vitamine C et scorbut à travers l'histoire maritime (A. CARRÉ)

AUTRES SOURCES DE DOCUMENTATION.

– Archives Nationales.

– Archives Navales de Brest et de Lorient.

– Archives municipales de Saint-Malo.

– Bibliothèque de l'Ecole Nationale de la Marine Marchande de Saint-Malo.

– Ministère des Affaires Etrangères – Documents diplomatiques – AFFAIRE DE TERRE-NEUVE. Imprimerie Nationale, Paris 1891.

– Musée de la Marine à Paris – Service Historique de la Marine à Vincennes.

– Revue « Médecine et Armées ». Articles de BLADÉ, de ROTALIER, etc...

– S.I.R.P.A. Paris - E.C.P.A. Ivry.

SOMMAIRE

L'ASSISTANCE MÉDICALE

LES AUTRES FORMES D'ASSISTANCE

AUTRES MISSIONS

Cet ouvrage a été :
composé et mis en page par
SORACOM
La Haie de Pan
35170 BRUZ
Reproduit et achevé d'imprimer par
KELTIA GRAPHIC
29540 SPEZET
pour le compte des
Editions L'ANCRE DE MARINE
35400 SAINT-MALO
FRANCE